U1004112

◎中国符号◎

中国瓷器

朱辉 主编 赵亚男 著

河海大学出版社
HOHAI UNIVERSITY PRESS
·南京·

图书在版编目（CIP）数据

中国瓷器 / 赵亚男著. -- 南京 : 河海大学出版社, 2023.6（2024.2重印）
（中国符号 / 朱辉主编）
ISBN 978-7-5630-8139-4

Ⅰ. ①中… Ⅱ. ①赵… Ⅲ. ①瓷器(考古)—中国—通俗读物 Ⅳ. ①K876.3-49

中国国家版本馆CIP数据核字(2023)第005543号

丛 书 名 / **中国符号**
书　　名 / **中国瓷器**
ZHONGGUO CIQI
书　　号 / ISBN 978-7-5630-8139-4
责任编辑 / 毛积孝　齐　岩
丛书策划 / 张文君　李　路
特约校对 / 董　瑞
装帧设计 / 谢蔓玉　刘昌凤
出版发行 / 河海大学出版社
地　　址 / 南京市西康路1号（邮编：210098）
电　　话 /（025）83737852（总编室）
/（025）83722833（营销部）
经　　销 / 全国新华书店
印　　刷 / 涿州市荣升新创印刷有限公司
开　　本 / 880毫米×1230毫米　1/32
印　　张 / 13.125
字　　数 / 296千字
版　　次 / 2023年6月第1版
印　　次 / 2024年2月第2次印刷
定　　价 / 59.80元

序

符号是一种标识或印记。它是人类生命活动的积淀，具备明确而且醒目的客观形式；也是精神表达的方式，承载着丰富的意义。文化符号，可以说是一个民族的容颜。

一国与他国的区别，很重要的是精神和文化。中国历史数千年，曾遭遇无数次兵燹和灾害，却总能绝处逢生，生生不息，至今仍生机勃勃，是因为我们拥有着深入血脉、代代相传的强大文化基因。

千百年来，中国文化绵延不绝，就如汉字，源远流长。从结绳记事到仓颉造字，汉字的起源蒙着神奇的面纱；但从一百多年前河南省安阳殷墟发现了甲骨文后，汉字的源流就基本清晰了。甲骨文已具有对称、稳定的格局，具备了文字的表意功能，由甲骨文而下，甲骨文—金文—小篆—隶书—楷书—行书，直到现在，汉字已被植入电脑，有了所谓的“打印体”。如今似乎除了学生和书法家，我们都不太需要拿笔了，会敲键盘就行，尽管如此，我们还是用汉语说话，用汉语思考，我们大脑中的数据链仍然是汉字串。

汉字就是一种文化符号。汉字的“福”“寿”等等，可以写出很多种形态，笔致方正或飞扬，我们不见得全部认识，但一看就知道这是我们的汉字，外国人也能一眼看出。汉字是根，伴随着日月穿梭和时代变迁，我们的文化在蔓生、延展，文化氤氲在我们生活的方方面面，无论是涓滴如水的日常生活，还是精骛八极、心游万仞的精神活动，中华文化都是我们的血液。

文字是文化的根基之一。汉字的形态之美，对称之美，音韵之美，已经成为我们审美观的基础。对仗和对称，渗入了我们的审美，没有对仗，我们的古诗词就不会是这个样子，也谈不上对联和楹联；象形文字也潜移默化地引导了我们对风景的命名，各地大量的“象鼻山”“骆驼峰”就是明证；我们的汉字与中国古代宫殿形制之间，显然存在着可意会却难以尽言的关系。

我们创造了文化，文化又反哺我们。古诗词对中国人的心灵塑造，从《诗经》中的男女情感、稼穑农桑就开始了。“关关雎鸠，在河之洲。窈窕淑女，君子好逑……”“硕鼠硕鼠，无食我黍……”更不用说，文天祥的“人生自古谁无死，留取丹心照汗青”那种令人震撼的豪迈和悲壮。民俗节令和家训谚语对中国人的影响和规训自不待言。

文化是渊深的，丰富而庞杂。它顽强，坚韧，却

也活泼茁壮，苟日新，日日新，又日新。随着文化的发展和浓缩，到了一定火候，它自然会拥有符号功能，产生了符号意义。中国文化以其浓重深厚的内涵为基础，一直是中华民族屹立于世界民族之林的外在形象，拥有强大的辐射力；伴随着国力的增强和国家影响力的扩大，中国符号不胫而走，越来越多地出现在世界的各个地方：瓷器、茶叶、丝绸、书法、古琴、二胡、春联、剪纸、饺子、中国结、中国功夫、中国民歌、飞檐斗拱、财神罗汉、舞狮舞龙、威风锣鼓……林林总总，蔚为大观。我们无论是置身其间，亲临其境，还是通过媒体耳闻目睹，都会顿感亲切，自豪之情油然而生。

世界是交融的，中国文化和中国符号，早已进入其他的文化圈，不但出现在世界文化交流的舞台上，也渗入了其他文化生态的细微处。我们被称为“China”是因为瓷器，虽然这可能还不是定论，但“Kungfu”（功夫）这个英文单词确实出现在了英文辞典中。中国艺术家徐冰，在他的成名作《天书》系列中，设计、刻印了数千个“新汉字”，以极具冲击力的图像性和符号性，呈现和探讨了中国文化的本质和思维方式，在世界艺术殿堂中点亮了中国符号的高光时刻……这些都印证了中国文化、中国符号的影响力，也体现了文化符号的交流功能。符号是文化的载体，也是交流的工具和友好的使者。我们浸润在中国文化之中，周遭遍布中国符号，我们可能会习焉不察，熟视无睹，但祖先的遗产是千百代人胼手胝足的智慧结晶，生为中国人，我们是继承者，是学生，更应该是创造者和弘扬者。

从某种角度看，有些文化或符号已失去了实际使用价值，一个文物级别的碗或瓶，当然已不能用于盛水插花，但它们散发着味道和力量。它们陈列在橱窗里，在射光灯投上光线的那一刹那，它们就复活了，焕发出文化和精神的灵光与生机。它们深入人心，无远弗届。它们属于中国，属于我们。

中国符号是中国精神的外化呈现，它以醒目亮眼的客观形式，成为中华文化永远的载体。中国符号，也是中华民族砥砺前行的内在驱动力。

中国文化博大精深，其中很多可以冠之以“中国符号”。《中国符号丛书》讲述了节气、家训、民俗、诗词、楹联、瓷器、建筑、骈文、汉字、绘画中蕴含的中国文化，从历史、发展、分类、特色等多个维度展现了中国文化的独特魅力，多位专家学者付出了努力。这套丛书对弘扬中华优秀传统文化，帮助读者，尤其是青年学生了解中华优秀传统文化，将有所助益。

是为序。

朱輝

目录

第一章 中国瓷器概述

壹

目 录

第二章 中国瓷器的起源与发展

贰

第三章 中国瓷器的初具规模
——隋唐瓷器

叁

目录

第四章 中国瓷器的成熟与革新——宋元瓷器

肆

目 录

第五章 中国瓷器的复兴——明代瓷器

伍

第六章 中国瓷器由盛转衰
——清代瓷器

陆

第七章 中国瓷器的外销

柒

目 录

第八章 中国瓷器与中国文化

捌

壹

第一章

中国瓷器概述

第一节　中国瓷器的概念

中国作为世界上四大文明古国之一，有着悠久的历史和灿烂的文化。中国是世界上最早发明瓷器的国家，瓷器作为中国古代物质文明的主要代表与伟大发明之一，其英文与“中国”同出一词，也充分体现了中国瓷器在中国文化中的代表性意义。

瓷器指的是在制作过程中以瓷土为主要原料，经由制料烧制成形，最后以1200℃及以上高温进行烧制而产生的坚硬且兼具实用与审美性的器物。我们所说的瓷器一般由两个部分组成：里面的瓷胎以及外面附着的瓷釉。对于瓷器而言，瓷胎相当于它的“骨骼”，是基础。瓷釉相当于它的“皮肤”，瓷胎和瓷釉组成了中国陶瓷的基本结构。

然而在生活当中，提到中国瓷器，我们往往以“陶瓷”一词来代表，其实“陶瓷”是一种通称，而陶和瓷也是两个不同的种类。那么中国陶器和中国瓷器的关系究竟是什么呢？陶和瓷之间是有某些相似性的，它们均由黏土高温烧制而成，瓷器源于陶器并且在技

艺技巧上要高于陶器，具体来说，它们的区别主要体现在以下几个方面：

第一，原料不同。虽然陶和瓷的原料均为黏土，但陶器的烧制对黏土的要求不高，一般的黏土材料都可以用来进行陶器的生产与制作，并且基本上不受地域的限制，只要黏土无过多杂质即可进行烧制。而对于瓷器来说，它对于原材料的要求就比较高，一般选择使用高岭土[1]作为主要成分，值得注意的是高岭土可以用来制作陶器，也可以用来制作瓷器，因此在通过原料来对陶瓷进行区分的时候，不能仅仅把是否采用高岭土作为唯一标准来判断，那样是比较片面的。

[1] 俗称“瓷土”，又被称为“高岭石黏土”，它是一种以高岭石为主要原料的黏土，因为产于江西景德镇的浮梁县高岭村而得名，并因为其较强的黏结性和可塑性而被广泛运用于瓷器制造中。高岭土在我国分布较广，除江西省外，江苏苏州等地也有分布。

第二，烧制的温度不同。对于陶器来说，它的烧制温度一般都在 1250℃以下。陶器烧制的最低温度在 800℃左右，例如云南地区的尼西黑陶等，最高温度在 1200℃左右，例如白陶的烧制。而对于瓷器来说，它的烧制温度就比较高，一般都在 1200℃及以上，甚至有的高达 1400℃。因此就烧制的温度要求而言，瓷器的坚硬程度要比陶器高，胎质也更加坚硬。

第三，质地不同。随着科学技术的不断提高以及时代的发展，我们对工艺的要求也越来越高，陶与瓷在质地上的区别尤为明显。陶器质地相对粗糙，多伴有杂色以及颗粒状质感，当然这源于陶器本身的材料构成以及生产工艺相对简单。相比于陶器，瓷器的质地就比较细腻，而且更美观洁净，尤其是在光的照射下，瓷器的外观会显得更加通透精致。轻轻敲打的话还能发出清脆的响声，相比而言，陶器的声音则显得比较浑厚、低浊。

●新石器时代大汶口文化　白陶单耳杯

●明代永乐时期　甜白双龙纹高足碗

第四，釉料[1]不同。对于陶器而言，可挂釉，可不挂釉，不挂釉的我们称之为“素胎”，挂釉的我们称之为“釉陶”。在挂釉的陶器中釉面的光润度较差，釉的颜色一般不是很纯正，大都灰黄微绿或者青中带黄，并且古釉陶的釉层厚度一般都在 0.1 毫米以下。而对于瓷器来说，表面都有釉料，并且釉面光泽，釉色纯正，从釉料的颜色看，古瓷釉面颜色大多为青色，釉层厚度都在 0.1 毫米以上。

由于烧制温度以及原料的差别，陶器的胎釉结合度不高，容易产生剥釉等情况，釉面不够均匀，光洁度差。而瓷器的胎釉结合度就比较好，并且釉面均匀光滑。

[1] 釉可以说属于玻璃的一个种类，在高温作用下融化后可附着在陶瓷器坯体的表面。釉料硬度大、有光泽、不透水、耐腐蚀，对陶瓷坯体具有保护作用。

●东汉晚期　绿釉陶磨

●北宋时期　汝窑青瓷无纹水仙盆

第五，胎质不同。陶器的胎质粗疏，并且肉眼可见，胎的断面疏松无光，若以舌尖试之有吸着性，胎的吸水率在 2% 以上，相比瓷器较高。瓷器烧制的原料更加细腻，且经过高温烧制其胎质要更坚硬，胎的断面以舌尖试之无吸着性，吸水率在 2% 以下，比较低。与陶器相比，相同器物瓷器的胎厚度稍薄，相同体积瓷器在重量上较重。

第六，透明度不同。对于陶器而言，其坯体即使平薄也不具备半透明的特征，以公元前 2500 年至公元前 2000 年的龙山文化黑陶高足杯为例，虽然龙山文化时期已经逐渐发展出轮制[1]拉坯技术，可以制作出像黑陶高足杯等器壁较薄的陶制产品，但却并不透明。相对于陶器而言，瓷器胎体无论薄厚，都具备半透明特征，有晶莹剔透之感。

[1] 陶器的轮制技术是陶器的主要型技法，其主要步骤就是将制作陶器的泥料放置于轮车之上，再利用木制圆轮的旋转，以双手将泥料拉成所需要的陶器坯体的形状。轮制法的发明是中国制陶技术史上的一大突破，它使得所制陶器更加匀薄和规整。

●龙山文化　黑陶高足杯

●明代永乐时期　甜白番莲八宝纹高足杯

第二节　中国瓷器的产生

中国瓷器的产生历史，其实就是从中国原始陶器的产生正式开始的。在我国古代的史籍如《景德镇陶录》《天工开物》等的记载中，“陶”不仅包括“瓷”，亦可用以称呼“瓷”，这也说明中国的陶和瓷从一开始便是一脉相承、不可分割的。

从中国陶瓷的发展史来看，远在7000多年以前的新石器时代，中国的先民们已经开始制造并且使用陶器了。中国陶器的产生是中国人民在长期的社会实践中辛勤劳动和智慧的结晶，也为以后中国瓷器的出现奠定了重要的基础，因此我们可以说陶是瓷的源，瓷是陶的流。

随着生产力的发展和陶器制作技艺的提高，陶器在工艺以及原材料上做了大量的改进，中国陶器逐渐向原始瓷器转变，最终演变为中国瓷器。中国古代的原始瓷器，自商代出现以来，一直到中国的东汉时期，才逐渐完成了原始瓷器向瓷器的过渡。

关于中国瓷器产生的研究，不论是产生的时间还是地点，一直以来都饱受争议。从产生时间来看，目前大多数研究者认为中国瓷器产生于中国东汉时期（25—220）。从产生地点来看，考古人员在浙江省发现了东汉晚期的青瓷瓷片以及烧制的窑址，最早成功烧制青瓷的地点是浙江省上虞区小仙坛和帐子山一带，因此业界认为浙江是中国青瓷的发源地。

中国历史上最早出现的瓷器是青瓷[1]，而青瓷又是从施釉的陶器“釉陶”发展而来，因此对中国瓷器产生的研究，最终还是对中国陶器产生的研究。

[1] 青瓷是以青釉烧制的瓷器，以色调泛青、质感如玉而出名。在我国的陶瓷发展历史中，从原始瓷器开始，青瓷就已作为主要的品种而存在。东汉以后，青瓷发展日益兴盛，历经隋代、唐代而形成自己的独特风格，出现了南方地区以越窑瓷器为代表的青瓷；至宋代，龙泉窑、汝窑、官窑、耀州窑等所产瓷器都有青瓷。

第三节　中国瓷器的审美特征

中国瓷器作为我国优秀的工艺美术品的杰出代表，以中国传统文化为基础，其艺术的审美性是集实用性与审美性为一体的。由于受到物质材料和生产技术的制约，中国瓷器具有鲜明的时代特征与民族风格。中国瓷器的审美特征主要从以下三个方面展开论述。

一、实用性与审美性

中国瓷器工艺源于新石器时代的制陶工艺，是中华民族的祖先贡献给世界艺术宝库珍贵的文化遗产。陶器的出现起源于我们的先民们农业生产以及生活的需求，中国瓷器伴随着制陶工艺的发展而产生，都以实用为前提，和人类活动的实际需要息息相关。它在材料工艺审美创造上大多数源于人类的生产实践和丰富多彩的文化生活需求。首先，中国瓷器满足了人类的日常生活以及文化生活等需求，具体而言，囊括了人们的饮食、文房用品、房间陈设、花架装饰等多个方面。但需要注意的是，在其实用性上，中国瓷器的饮食、装饰等功能除了满足人们的物质生活之外，还满足了人们的精神文化生活。其次，对于中国瓷器来说，它的审美性艺术特征是在它的实用性基础之上产生的，例如唐代越窑瓷器，唐代诗人陆龟蒙曾在其诗《秘色越器》中以“九秋风露越窑开，夺得千峰翠色来”[1]的诗句赞叹唐代越窑瓷器的精美，越窑青瓷也无疑成为当时文人们饮茶使用的首选，莲花碗、荷叶形托盏的形制虽精美绝伦，但终归为当时人们的实用之需而生，因此中国瓷器在设计制作过程中往往依据其实用性对其进行工艺改进与艺术处理。再次，中国瓷器对生产技术的要求极高，例如生产过程中对土质、釉料以及温度的控制等，而这些因素反过来也会影响陶瓷的发展。从我国南北朝时期的青瓷与白瓷、宋代的五大名窑（哥窑、汝窑、定窑、钧窑、官窑）、元青花，到辉煌灿烂的明清瓷器，工艺美术生产水平的高低也与当时的社会发展概况、总体审美取向以及时代生产力水平相关联。

[1] 陈伯海：《唐诗汇评：增订本》，上海古籍出版社，2015，第4152页。

●五代时期　越窑秘色青瓷洗

中国瓷器还具有审美性的特征，能够满足人类的精神需要以及审美需求。中国瓷器吸收了中国的传统文化因素，使得自身的审美内容逐渐丰富。中国瓷器的审美性特征体现在它的材质、釉色、造型、技法以及内容上。从材质上来说，中国各地窑厂之所以各具特色，和其材料构成有着很大的关系，例如宋代定窑的白瓷、建窑的黑瓷以及钧窑的青瓷等，主要就是因为材料的不同而呈现出不同的美。从釉色上来说，瓷器的色彩有别于一般意义上的色彩构成，它也受时代特点、烧制技术、火候控制等因素的影响，因此釉料的色彩构成也呈现出多样化的审美。中国瓷器造型多样，制瓷艺人在满足人们实用需求的基础之上，也根据瓷器器物的大小、容量以及形状进行造型与设计，力求达到瓷器的实用性与审美性的统一。在瓷器的技法上，技法使用的多样性也构成中国瓷器艺术丰富的审美性。在内容方面，中国瓷器深深植根于中国的传统文化精神，更表现出特定时代人们不同的精神追求与文化意蕴。

●北宋时期　定窑白瓷瓜式提梁壶

●宋时期　建窑黑釉兔毫盏

二、造型美与装饰美

造型美，是中国瓷器艺术表现的基本形式，是表现其釉色与质地的空间架构。中国瓷器的形制和造型表现丰富，内容涉及碗、杯、盘之类的饮食器，瓷镇纸、臂搁[1]、笔筒之类的文房用具，瓶、尊、炉之类的陈设器具，花插、花盆之类的生活器具以及投壶之类的娱乐器具。每一个器具门类又包含若干的器型，例如陈设器具中的瓶，又可细分为梅瓶、兽耳瓶、胆瓶等。

❶ 又被称作“搁臂”“腕枕”，是中国古代文人的常用品，几乎每一个读书人书斋中都会有一副。所谓“臂搁”，就是用来放腕臂的东西，古时人们写字或者作画时，手腕或手臂会不小心蹭到墨迹，于是人们就会用一个较硬的物件垫于腕臂下方，后来就发展成为我们今天的“臂搁”。

●明代万历时期　五彩龙纹花鸟蒜头瓶

●明代嘉靖时期　青花龙凤纹兽耳环瓶

多样的形制就形成了中国瓷器多样的造型，中国瓷器正是最大限度地把握了实用与美感相统一的原则，才使得它的造型样式丰富精巧，瓷器的实用性与美感统一和谐，表现了中国瓷器独有的文化内涵以及中国劳动人民的智慧。

中国瓷器艺术的装饰美，表现在中国制瓷大师不仅能够制作完成精美绝伦的器物以及器型，并且善于思考，懂得用自己的智慧解决制瓷工艺中的技术难题，创造出大量富有创造性与美感的瓷器。例如汝瓷在烧制的过程中釉料当中玛瑙[1]的结晶体呈点状颗粒散布、胎釉的膨胀系数不匹配而容易导致开裂和裂纹等现象，以及烧制过程中由于满釉支烧工艺在其烧成后支钉断裂在器物表面留下的断口等问题，在中国制瓷能工巧匠的智慧中形成汝窑“梨皮、蟹爪、芝麻花”的独特美感，以及“在不完美中创造美”的人生哲学思考。

① 玛瑙是一种呈多种色彩、具条带状构造的二氧化硅隐晶质集合体，呈现出半透明至不透明的玻璃光泽。在宝石学中，玛瑙属于玉髓的变种。世界上很多国家都有玛瑙产地，中国主要的玛瑙产地有四川、内蒙古、新疆、甘肃、辽宁等地区。

●北宋时期　汝窑青瓷莲花式温碗

南宋时期　哥窑青瓷葵口盘

中国瓷器的装饰美，还体现在瓷器的纹样装饰上。按照题材来分，中国瓷器的纹样装饰主要围绕植物纹饰、动物纹饰、人物纹饰、几何纹饰四个方面，每一个方面又可以进行更为细致的划分。例如中国瓷器装饰纹样的植物纹饰可具体分为牡丹、梅花、莲花、海棠等类别。从表现方法上可分为写实、写意等类别；从技法上可分为划、刻、刮、贴等表现形式。这些不同类别形式的瓷器装饰不仅丰富了中国瓷器的装饰技法，也形成了不同地域瓷器的独特风格以及表现。

中国瓷器的装饰美，或如金丝铁线[1]的粗放，或如蟹爪、芝麻花的细腻，或如磁州窑白地黑花镇宅铭狮纹枕的昂首凝目，或如江西吉安永和窑剪纸漏花技法的生活化，都表现了中国瓷器艺术装饰美的多样化和深深植根于中华民族传统文化的深厚内涵。

[1]“金丝铁线”是瓷器表面冰裂纹片的一种，属于宋代哥窑开片瓷器的特殊纹饰，哥窑瓷器纹路分为两种：一种是釉裂形成大开片的黑色纹路，俗称“铁线”；另一种是釉裂形成小开片的金黄色纹路，俗称“金丝”，合而即有“金丝铁线”之美称。

●北宋－金时期　定窑白瓷划花铺首龙耳方壶

●南宋时期　吉州窑黑釉木叶纹茶盏

●宋时期　龙泉窑粉青圆盘

三、表现性与时代性

中国瓷器作为一种表现性空间艺术，注重表现某种意境或情感。例如在中国文化中，我们常常以玉器的“五德”[1]象征品格德行优秀之人。宋代瓷器制作过程中工匠们通过控制火候、温度等条件，利用釉料在高温下不易流动的特点施厚釉，烧制出粉青色釉，形成青玉般的艺术效果，便有釉色表现的“如玉”审美倾向，追求细腻、单纯、高雅。宋代瓷器对外表不做过多的雕琢，追求韵味和淡雅以及内在本质美，这种艺术追求也反映了中国传统文化中对于格调高雅的理想美的追求。正如宋代的苏轼在其绘画中追求“论画以形似，见与儿童邻”[2]，诗文中追求“绚烂之极归于平淡”，把艺术作品上升到表现情感的境界，而宋代的瓷器正体现了这一主张。

另外，中国瓷器还具有时代性审美特征。一方面由于制瓷技艺的发展、时代背景变化、社会环境影响等因素，不同时期的瓷器呈现出不同的风貌特征。对于单色釉瓷器而言，唐以前青瓷上的釉一般为黑色、白色、绿色以及黄色等，且釉色基本为灰色半透明的青釉，而唐代注重表现釉色的美感，例如唐越窑的秘色青瓷，据说这种瓷器是当时的吴越国专门为宫廷所烧制，臣庶不得使用。其釉色青翠匀净，才有后唐诗人在《贡余秘色茶盏》中“捩翠融青瑞色新，陶成先得贡吾君”的经典描绘，我们现在也只能通过诗词想象秘色青瓷的魅力以及“李唐越器人间无”的神秘。另一方面，中国瓷器艺术的时代性也反映在它总是表现出某一个时代以及社会阶段的情感与理想。例如宋

[1] 许慎《说文解字》：“玉石之美。有五德：润泽以温，仁之方也；䚡理自外，可以知中，义之方也；其声舒扬，专以远闻，智之方也；不桡而折，勇之方也；锐廉而不忮，洁之方也。”

[2] 上海辞书出版社文学鉴赏辞典编纂中心：《宋诗三百首鉴赏辞典：文通版》，上海辞书出版社，2017，第153页。

代，绘画与书法艺术都发展到了一定的高度，而文化的发展也对当时中国上层社会的审美趣味以及当时的文人审美意识和风尚产生了一定的影响，宋代瓷器呈现出端庄雅致、清新淡雅的特点，追求自然天成的纹理效果。而崇尚蓝白相间装饰风格的元代统治者大力发展青花瓷，使得青花瓷成为元代瓷器审美的主流因素。

第四节　中国瓷器的分类

中国瓷器种类繁多，对于瓷器的分类有很多方法，不同的瓷器分类方法会形成不同的瓷器种类。中国瓷器在其艺术性质上属于工艺美术的范畴，是功能、技艺、材料、用途与审美性的统一，本节主要从用途、年代、装饰特点、生产方式四个方面对瓷器进行划分。

一、按照中国瓷器的用途和使用功能进行划分

前面我们论述到中国瓷器的产生是以实用为前提，从属于一定的社会经济环境，因此对瓷器的用途分类很有必要。从其用途和使用功能对瓷器进行划分，可分为饮食器具类、文房器具类、陈设器具类和娱乐器具类四大类。

瓷器与中国的传统饮食文化息息相关，涉及人们日常生活饮食的方方面面，是我们了解中国古代生活的一个重要途径，中国饮食瓷器在使用中主要分为饮食器和储藏器。饮食瓷器主要指的是人们日常生活中盛装食物和酒水的工具，主要有食器、酒器和茶器。

食器包括碗、盘、碟、盆、汤匙等；酒器包括瓶、壶、杯、缸等；茶器主要有茶叶罐、茶碗、茶杯、茶船[1]、盖碗等。每个时期的饮食器具造型与装饰随着不同时代的审美意识和文化主流而发生变化，既丰富了生活的需求，又反映出对美的追求。

文房器具类瓷器主要用于书写绘画，通常见于书桌或画案，是中国文人士大夫日常生活中不可或缺的重要元素，除了具备进行书画的实用特性，通常还被用来观赏与收藏，体现了中国文人士大夫高雅的生活情趣以及审美趣味。主要包括镇纸、臂搁、笔筒、水注、笔洗、笔架、画缸、水盂等，成为中国瓷器的重要组成部分。

[1] 又被称作“茶海”，是一种泡茶用具，其结构通常是上面为盘，下面为仓。当壶中的水溢满时，茶船可以将水接住，避免弄湿桌面，除此之外，茶船又可增加美观性。

●清代康熙时期　天蓝釉笔洗

●明代万历时期　青花高士图六棱提梁茶壶

陈设器具类瓷器主要是指室内摆放或者作为装饰的瓷器，根据服务的对象不同，又可分为日常陈设用瓷器和宗教用瓷器。日常陈设用瓷器主要包括瓶、炉、尊等器具。而它们又可进行细分，例如瓶又可分为梅瓶、花口瓶、胆瓶、兽耳瓶、弦纹瓶等；炉是一种腹部较深，经常被用作焚香器具的一种瓷器种类，在其底部通常有器座，主要分为鼎式炉（器型与青铜器中三足鼎相似），鬲式炉（造型特征与青铜器中铜鬲相似）、三足圈炉等形式。另外瓷器中的花架类瓷器也属于陈设器具类瓷器，花架类瓷器主要为了满足贵族景观设计与观赏的需求，一般情况下为了盛放花草，不单独摆放，主要包括花盆、花插[1]等类别。从今天来看，虽然陈设类瓷器基于实用，但是其艺术价值已远远超出实用性的范畴，反映出人们对美的极致追求。

●明代宣德时期　青花缠枝莲纹三足炉

娱乐器具类瓷器，显而易见就是为了满足人们精神娱乐、消遣的需求，例如宋代官窑瓷器里最具代表性的投壶。投壶这种娱乐游戏起源于春秋战国时期，

[1] 一种插花用器具，“花插”一词始于明代，明代正德年间流行的各类瓷器花插，有的呈圆形，有的为鼓形，有的为梅花筒形，顶部留有小圆孔，可供插花。

最终演变为一种宴饮活动中的娱乐形式。投壶源于瓷器中的贯耳瓶，贯耳瓶的造型以两只呈直管状的耳朵最为引人注意，在某种程度上也有劝诫君王广开言路、善于纳谏的含义，因此贯耳瓶通常被历代皇家垄断。到了汉代，贯耳瓶被当作投壶使用，在宴饮过程中，通过投壶里面箭矢的数量多寡而作为判定饮酒多少的标准，后逐渐发展成为一种陈设用品。

●南宋时期　官窑青瓷贯耳壶

二、按照中国瓷器生产的年代进行划分

按照中国瓷器生产的年代进行划分，一是以朝代为标准进行划分，例如我们经常提到的唐代瓷器、宋代瓷器、明代瓷器、清代瓷器等；二是以年代为标准进行划分，这种方法相较于以朝代进行划分更加细致，例如明代瓷器若按照年代进行划分可分为明洪武年间、建文年间、永乐年间、宣德年间、正统年间、景泰年间等。清代瓷器如果按照年代进行划分可分为清顺治年间、康熙年间、雍正年间、乾隆年间、嘉庆年间等。

三、按照中国瓷器的装饰特点进行划分

如果按照装饰特点，中国瓷器可以根据釉色不同来进行划分，中国瓷器的发展经历了从单色釉到多色釉的过程，可以说釉色是区别中国瓷器属性的决定性因素。在对瓷器釉色的划分上，主要可分为单色釉瓷器和多色釉瓷器两大类。

（一）单色釉瓷器

单色釉瓷器顾名思义就是瓷器烧制完成后呈现单一色泽，因此又被称作“一色釉”或“纯色釉”。在唐代以前，中国瓷器一般都为单色釉，单色釉主要包括青釉、红釉、黄釉、黑釉、白釉、绿釉、蓝釉等类别。青釉是中国瓷器烧制最早的釉色，包括天青、冬青、粉青、豆青、虾青、灰青等；红釉以铜为着色剂，包括祭红、粉红、豇豆红、大红、海棠红、胭脂红等；黄釉又称“粉黄”，以适量的铁为着色剂，具体包括蛋黄、鱼子黄、鹅黄、姜汁黄、蜜蜡黄等；黑釉以氧化铁和少量的锰、铜为着色剂，黑釉在南方从汉代便开始烧制，清代康熙年间又出现了乌金釉[1]形式，黑釉主要包括黑彩、墨彩、乌金等；白釉之所以能够被称为“白釉”，主要是因为釉内含铁量极少，白釉又可分为象牙白、甜白、猪油白、鱼肚白、青白等；绿釉以铜为着色剂，以铅作为助溶剂低温烧制而成，包括青绿、孔雀绿、瓜皮绿等；蓝釉主要包括雾蓝、宝石蓝、祭蓝、天蓝等。

[1]“乌金釉”主要以氧化铁为呈色剂，再加入锰、钴等色料，生坯挂釉，以高温还原气氛烧制而成，釉质细腻，釉色莹亮。

●清代康熙时期　豇豆红釉太白尊

●明代永乐时期　甜白云龙纹碟

（二）多色釉瓷器

多色釉瓷器主要包括两类：第一种是在瓷胎表面不重复施釉，主要依靠窑内环境构成釉面，例如钧窑瓷器。第二种是需要用釉彩在瓷胎表面勾勒图案，例如我们所说的元青花、粉彩等，因此我们又把多色釉瓷器称为“彩瓷”[1]。

彩瓷具体可分为釉上彩瓷器和釉下彩瓷器。

[1] 许之衡《饮流斋说瓷》：“本色地加彩，盖始于宋。”

1. 釉上彩瓷器

釉上彩瓷器又被称为“炉彩”，主要指的是用各种彩料在已经高温烧制完成的瓷器釉面绘制纹饰，然后再进行二次入窑过程，经过600℃到900℃的低温固色制作而成的瓷器。釉上彩瓷器主要分为粉彩、斗彩、珐琅彩、五彩等类别。

粉彩主要通过在烧好的胎釉上施含砷物的粉底，涂颜料后以笔洗开而产生粉化效果。相对五彩而言，粉彩又被称为“软彩”，是在康熙时期五彩瓷的基础上，受到珐琅色彩色阶的影响而逐渐形成的。许之衡在《饮流斋说瓷》中曾经说道：“软彩，又名粉彩，谓彩色稍淡，有粉匀之也，硬彩华贵而深凝，粉彩艳丽而清逸。”[1] 乾隆时期的清宫档案中又称粉彩为“洋彩”。

斗彩瓷器主要是釉下青花与釉上彩的结合，因此又被称作“青花填彩”，中国的斗彩瓷器在明代成化年间达到成熟，色彩一般情况下有3～4种，多则可达6种。主要的技法是以青花釉料在瓷胎上进行绘制，施透明釉入窑高温烧制，烧制完成后再于釉上施彩料，再进行低温烧制而成，斗彩瓷器一般以小器型居多。在色彩上，淡雅的青花和艳丽的釉上色彩结合，形成了娇艳的艺术特点。

珐琅彩瓷器，是将铜胎画珐琅的技法运用在瓷胎上而创烧出来的彩瓷种类，主要是在烧制完成的素白瓷上施珐琅彩釉以600℃的温度烘烤而成，对画工技艺要求极高，是中国古代彩瓷工艺鼎盛时期的代表。

[1] 许之衡，杜斌：《饮流斋说瓷》，中华书局，2012，第90-91页。

●清代乾隆时期 粉彩开光花鸟双连瓶

●明代成化时期 斗彩团云花卉纹杯

●清代雍正时期 珐琅彩梅竹碗

●明代万历时期 五彩云龙纹盖罐

五彩瓷器[1]是在已烧制完成的白瓷或已经绘制局部图案的青花瓷上以红、绿、黄、黑、紫等颜色绘制图案纹饰，再经彩炉低温烧制而成。相较于粉彩而言，五彩瓷器烧制所需要的温度较高，不像粉彩那样有柔软感，因此又被称为“硬彩”。

[1] 许之衡《饮流斋说瓷》：“五彩之器，明永乐制作始盛……明代彩瓷发明，足以夐绝奕世，震铄一代者，殊不浅鲜。综其迁变，可得而言。”

2. 釉下彩瓷器

釉下彩瓷器又被称为“窑彩”，主要通过用彩料在瓷胎上直接施彩，经罩一层透明釉入窑以 1200℃到 1400℃的高温一次烧制而成，因其是在釉下绘彩，故称为釉下彩。其特点是色彩保存完好，经久不退，釉下彩瓷器可分为釉里红、青花和青花釉里红瓷器。

釉里红瓷器主要是以氧化铜为呈色剂彩料，按照图样在瓷胎的表面进行绘制，绘制完成后再附以一层透明色釉料，入窑以 1300℃的温度于高温还原焰气氛中一次烧制而成。釉里红瓷器中白地红花的色彩搭配鲜艳喜庆，深受人们喜爱，因为铜对烧制过程中窑内气氛要求过高，在高温环境下容易挥发，因此烧制的难度比较大。

●明代宣德时期　釉里红三鱼纹高足杯

青花瓷器又称“白地青花瓷”，主要是用含氧化钴的钴矿原料在瓷胎上绘制图案，经施透明釉料高温烧制而成。中国瓷器发展到明代，青花成为当时主流，主要包括青花五彩瓷、豆青釉青花瓷、孔雀绿釉青花瓷等。

●明代宣德时期 青花四季花卉纹盖罐

青花釉里红是青花釉里红瓷的简称，主要是以青花钴料和铜红料在瓷胎上描绘纹饰，纹饰描绘完成后施一层透明的釉料，然后入窑以 1300℃的高温一次烧制而成。青花釉里红瓷器既有青花瓷器的雅致沉静，又有釉里红瓷器的壮丽浑厚，形成了独特的审美艺术风格。

四、按照中国瓷器的生产方式进行划分

中国瓷器按照生产方式的不同可分为民窑瓷器和官窑瓷器两大类。民窑瓷器是中国民间作坊、民间窑工生产的供普通民众使用的瓷器，例如宋代的耀州窑、磁州窑等。官窑瓷器是皇帝指派的专门的窑工生产供皇帝以及宫廷使用的瓷器，例如宋代的哥窑、汝

窑、定窑、钧窑、官窑五大名窑。官窑生产条件优越，不计成本，因此烧制出来的瓷器胎釉光润，造型稳重典雅，工艺精巧。相比于官窑，民窑瓷器一般胎质普遍较粗糙，追求物美价廉，不过在瓷器纹饰装饰以及形式内容上则更加自由。值得注意的是，民窑和官窑之间的划分并不是十分明确，例如宋代的耀州窑，除了生产一般的瓷器之外，还是当时主要的贡瓷窑厂。

第五节　中国瓷器的款识

一、款识的概念

款识，又可以被称作铭文[1]，原指中国古代青铜器上所铸刻的文字，后来随着美术种类范畴的不断扩大，款识也被引申为中国陶瓷以及其他文物上的题铭文字之类。瓷器当中的款识，是以文字或者符号出现在瓷器上的特殊装饰。唐代以前，瓷器中的款识标记极少，宋元时期也极少，明清时期，中国瓷器才出现了款识题写的高峰。

[1] 青铜器上的铭文是利用青铜器的模范铸造工艺铸刻而成，因古代铜铸之祭器被称为“吉金”，所以商周时期青铜器上的铭文又被称为“金文”“钟鼎文”，此类铭文成为中国书法艺术的重要源头。

二、款识的分类

从内容上来看，中国瓷器款识大致可以分为如下几个类别：

（一）年号纪年款

年号纪年款瓷器主要是指标记瓷器制作年号以及制作时间的一种瓷器类别，在中国瓷器款识种类中占据较大比重。通常来说，年号纪年款瓷器主要包括

以下三个类别：

1. 年号款

以皇帝的年号为纪年的款识，又可以称作“朝代款”。例如“大明宣德年制”，指的就是在明宣宗朱瞻基在位期间从其年号宣德元年（1426）至宣德十年（143）间烧制而成，“大清康熙年制”则是中国清代康熙年间景德镇官窑所烧制。

2. 干支款

干支款用的是中国的天干地支[1]来表明瓷器具体年代的款识类别。这种款识多附于帝王年号之后，如“万历丁丑年造”形式，也有直接以天干地支来进行标记的，如“壬子年造”。

3. 特殊年款

特殊年款指的是只写朝代而没有书写具体年号的瓷器款识，如“大清年制”“大明年造”等。

[1] 天干是中国古人在观察天象和研究自然界气候变化的过程中，总结出来的代表十个阶段的发展和消亡规律的符号，即甲、乙、丙、丁、戊、己、庚、辛、壬、癸。地支由子、丑、寅、卯、辰、巳、午、未、申、酉、戌、亥十二个字组成。

●明代嘉靖时期　青花团龙纹菱花茶钟

●明代嘉靖时期　青花团龙纹菱花茶钟款识

（二）陶人款

陶人款又被称为“人名款”，显而易见就是以瓷器上所署的制瓷工、制瓷作坊主、瓷器收藏者的姓氏或者名字命名的款识类别。例如南京光华门外大校场赵史岗4号墓出土的“吴‘赤乌十四年’款青瓷虎子”，这款瓷器的器腹上款识为“赤乌十四年会稽上虞师袁宜作”，“赤乌”指的是吴孙权的第四个年号，在这款瓷器的款识中就明确标明了帝王的年号和制瓷工匠的姓名，这也是迄今为止在考古发现中具有准确纪年款识和制瓷匠人姓名的最早的一件青瓷作品。

（三）吉语款

吉语款又被称作“吉言款”“赞颂款”，主要是指在瓷器上通过印、刻以及书写具有吉祥或者赞美含义的词语或短句的一种瓷器款识。吉语款在明代以前多落款于瓷器内壁或外壁，明清时期则主要落款于瓷器器物外底部分。常见的吉语款短则有“福”“寿”“喜”“双利”等内容，稍长则有“金玉满堂”“佛光普度”“富贵长春”“玉堂佳器”等内容，长则有“富且洋（祥），宜公卿，多子孙，寿命长”等吉语。

赞颂款在唐代便已出现，用来表达对瓷器的赞颂与喜爱，如“郑家小口天下有名”[1]“昌江美玉”等内容。

[1]“郑家小口天下有名”是唐代湖南长沙铜官窑出土的瓷片上的款识，具有广告的性质。

（四）室名款

室名款瓷器指的是把自己书房名称或者个人住

所刻写于瓷器之上，以作为私家用瓷藏瓷，又被称作“堂名款”“斋名款”瓷器。室名款瓷器在我国宋代已开始出现，在明代逐渐成为一种风尚，至清代开始大量盛行。宋代官窑中瓷器款识上的“奉华”“德寿”等铭文，主要指的就是宋朝宫殿之名。

●民国时期　青花粉彩带托盖碗款识

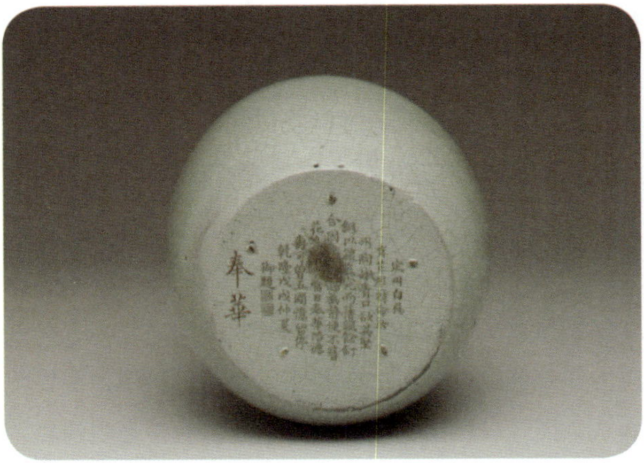

●北宋时期　汝窑青瓷纸槌瓶“奉华”铭底部

室名款瓷器款识在瓷器中占有相当大的比重，这和当时文人间的附庸风雅之风盛行有着很大的关联。许之衡在其《饮流斋说瓷》一书中曾说："瓷款之堂名、斋名者，大抵皆用楷书。制品之人有四类：一为帝王，一为亲贵，一为名士而达官者，一为雅匠良工也。"[1]耿宝昌先生在其《明清瓷器鉴定》一书中对清代瓷器进行了不完全统计，其中属于室名款瓷器的种类多达250余种。

[1] 许之衡，杜斌：《饮流斋说瓷》，中华书局，2012，第176页。

（五）仿写款

仿写款瓷器款识又被称为"寄托款"，主要指的就是后代瓷器上以落前朝款为标志的瓷器款识，仿写款中最常见的便是对前朝年号的仿写，比如清代乾隆朝仿写"大明成化年制"等内容，仿写款的出现与人们的仿古好古甚至重视瓷器价值的增长都有很大的关系，当然瓷器款识的大量仿写也给瓷器真伪鉴定带来极大的挑战。在仿写款的类别中常有民窑仿写与官窑仿写之分，民窑仿写大都粗糙草率，比较容易辨别，官窑仿写大多按照其原本样貌仿制，有的甚至达到以假乱真的程度，以至于在后来的瓷器辨伪中真假难分。

（六）图案款

图案款瓷器款识又被称为"花押款"[2]，主要表现为在瓷器上以非文字的图案纹样标记，例如博古图案八卦图、太极图、琴棋书画等，佛教符号中的轮、伞、盖、鱼、花等八吉祥图，道家符号中的汉钟离的还魂扇、张果老的渔鼓、何仙姑的荷花、韩湘子的笛

[2] 花押，原本是指一种在文书契约上的签字或直接代替签字的符号，元陶宗仪所著《南村辍耕录》记述："今蒙古色目人之为官者，多不能执笔花押，例以象牙或木刻而印之。宰辅及近侍官至一品者，得旨。则用玉图书押字，非特赐不敢用。"这种影响在明清瓷器中同样有所体现。瓷器上的"花押款"主要指的是瓷器底部非文字的图案纹样标记。

子等图案，以及龙、凤、兔、鹿、龟、鹤等其他图案等。

（七）供养款

供养款瓷器款识是指刻划或书写于宗教信徒或者供养人定制并且施舍给寺观庙宇的供器上的瓷器款识类别，相比于其他款识，这种款识的文字内容比较长，通常是以“某年某月某人施舍某器具以供养某地”的内容呈现，因此我们把它叫作“供养款”。供养款瓷器在我国宋代已经出现，于明清时期大量流行。

供养的对象有“观音前”“赵大将军前”“土地神前”“天仙圣母前”“佛前”等。供养的目的，涉及求寿、求福、求子、求官运亨通、求诸事顺利、求父母寿命延长、求子孙昌盛等内容，反映了中国古代人民对于美好生活的祝福与期望。

（八）其他款

在瓷器款识的类别上，还有一些其他款式，不能归入上述瓷器款识类别里，例如天字款、进盏款、供御款[1]等。

总的来说，中国瓷器的款识为我们研究瓷器、考察鉴赏瓷器以及鉴别瓷器提供了重要的依据，中国瓷器的款识也承载着中华民族悠久的历史和文化，从而成为中国瓷器的重要组成部分。

三、款识的发展

款识作为中国瓷器的“附属物”，是瓷器收藏与鉴定非常重要的依据，历来被收藏家以及文物学家们

[1] 进盏款、供御款，宋代福建建窑茶盏或窑具上的款识。建窑是宋代生产黑釉瓷器的窑厂之一，北宋后期因为其生产的黑釉盏适于斗茶而被大量烧制，因此带有“供御”“进盏”款的茶盏则是为当时宫廷生产的斗茶用具。

所重视。我们可以通过瓷器中款识的内容、书法、风格等，再结合瓷器的瓷胎、釉料等其他因素，对瓷器本身有更深入的了解以及进行真伪的鉴定。中国瓷器款识随着中国瓷器的不断演进而发展，随着瓷器艺术发展的多元化而逐渐丰富。

（一）唐以前瓷器的款识

前面我们提到，中国自新石器时代便已制作出了陶器，而到了东汉时期，成熟的瓷器才开始产生。新石器时代陶器刻符可视作中国最早的文字雏形，也是我国瓷器款识发展的起源。商周时期，瓦当和陶器上的刻字出现了编号和人名。春秋战国时期，砖瓦以及陶器上的刻符文字逐渐增多。秦汉时期陶器和砖瓦的文字以及刻符已非常丰富。

根据已有考古资料，浙江省鄞州区出土了一件东汉青瓷双系盘口壶，在其底足部分刻有“王尊”二字，被认为是中国目前考古所见的最早的瓷器款识。第一个带有纪年款识的瓷器便是上述南京光华门外大校场赵史岗4号墓出土的“吴‘赤乌十四年’款青瓷虎子”。到了六朝时期，瓷器的款识多了起来，这时候款识的书写形式以刻写为主，隋代瓷器款识留存至今的比较少。

（二）唐宋时期瓷器的款识

1. 唐代瓷器款识

唐代的许多大窑，像唐代越窑、长沙窑等，都发现有款识，并且款识的内容也逐渐丰富了起来。这时候的瓷器款识内容上，除了记述制瓷的地点、烧制的时间、作坊名称以及制瓷者名字之外，还出现了吉语以及诗文等，例如“大吉”“千秋万岁”等。

2. 宋代瓷器款识

到了宋代，由于宋代制瓷业发展兴盛，不论是官窑还是民窑在这一时期都得到了相当的发展。这一时期瓷器款识的数量较之前增多，形式更加丰富，包括刻划、书写以及模印，内容上也有较大发展，品类齐全。[1]

[1] 宋代瓷器款识的内容有作坊标志、匠人名、制瓷年月、诗词、吉祥语、建筑名称等，文字较为简洁，以刻划款为主。

（三）元代瓷器的款识

中国瓷器发展史上，元代是一个承前启后的重要发展时期。宋代和元代时期的主要瓷窑，像钧窑、吉州窑、定窑等由于战乱和各个地区条件的限制，在这个时候均已呈衰微之象，而这个时期南方的景德镇因拥有安定的社会环境以及丰富的地方资源而成为瓷器生产的重要代表。因此这个时期对瓷器款识的研究则以景德镇为中心展开。

元代中国瓷器款识数量上也比较多，形式上刻划、书写、模印均有，例如这时期的印款“枢府”“大禧”等。元代盛行的青花瓷沿袭了宋代做法，有的还刻有“玉出昆山”等款。另外元青花极少有底款，那是由于元青花大多外销中东地区，器型大多笨重硕大，由于搬运的难度很大，因此在底部想要留下款识是非常困难的，且瓷器倒置极易造成坯体破裂，以至于连简单的刻划都难以完成。对于大器型而言，我们也很少通过翻转器物去观看，因此也就失去书款的意义。

（四）明代瓷器的款识

明清时期是中国瓷器生产发展的成熟时期，这个时期的景德镇青花瓷以及其他彩釉瓷器的生产技艺、规模等都达到高峰。明代瓷器款识的种类、字体以及工艺水平更为丰富和完善，并且从这个时期开始在瓷器上题写皇帝以及帝王年号，例如“永乐”“洪武”“宣德”等。这个时期款识为“永乐年制”的瓷器，也成为中国瓷器历史上第一次烧制的帝王年号款。

中国瓷器款识发展到明代，已经成为一种在制瓷工艺中必不可少的要素，并且这个时期中国瓷器款识众多，不管是在民窑还是官窑中都大量使用，种类完备，形式也更多样。[1]

对于明代的瓷器款识，前人归纳为“永乐款少，宣德款多，成化款肥，弘治款秀，正德款恭，嘉靖款杂”[2]。

（五）清代瓷器的款识

清代制瓷业空前发展，是中国制瓷业的集大成时期，这个时期的制瓷水平和工艺也达到了前所未有的高峰。景德镇御窑厂在继承了明代青花、五彩的基础之上，又烧制出粉彩、珐琅彩等新的工艺，与此同时，这时候的民窑发展也极为鼎盛。由于当时的景德镇官窑代表了制瓷的最高水平，当时的官窑瓷器款识一般以帝王年号署名，而民窑一般以天干地支纪年款、吉语款、私家款等书写。另外由于封建等级制度的森严和制瓷业传统的影响，清代的官窑瓷器和清代的民窑瓷器在内容和形式上都各自遵循一定的惯例规定。

❶ 许之衡《饮流斋说瓷》：“明代瓷品款识，盖有种种。有凹雕款字而挂以黑釉者，有印花者，有绘花者，有雕花者。”

❷ 中国硅酸盐学会：《中国陶瓷史》，文物出版社，1982，第 407 页。

这个时期的帝王年号款历朝都有。清代瓷器款识的技法有刻、印、红釉、青花、粉彩等多种形式，涉及的书体主要包括楷、篆书等。顺治时期的年号款书写一般以楷书和行楷为主，康熙和雍正两朝以楷书为主，到乾隆时期以篆书为主。

●清代康熙时期　珐琅彩粉红地番莲碗底部楷书款识

（六）民国时期以及当代瓷器的款识

1. 民国时期瓷器款识

中国制瓷业从清末到民国，发展日益艰难，这个时期官窑已不复存在，主要是延续前朝款识，仿古之风渐兴，出现了大量制作仿古瓷以及仿写历朝款识的趋势。在瓷器上题写款识和画印也逐渐流行，使得款识的表现内容更加丰富与多样化，瓷器绘画、瓷器的烧造技术也有所提高。

民国时期的款识种类主要有私人题款、纪年款、室名款、仿写款以及其他款等。民国时期虽然不到四十年，但以景德镇为代表的制瓷生产却遍布全国，并且烧制出多种风格的瓷器，民国时期的款识，由于封建王朝的覆灭而更加自由化、多样化与个性化。近年来，民国瓷器也日益受到人们的关注。

2. 当代瓷器款识

当代瓷器款识与民国时期相比并没有特别大的创新，艺术瓷器基本上沿袭前人，现代制瓷手工艺者大多在瓷器器身或者瓷器底部题写名号、创作的时间以及画上印章，对于日用瓷款基本上以贴花纸[1]的形式在瓷器底部贴上厂家以及地名。

[1] 贴花纸是用于添加陶瓷器皿图案和色彩的一种装饰方法，取代了之前的手绘以及喷彩工艺。花纸是一个承受印墨，再把印墨转印到瓷坯上的中转媒介。

四、款识的分类

（一）底款

早在瓷器产生之前，陶器上已经有了款识的身影，只是工艺技术以及审美的限制，款识一般只代表陶器制作的时间等，对款识的审美性表现并未有过多的深入探究，此时的款识形式单一，在表现方法上也只有刻划一种形式。随着工艺的发展以及审美意识的觉醒，在后面瓷器发展过程中，对款识的装饰以及审美逐渐形成了统一的标准。到了明代和清代，中国瓷器艺术中款识的表现方法、内容以及审美标准已经达到了高峰，有青花、粉彩以及刻划、模印等形式。中国瓷器的款识美观典雅，与瓷器辉映成趣，相得益彰，款识与瓷器作品本身达到共融的效果。

（二）瓷面款

我们所说的瓷面款，是款识除了底款之外，出现在瓷器作品任何需要它的地方。相比于底款，瓷面款表现的内容更为丰富和多样。

前面我们说到中国瓷器以中国文化为土壤，瓷面款识就受中国书画中款识的启发，运用留白、诗书画印结合等形式，与瓷器本身相辅相成，我们也可以把瓷面款想象成中国书画在陶瓷上的艺术延续。

中国陶瓷艺术造型丰富，表现手法多样，而作为中国瓷器重要表现元素的款识，同样成为中国瓷器不可缺少的重要组成部分。中国瓷器的款识历经 2000 年左右历史的发展，已和中国瓷器融为一体。款识的意义也正如它的艺术表现，从标记时间、地点、人名、大小等，到标记文化、美好，承载着我们中华民族的悠久历史和灿烂文化，逐渐成为更自由和开放的中国瓷器艺术语言。

第二章

中国瓷器的起源与发展

中国是瓷器的起源和发祥地，瓷器作为中国文化的一个标志性符号，在其漫长的发展过程中，承载了中华民族优秀的传统文化和劳动人民的智慧与结晶，也反映了中国古代生活、社会发展以及文化交流的情况。中国瓷器起源于中国陶器，因此中国瓷器的初步发展，经历了从陶器到原始瓷器（釉陶）到青瓷，最终发展为各种釉色瓷器的历程。

第一节　中国瓷器的起源——陶器

就瓷器的起源问题，中国瓷器考古研究者曾经有两种截然不同的观点，一种观点是“陶瓷同源论”，另一种是“陶瓷异源论”。在关于瓷器起源的问题上，冯先铭先生认为：“当陶器制作技术不断提高，经验不断积累，到了条件具备时，就出现了瓷器。因此，可以说瓷器是陶器发展的必然结果。”[1]瓷器源于陶器，但又精于陶器。

[1] 冯先铭：《我国陶瓷发展中的几个问题——从中国出土文物展览陶瓷展品谈起》，《文物》1973 年第 7 期。

陶器是人类发展史上远古的伟大创造之一，是人类文化史上的重大发明。中国陶器是在适应了以农业

为基础的社会生活需求下产生的，并且加速了生产技术与生产力的进一步发展。通过“火”将黏土变为陶器，是人类历史上最早运用化学变化来改变物质性质的创造性活动之一。

磁山文化[1]、裴李岗文化作为中国陶器文化初步发展的重要阶段，距今已有 8000 年左右的历史，这个时期的陶器基本上以手制的红陶为主，器壁还不是很均匀，其烧制温度为 900 ～ 960℃，器物表面多以素面为主，其中少量有乳钉纹、刻划纹等纹饰装饰，器型以钵、碗、罐、壶等生活实用类器具为主。

之后，又逐渐产生仰韶文化、大汶口文化、红山文化、龙山文化等时期的陶器。仰韶文化陶器在器型上不仅注重实用性，更具备美观性和艺术性，出现了盂、瓶、鼎等器型。这一时期的部分彩陶在原料上选用的是田泥等表面易熔的黏土。在成型工艺上，仰韶文化前期，主要采用的方法是把制作陶器的黏土放在木板上搓成泥条，以转动木板的盘塑法成型，这也是陶轮的雏形，更为以后瓷器制作技术的发展奠定了重要基础。中国陶器发展至龙山文化时期，其分布范围已相当广泛，这一时期的陶器以黏度适中、泥质较为细腻的黑土、红土等黏土为原料，铁的含量逐渐降低，耐火性能更好，更有利于陶器的制作。在成型工艺上，这一时期已经逐步使用快轮拉坯成型，为后来汉以及三国两晋南北朝时期快轮拉坯成型方法的广泛应用创造了有利环境。

陶器的产生与发展为中国瓷器的产生提供了重要的物质与技术支持，制陶技术在先民们长期的生活

[1] 磁山文化：主要分布于太行山东麓至海河平原西部一线，因位于河北省武安市磁山遗址而得名，属于新石器时代文化遗存。磁山文化陶器与裴李岗文化陶器有较多共性。

实践中逐渐发展，在殷商早期产生了印纹硬陶和白陶，之后在不断改善原料、提升技术水平的实践过程中，原始瓷器最终出现。

第二节　中国瓷器从陶到瓷的转变历程

中国瓷器从陶到瓷的转变历程，经历了夹砂或泥质陶器、白陶器、印纹陶器[1]、原始青瓷（釉陶）直至瓷器最终形成这几个发展阶段。从中国陶器到中国瓷器，经历了一个漫长的转变过程，学术界普遍把这一过程称为“原始瓷器”阶段。

[1] 因器物表面拍印有几何形图案纹样而得名，其花纹通过压印、拍印、戳印等方式构成了富有变化的几何形图案，常见的有云雷纹、曲折纹、叶脉纹、菱形纹、回纹等图案。

一、中国瓷器从陶到瓷的转变历程

原始社会时期，我国的先民们已经开始制作并且使用陶器，在距今约 7000 年前的河姆渡文化遗址中出土的陶器便是我国新石器时代最早的陶器之一，也是最早的夹砂或泥质陶器之一。在距今约 4000 年前的龙山文化时期，我们的先民们已经制造出精美的白陶制品了，这个时期白陶制品的胎质较为坚硬，并不再由一般的黏土烧制，而开始以瓷土或者高岭土进行烧制，学界认为“黄河中下游的部分龙山文化遗址和大汶口文化遗址中，出土的一些胎质白而坚硬的所谓‘白陶’，以及长江中下游和福建等地部分新石器时代晚期遗址中，出土的一些所谓‘白陶’和‘几何印纹硬陶’，它们的胎质决（绝）不是用一般的粘（黏）土能够烧制成的，因之不应属于‘陶器’的范畴。其胎质有可能是用瓷土作（做）原料烧制而成的，应属

于‘瓷器’的范畴，它可能就是最早出现的原始素烧瓷器。[1]”这一发现把中国瓷器产生的时间往前推进到了新石器时代晚期。总之原始社会时期陶器的发展直接促进了原始瓷器的出现。

进入奴隶社会时期，随着社会生产水平的进步和生产力的进一步提高，制陶技术得到进一步发展。这个时期的陶器制作不论是在制陶原料的选择、陶器的成型工艺，还是窑炉样式上都更加精细合理，这一阶段的部分陶器制品已出现了釉陶甚至瓷器的特征。釉陶的陶胎呈现黄白色、灰白色，釉料相较于原始社会时期更加细腻，其胎料应该是选用了经过淘洗筛选的高岭土或者瓷土的泥料，烧成温度为1190℃左右。釉陶的出现对于陶器向原始青瓷的演进起到了极为重要的过渡作用，也为陶向瓷的演进创造了必要条件，后来出现的原始瓷的釉料应是从釉陶的涂层发展而来的。

春秋战国时期，已大量生产釉陶，这个时期一部分釉陶胎质较为紧密，陶胎呈现灰白色，并开始施较薄的青中泛黄的釉，这便是原始青瓷。这一时期原始青瓷的成型工艺也从泥条盘塑逐步发展为轮制成型。虽然这一时期的釉层相对较薄，色泽不够纯净，也还不够稳定，但随着原料的越来越精细以及烧制温度的进一步提高，原始青瓷逐渐向成熟青瓷发展。

[1] 安金槐：《对于我国瓷器起源问题的初步探讨》，《考古》，1978年第3期。

二、中国瓷器从陶到瓷发展演变的必要条件

在中国瓷器从陶到瓷的演变过程中，我们如果要探讨陶器如何发展为瓷器，首先应该关注从陶器到瓷

器的演变需要哪些必要条件。

（一）胎质的材质以瓷土或高岭土为主要原料

瓷器的烧制要求胎质的材质必须以瓷土或者高岭土为主要原料。

河姆渡文化[1]时期，胎泥所使用的原料以沉积地表的易熔黏土为主，含铁量高达 8% ～ 9%。龙山文化时期，胎泥以泥质较细腻、黏性适中的红土以及河谷中的沉积土为主，其中的含铁量也由河姆渡文化时期的 8% ～ 9% 下降到 6% 左右。在陶器发展的过程中，我们的先民们也能根据所制作的器物的差别，去除掉泥土中的砂石砂砾、草根和石灰等杂质，以此来提高所制作器物的热稳定性；胎泥的材质也在逐渐向精细化转变；在之前的基础上进一步提高了炊具器物的耐火性能。我们的先民们在四千多年之前已经在陶器制作中尝试使用瓷土或者高岭土材质，以此制作出精美的白陶制品了。

春秋战国时期，人们对胎泥原料的选择日益精细，对瓷土的含铁量已经能够控制在 3% 左右。到了东汉时期，窑厂选用含铁量在 2.5% 以下的高岭土等原料，并且进一步进行淘洗和精炼，提高了原料纯度，也为陶瓷制品在较高温度下的烧制创造了有利条件，促进原始青瓷向成熟青瓷转变。

[1] 长江下游地区新石器时代文化，因首次发现于浙江省余姚市河姆渡镇而得名，主要分布在杭州湾南岸宁绍平原和舟山群岛。

●新石器时代大汶口文化[1] 白陶鬶

（二）器物表面有釉，且不易脱落

原始社会早期的陶器基本上无釉，断面易吸水，且陶器表面质感粗糙。到了良渚文化时期，中国的先民们针对这一问题进行修刮以及相应的抛光，但是仍然解决不了水的渗透问题。至此以后，中国的陶工们针对这一问题的解决进行了多次尝试，终于功夫不负有心人，到了商代，产生了将石灰石和瓷石相结合的石灰釉，石灰釉的产生，成为中国陶瓷发展史上的一次重大变革。这种历史性的变革，也正好为中国陶器向瓷器的转变提供了一个非常重要的条件和前提。由于瓷石中含有氧化铁，所以釉呈青色，我们一般称之为青釉。到了西周时期，已经有了原始青瓷的出现。

通过近现代考古对当时青釉的成分进行研究发

[1] 黄河下游地区的新石器时代文化，因首次发现于山东省泰安市的大汶口镇而得名。

现，氧化钙的含量达到了18%左右，而如此大的氧化钙含量，和石灰石加入的比例密切相关，在釉料中加入氧化钙会使得釉料的熔融温度降低，并且当时这种青釉的制作技术一直沿用至宋代。对于当时的釉料而言，尽管石灰釉釉层比较薄，釉面不匀，色泽不够纯净，稳定性不佳，胎釉的结合也不好，但于中国瓷器的发展而言，却是一次质的飞跃。我国的先民们在制作石灰釉的同时，也掌握了在陶器上刷釉的方法，因此陶釉的出现，也为陶向瓷的演变提供了必要条件。

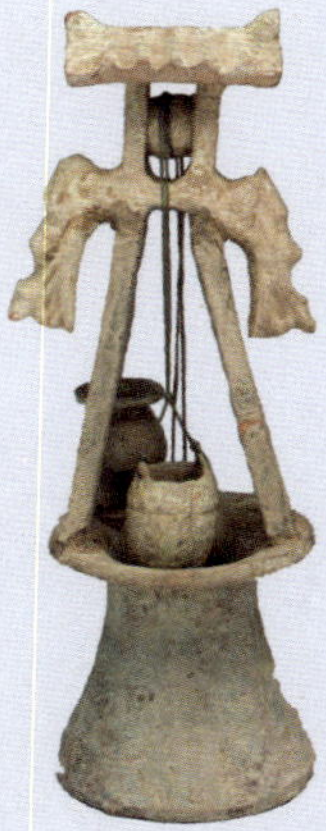

●汉时期　浅绿釉井

（三）瓷器必须在高温下烧制而成

瓷器的烧制温度最低在1000℃，这样瓷器胎质才能被烧制得紧实坚硬，叩之有金石之声。

在我国原始社会时期，最初烧制陶器的时候是没有窑炉的，当时的方法主要是依靠草和柴对陶器的四面围盖进行点火焙烧，并且当时的烧制温度只有700℃左右，可以说是比较低了。后来随着烧制工艺的进一步发展，在之前的基础上采用了在烧制所需的柴草上抹泥的方法，这样温度能够稍微提高，已能达到800℃左右。到了仰韶文化[1]时期，出现竖穴式窑和横穴式窑，烧制温度可达950～1050℃。当时的横穴式窑的窑室结构主要呈圆形或者方形，就像比较原始的炉灶一般，窑底部有箅，箅上设有火孔，在烧制过程中，火膛中的火焰通过火孔到达圆形或者方形的窑室内部，这种烧制技术的改良大大提高了陶器烧制的温度。至龙山文化时期，横穴式窑烧制技术又得到了进一步改良，具体表现为窑室面积的进一步增大、

[1] 黄河中游地区重要的新石器时代文化，因首次发现于河南省渑池县仰韶村而得名，主要分布于黄河中游地区的陕西省、河南省、山西省等地。

火膛空间的进一步加深，以及窑箅[1]火孔的进一步增多，使得窑室在烧制过程中受热更为均匀，火力也得到了进一步加强。

到了殷商时期，烧制温度能够达到接近1200℃，并能开始烧制硬陶以及釉陶器物。至战国中期，烧制技术更加成熟，烧制温度可达1200℃以上，完全满足了瓷器烧制的温度要求。

（四）瓷器发展过程中成型工艺的进步

原始社会时期，我们的先民们制作陶器的步骤，首先是将黏土在平地上搓成泥条，通过原始的盘叠方法使之成型，完成形状较为简单的陶器粗坯形制，最后不断地加以修饰。对于小件器物而言，则是直接在黏土上捏造成型，工序相对来说更简单。陶器中成型工艺的发展一直到仰韶文化时期，才出现通过不断转动木板以盘塑成型的方法，而这种盘塑成型，正是中国瓷器制作史上陶轮工艺发展的最初阶段。到了龙山文化时期，在原始陶器制作中又开始出现“快轮拉坯成型”法。原始社会时期制陶工艺中成型工艺的不断发展与进步，为瓷器成型工艺的产生提供了良好的契机，从一定意义上来说，中国瓷器的成型工艺技术发展史也是中国瓷器的发展史。

第三节　中国原始瓷器

中国瓷器的产生与发展，经历了从陶器到原始瓷器再到瓷器的过程。原始瓷器的出现可以追溯到商周

[1] 新石器时代的陶窑主要由火口、火膛、火道、窑箅和窑室等五个部分构成，烧窑时由火口往火膛内添柴，火焰经火道穿过窑箅孔进入窑室。

时期。随着制陶技术的不断进步与发展，商周时期的劳动人民开始对陶器的烧制和工艺进行不断改良，以高岭土逐渐代替普通黏土，提高了烧制温度并且发现了新的“釉”原料，“釉”原料的产生最终促成了原始瓷的出现。因此我们也可以说商周时期是陶器向瓷器转变的关键时期，原始青瓷也在这一时期应运而生。

我们所说的“原始瓷器”，是以瓷土做胎，并在其表面施以人工釉料，经过高温烧制而成的瓷器种类。罗宏杰、李家治先生曾经给原始瓷定义为“商周时期所出现的，以瓷石为制胎原料所制作的具有较低吸水率的带釉陶瓷产品”[1]。1929 年，在河南省安阳市的殷墟发掘工作中，“陶器中最大的发现，除了一块仰韶式带彩的陶片将另论外，就是确定一种带釉陶器为殷商时代的产品……好些块的釉已渐剥落，足证那时敷釉的技术尚极粗浅，仍在初级试验中”[2]。到了 20 世纪 50 年代，在郑州市的商城遗址中，又发现了一批类似于殷墟所发掘的“青釉”器物。后来随着考古发掘的不断深入，陆续出土了大量与原始瓷有关的文物。

原始瓷已经脱离了中国陶瓷历史上“陶的时代”，而成为“瓷器的范畴”。通过对目前出土的原始瓷器研究表明，大部分为青瓷种类，因此原始瓷器又被称作“原始青瓷”。原始青瓷的烧制温度大多在 1200℃左右，釉料以氧化铁为着色剂，最后烧制出的瓷器，釉色一般为青绿色。值得注意的是，之所以被称为“原始青瓷”，原因在于和东汉时期成熟的瓷器相比，原始青瓷具有烧制温度较低、釉料杂质多、

[1] 秦伟：《原始瓷器研究》，故宫出版社，2014，第 458 页。

[2] 李济：《民国十八年秋季发掘殷墟之经过及其重要发现》，《安阳发掘报告》1930 年第 2 期。

釉色不稳定、气孔体积大、吸水率高等特点，反映出当时的生产水平、生产烧制技术以及釉料把控还处于初级阶段。

一、商周时期原始瓷器

商周时期，由于手工业的进一步发展，制作陶器的技术得到进一步提高，出现了“釉陶”。其实釉陶中的一部分已经具备了瓷器的主要特征。根据目前已有的研究，商周时期的原始瓷出土地主要包括河南省、陕西省、河北省、山西省、湖北省、湖南省、江西省、安徽省、江苏省等地，分布范围较广。

（一）商代原始瓷器

商代前期，中国原始青瓷主要发掘于河南偃师、河南郑州二里岗、河南安阳殷墟、湖北黄陂盘龙城等当时的政治经济腹地。商代的原始瓷器是在之前新石器时代晚期以及白陶、釉陶等的基础之上产生的。从胎体上来说，原始瓷的胎体主要为瓷石[1]，而白陶的胎体也为瓷石，它们之间主要的区别便在于烧制温度的高低。相比白陶，原始瓷器的烧制温度要高一些，原始瓷器的表面釉层相比陶器而言光滑且有光泽感。随着烧制工艺的提高和文化交流，原始瓷器在商代后期的发展相较于前期而言，其烧制和适用范围扩大，重要遗址主要有河南安阳殷墟、河南辉县琉璃阁、山东济南大辛庄、江西清江吴城二和三期遗址、浙江海宁夹山一期等。不仅在数量和品种上增多，而且在造型上，原有的圜凹底器已逐渐被小平底器和圈足器

[1] 制瓷用的一种原料，一般由石英、白云母以及少量的方解石、长石等矿物质组成。我国著名的瓷石产地有安徽祁门等地区。

替代。

商代是我国文化艺术史上璀璨闪耀的一个时代，除了有灿烂的中国青铜器文化、完备成熟的甲骨文文化以及恢宏的建筑文化之外，原始瓷器也是中国商代伟大文化的重要组成部分，是中国瓷器发展史上的重要阶段。

（二）周朝原始瓷器

到了西周时期，原始瓷开始大量出现，涉及的地区主要分布于河南洛阳、陕西扶风、陕西岐山凤雏村、北京房山琉璃河、黄山—天台山以南地区、太湖—杭州湾地区等，原始瓷主要出土于一些大型贵族墓葬以及小型墓葬中，说明青瓷在西周时期数量增多，以及使用范围扩大。

1. 西周原始青瓷的纹饰

西周原始青瓷的纹饰，在早期的时候主要为弦纹、波浪纹、乳钉纹[1]、云雷纹、锯齿纹等；中期的纹饰除了沿袭早期纹饰特征以外，还出现了斜划纹、篮纹等；西周晚期纹饰只有弦纹，未见有其他纹饰，可以说弦纹是西周时期最主要也最常见的纹饰。

2. 西周原始青瓷的器物类型

西周时期的原始青瓷发展虽然并未突飞猛进，但却处在一个由原始青瓷向青瓷过渡的重要阶段，具有承上启下的重要作用。

西周时期，出土的原始青瓷数量有数百件之多，在西周原始瓷发展的不同阶段其器型的发展也各异。以洛阳原始青瓷的发展为例，对西周时期不同发展阶

[1] 最早出现于商代青铜器上的一种纹饰，又被称为“乳突纹”，就是在器物的表面形成若干个乳突状的单体纹饰，有时以纵横形式排列，有时以不规则形式排列，有祈求人丁兴旺、子孙满堂的寓意等。

段的原始青瓷器型以及种类进行分析归纳。

在西周早期，主要的器物类型包括豆、豆盖、罍[1]、尊、瓿、簋、罐等；在西周中期，主要的器物类型以及种类涉及豆、罍、尊、瓿、簋、瓮等；到了西周晚期，原始青瓷的器物类型以及主要种类都大量减少，主要包括尊、簋等。在对早、中、晚三个时期的原始青瓷分类比较过程中发现，同这时期的纹饰特征相似，西周中晚期的原始青瓷种类主要是对西周早期原始青瓷种类特征的延续，并无特别大的发展与变化。

[1] 一种水器、盛酒器，有圆形和方形两种形式。一般为小口、斜肩、深腹形制，基本为铜质或陶质。

二、春秋战国时期原始瓷器

春秋战国时期，浙江在当时陶器发展的基础之上已经开始大量生产“釉陶”，其中一部分工艺制作精美，并且胎质也比较坚实，在瓷土的选择上使用含铁量在 3% 左右的瓷土为原料，最后施一层薄釉进行烧制，这便是原始青瓷了。

春秋战国时期的原始瓷器基本上包括日常用器、礼器以及乐器组合，而原始礼器的形制大多模仿青铜器，主要有鼎、豆、壶、罐、碗、杯等。

春秋时期　原始青瓷盂

战国时期，原始瓷器呈现逐渐繁荣的趋向，其中最为重要的影响因素便是窑业技术以及工艺的发展。由于战国时期的“礼崩乐坏”，从战国晚期开始，原始瓷器中的乐器便逐渐减少，从而导致人们在日常生活中更加注重瓷器的实用性倾向，瓷器类陪葬品中生活化的趋势也日益加强。例如这个时期的瓷器“豆”逐渐被更偏向实用价值的“盒”替代，日常用器中的罐、盆、香炉等的数量也急剧增加。

目前对战国时期瓷器发展的考古研究表明，战国时期中国原始青瓷的产地主要集中在当时东南沿海的百越地区，并且瓷器制作的工艺技术在这个时期也有了很大的发展和提高。例如前面涉及的拉坯技术，在战国时期已经非常成熟。战国时期瓷器制作主要依靠快轮技术，并无过多精修，因此这个时期的青瓷器型并不是十分规整。加之釉料的制作技术、使用技术以及瓷器的烧制技术还处于探索阶段，因此高品质的青瓷可以说比较少见。这时期瓷器生产制作的主要类型还是以陶器和泥质陶器为主。

●战国时期
灰釉瓷直纹双耳罐

战国时期青瓷釉色大多以青绿色为主，并且釉色与瓷器本身胎体的颜色协调一致，釉层普遍较薄，且分布不均匀。究其原因主要与当时釉料的制作技术发展水平与施釉方法有关，因此会出现磨釉以及剥釉的问题。战国青瓷的纹饰装饰以简单的几何纹饰为主，也有一部分来自玉器以及青铜器上的纹饰装饰。

三、原始瓷器的审美性

（一）质朴美

原始瓷器主要服务于实用功能。在原始瓷器的发展阶段，其器型以钵[1]、碗、罐、盆等为主。这些原始瓷器造型大多设计简单，棱角不明显，放置安稳，端执方便，实用性大于艺术性。而正是由于这些特性，使得原始瓷器在造型上具备质朴美的特征。这种回归质朴的原始美，正是崇尚本真与自我的反馈，其所追求的完美并不仅仅局限于技术的完美，而是美的完美。

[1] 洗涤或者盛放东西的器具，形状如盆而体积略小。

这些瓷器作品中朴实无华的创作也反映了当时社会环境下手工业逐渐从农业活动中剥离以及进一步发展，反映了人们对美的追求。

（二）工艺美

原始瓷器产生和发展的过程来源于生产实践，而原始青瓷的造型装饰，也反映了当时的社会发展概况，以及人们对美好生活的向往，原始瓷的工艺美体现了中国工艺文化的延续性，是中国陶器向瓷器发展演进过程中技术水平的发展历程。

第四节　秦汉瓷器

原始瓷器自商代出现后，经历春秋战国时期，一直到我国的东汉时期才真正开始得以成熟和发展。相比于原始青瓷而言，东汉青瓷具有胎质细腻、密度大、施釉均匀、不易吸水等特性。原始青瓷在东汉时期真正意义上的成熟，标志着中国的制瓷工艺从此进入了一个新的历史阶段，秦汉时期是中国瓷器发展的重要阶段。

一、秦代的瓷器发展

在 1981 年开始的以秦始皇陵秦俑坑考古发掘队为主的人力随工清理工作中，考古人员发现作为生活用具的瓷罐两件，瓷罐通体施青绿釉；陶器盖五件，表面施茶黄色釉。[1] 到目前为止产地尚不明确。

[1] 秦始皇陵考古队：《秦始皇陵西侧“丽山飤官”建筑遗址清理简报》，《文博》1987 年第 6 期。

二、汉代的瓷器发展

从西汉中期开始，原始瓷发展呈现再度繁荣的趋势，两汉时期原始瓷的主要产地集中在长江下游的浙江，以及河南、陕西一带，原始瓷作为一种社会商品，其交流也进一步活跃了起来。

●汉时期 绿釉谷仓

汉代瓷器的发展主要表现为原始瓷器的分布地区逐渐扩大，产品的数量以及种类增加。西汉早期至东汉中期，瓷器发展的主流“青瓷”和“酱色瓷”几乎空白，“高温釉陶”是这一时期瓷器发展的主流，已有考古发现表明，从西汉初年到东汉早期前段，共出土“高温釉陶”（即原始瓷）2701 件，其中礼器 1458 件，日用器 1118 件，明器 125 件，西汉原始瓷中的礼器占据了绝大多数，礼器的存在意义到东汉早期后段便逐渐衰弱。到东汉早期前段，原始瓷中礼器数量仅占 22 件，日用器达 153 件，数量相较于之前急剧减少，也说明原始瓷器即将要被成熟的瓷器所取代。[1] 西汉末年至东汉时期，中国原始瓷的发展进入了衰落期，究其原因，主要与当时成熟青瓷的产生与釉陶器

[1] 张潇，贺云翱：《我国秦汉时期瓷器考古相关问题初探》，《东南文化》2020 年第 4 期总第 276 期。

的广泛使用有关。从西汉武帝时期开始，汉代重视儒学，厚葬之风盛行，因此对于明器[1]的需求增多，釉陶得以迅速发展开来。

[1] 一般来说，明器主要是指为已故之人设计、制作的器物。

西汉晚期　灰釉鸟型纹双系罐

东汉青瓷发展沿袭了中国原始瓷器的工艺技术，在装饰纹样上并无太多创新，在器型种类上以盆、壶、碗居多。在具体的器型特征方面，一般情况下底部多内凹，并且在器壁上多以水波纹为主。至东汉晚期，在青瓷烧制的基础上又成功烧制出了黑釉瓷。在后来的几百年中，越窑青瓷在中国制瓷史上一直占据着主导地位。

秦汉时期是我国瓷器发展的重要阶段，相较于秦汉之前的商周原始瓷器研究以及之后的中国历代瓷器研究，秦汉瓷器研究基础还比较薄弱，希望随着中国考古事业的不断发展，我们对秦汉时期原始瓷的研究会更加丰富。

●东汉时期　绿釉陶钟

第五节　三国两晋南北朝瓷器

虽然在东汉时期出现了真正意义上的“成熟瓷器”，但无论是从造型还是装饰手法来说，并未摆脱中国原始瓷器的影响。进入南北朝以来，中国瓷器进入了一个快速发展的时期，成为继东汉中晚期“成熟瓷器”烧制成功以后中国瓷器发展的第一个高潮阶段。虽然三国两晋时期，中国长期的分裂割据以及社会动荡，在一定程度上影响了中国瓷器的发展进程，不过这个时期社会经济的发展、交通的发达以及商业的繁荣，都为手工业发展创造了极为有利的条件，而中国的青瓷也在这样的社会背景之下产生，这一时期同时也是中国整个瓷器历史上的初步发展时期。三国两晋南北朝时期，青瓷在南方的生产以浙江的越窑为代表。

一、三国两晋时期的瓷器发展

三国两晋时期，南方地区生产的青瓷形式多样，釉料以淡青色为主，出土的器型除了罐、碗、碟、盒、钵、盘、香炉等日用器具之外，还有鸡笼、猪栏、狗圈、羊圈、谷仓等模型明器，西晋时期在器型上又出现了鸡壶、辟邪瓷器等新产品，在瓷器用途上主要包括日常用器和陪葬明器两大类。在瓷器的工艺技法上普遍采用了模印、堆贴、刻划等工艺，尤其是这个时期的动物形象器型，如鸟形杯、羊形插器、熊形灯等作品，使得这一时期的青瓷具有较高的艺术审美性，也表明了瓷器艺术对历史、审美、习俗、文化等的内涵体现。

这个时期的瓷器装饰纹样主要涉及几何纹样、植物纹样、动物纹样、人物纹样以及文字装饰五大类，具有强烈的时代特色。一方面这些装饰纹样承袭了汉代瓷器的装饰手法，另一方面瓷器的装饰表现逐渐由平面开始转向立体，例如这个时期装饰技法中刻划、堆塑、镂空等工艺的运用，以及出现了虎子、熊灯、青瓷动物为主的立体堆塑作品。其中堆塑技法主要是指在罐口以上的位置装饰各种复杂的楼阁亭台以及人物鸟兽。这一时期的堆塑种类异常丰富，复杂的层次表现和庞大的堆塑数量使得堆塑形象的比重大大增加。

堆塑罐在三国两晋时期的瓷器中尤具代表性。堆塑罐又被称为谷仓罐，由于是明器的缘故，也被称为魂瓶、魂亭，出现于三国时期。堆塑罐的造型源于汉代的五联罐，并在五联罐的基础上增大了中央主罐的比例，大多作为随葬明器使用。堆塑罐主要出土于浙江以及苏南地区的大型墓葬中，“所堆之物，取子孙繁衍、六畜繁息之意。以安死者之魂，而慰生者之望”[1]。

[1] 李辉柄：《宋代官窑瓷器》，中央编译出版社，2008，第 44 页。

●西晋时期　青瓷堆塑罐

●西晋时期　青瓷砚

●西晋时期　青瓷辟邪插座

●西晋时期　青瓷堆塑罐上部

以西晋时期的这件青瓷堆塑罐为例，胎质紧致，釉色青中带黄。器身总体上分为上下两个部分，下半部分为罐，罐子腹部以下渐收，罐身部分贴饰了鱼等各种生物，器身上部以堆塑方式饰以亭台、楼阁以及飞禽等装饰。三国两晋时期的堆塑罐集器物与堆塑装饰于一身，成为这一时期独具特色的一种造型艺术，彰显了这一时代的独特风格。这一时期的青瓷明器除了上述的堆塑罐之外，还包括家禽家畜、禽舍畜屋、井、人俑、镇墓兽[1]、灶、毛笔、书刀、扫帚等器物，再现了三国两晋时期丰富的现实场景以及社会生活。

[1] 古时候墓葬中的随葬明器，多为陶质，也有瓷质、木质等形式。最开始见于战国时期楚墓，流行于汉、魏晋南北朝以及隋唐时期，主要作用为辟邪驱魅、守护墓门。

●东晋时期　青瓷褐斑天鸡壶

鸡首壶也是这一时期较为常见的青瓷器。鸡首壶最早出现于三国时期的吴地，在后来的发展演变过程中，其造型与装饰特征也有着不同的体现。例如三国、西晋时期的鸡首壶在器型上整体显得矮胖，鸡头部分为实心，与壶身部位未有连通，仅仅作为装饰之用。东晋时期的青瓷鸡首壶在造型上整体形体变大，壶身部分瘦高，鸡首部分颈部加长并且开始与壶体部分连通，鸡尾部分的装饰逐渐消失，整体装饰趋向于简约。

●吴—西晋时期　青瓷熊形灯

●西晋时期　青瓷贴花印文簋

三国两晋时期瓷器在工艺技术发展上取得了显著性成就，形成了这个时代独有的风格，与东汉时期成熟瓷器的产生相比，三国两晋时期瓷器制作工艺的各个方面都取得了一定的发展，为后面青瓷的进一步发展奠定了坚实的基础。

二、南北朝时期的瓷器发展

南北朝时期，连年战乱，由于特殊的社会背景以及统治者的重视，佛教文化得以空前发展，随之而来的佛教元素也影响了中国瓷器的艺术表现。南北朝时期的瓷器以青瓷为主，佛教的盛行使得当时的瓷器上多以莲花或者莲花花瓣作为装饰。一般来说，莲花尊[1]的出现与佛教密切相关，我们以这个时期河北景县封氏、祖氏墓群出土的莲花尊为例进行说明，正是由于魏晋南北朝时期佛教的兴盛，莲花尊成为不同于之前瓷器表现艺术审美风格的最具代表性的作品。

●北朝时期　青釉仰覆莲花尊

[1] 中国南北朝时期的瓷器，是一种以莲花为装饰主题并与造型融为一体的青瓷器具。一般来说，北方莲花尊胎体厚重、造型质朴，而南方莲花尊更精巧细腻。

青釉莲花尊体形硕大，做工繁复，以上图中的莲花尊作品为例，整个作品高 67 厘米，口径长 19 厘米，足径有 20 厘米。像这么大的器物造型，采用的是陶车拉坯的轮制法工艺，这种技艺可以说挑战性极大，因为即使以现在的工艺进行制作，我们的处理方法也是通过分段拉坯，待成型之后再进行黏贴。由于它是比较大的器型，以拉坯机进行一次性拉坯成型也很难完成。由此可见，当时拉坯技术以及青瓷成型工艺的高超。

莲花尊肩、颈的连接处，分别设计了六个以双股泥条制作而成的装饰，整个莲花尊的纹样装饰有 11 层之多。其中包括莲花尊的颈部三层，自上而下分别为塑贴制作工艺的飞天图案、宝相花图案以及龙纹图案，纹饰制作精巧，且在纹饰之间以原始青瓷常见的弦纹相隔（弦纹以竹、木以及金属利器刻划而成，有单弦纹与双弦纹之分），具有层次性；在莲花尊的肩、腹部位置，以塑贴和雕塑技法表现，共计六层，以三层覆莲瓣图案、两层仰莲瓣图案以及一层菩提树叶图案进行装饰，莲瓣刻画饱满，花瓣尾部外翻，刻画形象立体；莲花尊胫部以两层覆莲瓣图案装饰，整个莲花尊通体施青绿色釉，釉层开片。莲花尊整体气魄雄伟，技法上采用了塑贴、雕刻、模印等多种技法，整体纹饰表现精美繁杂，让人叹为观止。这样的装饰手法不仅体现了当时工匠对每一种装饰纹样技巧的娴熟，也反映出装饰过程中瓷器器型和装饰纹样间的巧妙搭配。莲花尊上的飞天[1]、莲瓣等图案装饰契合了魏晋南北朝时期佛教文化盛行的背景，结合迄今为止

[1] 飞天是指飞于空中以香花、歌舞等供养诸佛的天人。

的考古发掘资料，青瓷莲花尊出土的数量极少，且在南北朝时期青釉莲花尊很大程度上可能为随葬明器，只有财富与权力达到一定等级才可以使用，由此可见，青釉莲花尊一方面展现了佛教教义的内在宗旨，另一方面也丰富了青瓷的使用功能。魏晋南北朝时期莲花尊的制作集合了当时瓷器制作的最高工艺，体现了魏晋南北朝时期制瓷技术的最高水平。

南北朝时期的烧制技术相较于之前而言得到了很大的改进，南北朝时期烧制过程中窑炉技术的发展主要体现在两个方面：第一是龙窑[1]分段烧成的问题。在南北朝以前，龙窑的特点主要是矮、短、陡、宽等，这些特点也导致了烧制过程中装烧量少、不能更好利用余热进行加热、劳动强度大及效率低下的问题。龙窑烧制技术的改善加长了窑身，节省了燃料，窑内的烧制温度也更加均匀，窑炉技术的改进更有利于瓷器的烧制。第二是烧制过程中火照的发明。火照也叫试片、试火板等，从其字面意思来看，其实就是烧制瓷器过程中测试瓷器烧制是否达到标准的工具，火照一般用瓷土制成，主要的作用就是监测炉内的温度、火的大小等，对于瓷器的品质起着重要的决定性作用。因此，火照的发明以及运用对瓷器烧制技术的提高起到了至关重要的作用，也为瓷器的品质提高提供了有力保障。

三国两晋南北朝时期瓷器审美发展主要由实用器型向工艺美术品转变，当然这和三国两晋南北朝时期的审美自觉有着重要的关联。三国两晋南北朝时期的人们已经不单单满足于器物的实用性特征，而更多

[1] 一般依倾斜的山坡而建，其最低的一端为火膛，最高的一端开有排烟孔，两侧开有若干窑门以及投柴孔，因其形状似蜿蜒的火龙而得名。龙窑的出现最迟不晚于商代后期。

朝着更高层次的瓷器审美艺术化方向发展，这个时期很多器物的审美性已经远远超出了其实用性价值。

我们可以看到，一个时代的文化背景以及审美趣味在一定程度上直接影响着中国瓷器发展的趋向，因此在新的时代背景下，我们也应该思考如何结合时代，与时俱进，反映我们的艺术，并且创作出符合时代精神和审美需要的作品。

第三章

中国瓷器的初具规模——隋唐瓷器

隋唐五代时期是我国历史上物质文明迅速发展的时期。隋代统一南北方之后，南北方之间经济、文化交流日益频繁，文化进一步融合，尤其是到了8世纪的盛唐，政治、经济、文化发展盛极一时。在这样的社会环境中，中国瓷器也得到了飞速发展，不仅青瓷遍布全国各地，白瓷、黑瓷等种类也一度呈现出繁荣景象。

第一节　承上启下的隋代瓷器

隋朝的建立，结束了魏晋南北朝时期战乱和割据分裂的局面，隋文帝杨坚在北周政权的基础上建立了统一政权隋朝，使得一度割据的黄河流域和长江流域的经济得到了发展。经济的发展扩大了商品的流通，也在一定程度上促进了手工业的发展，瓷器也作为商品开始在南北方进行流通。隋代瓷器的发展，就是在这种背景下产生的。隋朝瓷器的发展主要体现在北方瓷器业的快速发展和崛起，且青瓷在这一时期得到长足的发展。

一、隋代瓷器的出土地区

根据已有考古发掘情况，隋代瓷器的出土地区相当广泛，有以河南安阳为中心的关东地区，以陕西西安为中心的关西地区，还有以山东济南为中心的黄河中下游地区，生产瓷器的窑厂遍布南北。南方出土瓷器的地区主要涉及湖南省、湖北省、江苏省、安徽省、四川省、广东省等，并且墓葬中出土瓷器的数量也相当丰富，例如西安的李静训墓，安阳的张盛墓、姬威墓[1]。隋代瓷器地域分布的广泛，生活中使用范围的扩大，都表明了当时瓷器的发展。

[1] 位于西安东郊的郭家滩，墓主人姬威为隋代金紫光禄大夫，葬于公元610年。

二、隋代制瓷工艺的发展

中国瓷器发展到隋代，制瓷的工艺技术有了很大的提高，主要体现在原料加工技术工艺的提高、釉料成分与工艺的改善、造型工艺的进步、纹饰装饰的多样化、烧制技术的进步等五个方面。

（一）原料加工技术工艺的提高

通过对魏晋南北朝和隋代瓷器胎体进行比较研究发现，魏晋南北朝时期瓷胎多呈现灰白色、灰褐色、灰红色等颜色，且胎体粗糙，呈现黑点杂质，气孔较大且粗疏。而隋代瓷器胎体细密，杂质较少。究其原因，瓷器胎体上的差别主要源于当时原料加工技术工艺的不同。魏晋南北朝时期瓷器制作的胎料加工技术不够精细，并且所含杂质较多，造成的后果便是成型后的胎体在进窑烧制过程中，由于膨胀或者收缩得不均匀，而容易烧坏或者变形。隋代瓷器制作选料精细，

瓷土的可塑性以及耐火性都相对增强，具备了比较好的抵抗变形能力，因此在窑里进行烧制时不易变形，提高了瓷器的成品率。

（二）釉料成分与工艺的改善

制瓷的釉料成分与工艺在隋代也得到了一定改善，并逐渐掌握了瓷釉原料中的含铁量，从而成功烧制出了青黄色、黄绿色、褐绿色等青釉瓷器，并且在这个基础上进一步掌握了釉料中铁的成分提取方法，所以烧成的色调比较稳定。隋代瓷器的上釉工艺一般是在上釉前，先施一层白净细腻的瓷土。这样做既能保证瓷面的光滑，又能掩盖因胎料中含杂质而出现的黑点等。这项工艺技术运用在青瓷上，就会使青瓷显得淡雅明亮，如果运用在白瓷上，会增加白釉的稳定性，釉色会显得更加光亮。

（三）造型工艺的进步

隋代瓷器的瓷胎一般都比较厚重，胎骨颜色上大多为灰白色，胎体表面纹路细密均匀。隋代瓷器的施釉工艺主要是蘸釉、刷釉，表面布满细碎开片纹，如果从器物的口部看到器物底部，可以看到中心轴线，并且各个部分基本上是对称的，造型规整。从生产力条件来看，在当时的手工制作环境下，已经十分难得。

隋代瓷器以手工方式进行拉坯[1]，由于力度均匀，使得坯体各个部分安排平衡统一。坯体薄厚过渡均匀自然，例如尊、罐、瓶等这一类的器物从小口转向大口的部位厚度稍大，这也在一定程度上提高了瓷器制

[1] 也被称为“拉坯成型”或“轱辘成型”，适用于小批量复杂器型的工艺瓷的制作。

作的成品率，并且器物不易变形，这是隋代瓷器在造型工艺上的进步。

（四）纹饰装饰的多样化

隋代瓷器的装饰手法主要有模印、堆贴和刻划几类，其中以模印最为常见。隋代器物的装饰题材写实性表现较强，装饰技巧多样化，装饰题材丰富多样，花纹搭配典雅和谐，层次清晰且充满美感。相比于魏晋南北朝时期的纹饰装饰表现，隋代显得更为活泼和自由。

隋代瓷器的装饰内容主要由以下几个方面构成：

1. 几何纹饰

隋代瓷器纹饰装饰的几何纹饰主要包括阴弦纹、绳纹、席纹[1]、连珠纹、双圈纹等，纹饰表现承袭了魏晋南北朝时期的图案纹饰。

[1] 瓷器装饰的原始纹样之一，是制作瓷坯时坯下所垫席类物体留下的痕迹，席纹通常呈十字形，经纬压叠。

2. 花卉纹饰

隋代瓷器纹饰装饰的花卉纹饰主要包括在魏晋南北朝时期就已非常流行的忍冬、莲瓣、宝相花，以及梅花、树叶等图案。

3. 动物纹饰

动物纹饰主要包括常见的龙纹、凤纹、蟠螭纹、天鸡、象首等纹饰。

4. 人物纹饰

人物纹饰会以植物等其他花纹作陪衬装饰，一般会根据器型本身的特点安排纹饰内容和形式。相较其它纹饰而言隋代瓷器中的人物纹饰题材较少，仅见于个别器物之中，例如于 1984 年河北省内丘县邢窑出土的隋乐舞图黄釉印花人物纹扁壶便是隋代瓷器人物装饰纹样中的经典代表。

（五）烧制技术的进步

在烧制技术方面，隋代北方主要采用的是匣钵装烧法和支烧法。匣钵装烧法是将瓷器直接放到匣钵中进行裸烧，因此烧制以后器物底部无釉，这种烧制方法一般用于壶、罐、碗、瓶、盘等底部略内凹的瓷器。隋代瓷器最突出的成就就是在烧制过程中能够精准地实现对火的控制。特别是隋代白瓷，它之所以能够比魏晋南北朝时期白瓷色调稳定，纯白无瑕，就是恰好地运用了烧制过程中的氧化焰，因此烧制出来的白瓷具有象牙一般的质感，其表现出来的莹润的白色常被鉴赏家称赞为暖白色。陕西西安李静训墓和河北地区出土的隋代白瓷，以及北京故宫博物院等展出的隋代白瓷均为这一时期重要的代表作品。

隋代瓷器在硬度方面也超过了魏晋南北朝时期的青瓷，究其主要原因同样来自烧制过程中对窑内火焰温度的掌控。另外在前面的比较中，我们发现隋代瓷器的釉色清亮纯净，很少有其他杂色，其主要原因同样是隋代烧制技术的提高。如果釉面出现杂质、杂色等问题，一部分原因来自釉料的提取技术；另一方面由于烧窑时对火焰升温的控制，如果产生烟气，就会致使烟气中的碳素沉积于坯釉，从而产生釉面的杂色以及污染后果。

隋代时期瓷器在烧制技术上的进步对于瓷器艺术的发展具有重要的作用，同时也为唐代瓷器在烧制

技术上的飞速发展奠定了重要的技术基础。

三、隋代主要的瓷器种类

（一）青瓷

青釉瓷器的烧制可以追溯到商周时期的原始青瓷，隋代青瓷是在继承魏晋南北朝瓷器的基础之上发展起来的。通过和南北朝时期的青瓷进行比较研究，我们发现隋代北方地区烧制的青瓷，是制瓷工匠们在广泛吸收了其他工艺品的造型与纹饰特点基础上进行了创新，因此隋代青瓷的品种以及纹饰装饰都比较丰富，并且在每个具体的种类中，样式逐渐增多。例如这时期的青瓷瓷罐，可分为十二种样式，青瓷碗可以分为六种样式。

1. 隋代青瓷的主要种类

青瓷是隋代瓷器最主要的代表，隋代青瓷在造型上主要沿用南北朝时期器型，主要包括罐、壶、盘、碗、杯、尊、盆、缸、盂等日常器物类型，其中以罐和壶最为常见，壶以鸡头壶与盘口壶为主，罐以“四系[1]罐”“六系罐”“八系罐”等为主。造型整体上以实用为主，美观大方。隋代青瓷的胎体一般都较为厚重，胎质粗松，釉色以青色、青黄色以及黄褐色等为主，南北地区略有不同。隋代南方地区的青瓷大多呈现青灰色，北方地区则主要呈现青黄色、青绿色。在装饰造型上，南方地区整体造型多修长典雅，北方地区整体造型多厚重敦实。

[1] “系”为黏附于罐身之上可以穿绳的环圈，因可穿绳，因此被称为“系”。

2. 隋代青瓷的装饰方法

隋代青瓷在装饰方法上以印花、划花以及贴花等为主。印花技术常见于隋代青瓷装饰工艺，又被称为模印，其主要工艺为先以印模在瓷胎上压印出花纹，然后在花纹上施釉并入窑进行烧制，主要包括花朵纹、草叶纹、几何纹饰等，其中几何纹饰多呈塔式分布，常用于高足盘、碗的装饰等。划花主要是以尖锐的工具在瓷胎上刻划不同形式以及种类的花纹，隋代以莲纹、波浪纹、卷叶纹等较为常见，再施釉入窑烧制。贴花技术主要是指将现成的雕塑纹饰黏附于瓷器胎体之上，常用来装饰瓷器的颈部以及肩部部分。

隋代青瓷装饰花纹内容多样，花纹间交替排列，巧妙穿插，整体装饰效果恰到好处，再加上各种装饰方法的配合使用，使之呈现出独具一格的装饰美感和装饰效果。

3. 隋代主要的青瓷窑

隋代的青瓷窑分布于南北两地，主要包括河南安阳窑、河北磁州窑、河北邢窑、安徽寿州窑、湖南湘阴窑、四川邛崃窑、江西洪州窑等。隋代以北朝为基础统一了全国，并在此基础上体现了浓重的南北文化交融特点，为我国以后的青瓷发展奠定了重要的基础。

（1）河南安阳窑

安阳窑位于河南省安阳市，隋代时期位于相州城北的洹河之滨。对安阳窑附近的建筑、大型陶缸、瓷器、石质柱础，以及窑泥、窑穴等已出土文物进行分析，可见隋代河南安阳窑规模之盛。安阳窑所烧制的青瓷囊括了罐、碗、盘、钵、瓶、杯、青瓷俑等隋代瓷器

常见的器型以及种类。所烧制器物虽胎体较厚重但胎质细腻，器物里外均施釉，以青绿色、青黄色、青灰色以及青褐色等色调为主，釉面多有细碎的片纹。在烧制工艺上安阳窑以叠烧为主，因此碗、盘底部多有支钉痕迹[1]，并且能够根据器物的种类不同而采取不同的支具进行烧制，也体现了隋代河南安阳窑烧制工艺的进步。

（2）河北磁州窑

河北磁州窑位于河北省磁县，在河南安阳窑窑址未被发现以前，被认为是隋代北方青瓷窑的代表，具有较大影响力。河北磁州窑所烧制的青瓷器物以罐、碗、钵、盂等为主[2]，并有粗细之分。其中磁州窑精瓷制品胎质细腻，釉色呈淡青绿色，釉胎灰白，釉层较薄且垂流现象较少。粗瓷制品胎质粗疏，胎体内杂质较多，釉色呈现灰青色，多有流釉现象。河北磁州窑在烧制工艺上多采用叠烧法，因而器物底部也多留有支钉痕迹。

（3）河北邢窑

在中国陶瓷史上，邢窑地位的重要性不言而喻，隋代时期，河北邢窑的规模相较于魏晋南北朝时期日益扩大，窑址以内丘北大丰、内丘城关、西丘、冯唐、中丰洞、临城陈刘庄、贾村以及代家庄等窑为代表。隋代时期河北邢窑所烧制的瓷器开始由青瓷逐渐转向白瓷，这时期的青瓷烧制以瓶、盆、碗、钵、盘等日用器物为主，胎色灰白，色泽青中闪黄，内壁满釉，外壁局部施釉并伴有流釉现象。

（4）安徽寿州窑[3]

隋代安徽寿州窑主要分布于安徽省淮南市，所烧

[1] 叠烧的器物底部一般有3个支钉痕迹，不过最上层的器物没有支钉痕。

[2] 磁州窑的器物一般比较大，胎体厚重，内外皆施釉。

[3] 寿州窑又称为“淮南窑”，因古代淮南隶属于寿州，故称“寿州窑”，首烧于隋代，兴盛于唐代。

制青瓷器物以盘、瓶、碗、罐、盏等为主。隋代的寿州窑所烧制的青瓷制品胎体厚重，胎质坚硬，釉色青中带黄绿，釉面呈现出玻璃光泽，釉层厚薄不均匀，釉面有小片纹开片。另外隋代的寿州窑青瓷外壁大多施半釉，底足部分露胎，积釉处会呈现出紫翠色的窑变效果。

（5）湖南湘阴窑

湖南湘阴窑因地处湖南省湘阴县城一带而得名，湖南湘阴窑遗址于 1952 年被首次发现，也是截至目前在湖南省境内被发现的烧瓷历史最长的一处窑址。湖南湘阴窑所烧制器物以青瓷为主，整体上胎体厚重，器型主要包含盘、碗、罐、瓶、壶、灯、钵、砚等。青釉瓷器呈色翠绿晶莹，有透明或半透明状，在隋代南北各地的青瓷窑中呈色较纯正，外壁一般施半釉，流釉现象不明显。在烧制工艺上，隋代湖南湘阴窑开始使用筒形匣钵进行烧制，在一定程度上避免了器物在叠烧过程中造成的缺陷以及不足，使得烧制出来的器物更加完美。另外湖南湘阴窑在支烧工艺上也较为先进，出现了器垫、器托、环形支圈、齿状支圈等多种支烧工具。

（6）四川邛崃窑

四川邛崃窑窑址位于四川省邛崃市境内，是隋代重要的一处青瓷窑厂，目前已发掘瓦窑山遗址、什方堂遗址共两处。四川邛崃窑以烧制碗、盘、罐等生活实用类器具为主，青瓷器物造型整体而言较为矮小，釉色较浑浊，胎质为紫红色，因此为改变其胎色，四川邛崃窑在烧制过程中常常在器物表面施一层化妆土。

隋代时期四川邛崃窑在烧制工艺上常采用叠烧法进行烧制，窑具以大小圈状锯齿支托与平底锯齿支托为主。

（7）江西洪州窑[1]

江西洪州窑窑址位于江西省赣江西岸的丰城市曲江镇罗湖村，因此又被称为“丰城窑”“罗湖窑”。洪州窑青瓷胎质较为粗糙，因此在其瓷胎之上往往会再施一层化妆土，釉色多为青绿色，釉面晶莹，有较强的玻璃质感并伴随有细碎的片纹纹理。另外江西洪州窑窑址大量出土的装有青瓷器的匣钵窑具也进一步证实了江西洪州窑的匣钵装烧技术早在隋以前的魏晋南北朝时期便已产生，这也是在全国所发现的我国瓷器烧制技术中匣钵装烧工艺的最早实例。

（二）白瓷

隋代是我国白瓷技术不断发展成熟，生产规模逐渐扩大的重要阶段，隋代白瓷为以后唐代制瓷业的发展起到了推动作用，也为后面出现的“南青北白”奠定了良好的基础。

1. 隋代白瓷的主要种类

单从技术上来讲，白瓷主要是通过控制瓷器胎釉中的铁含量，使胎釉中铁的氧化物少于 1% 或者不含铁而得到的白色的效果，以氧化火焰烧制而成，釉层呈现纯净透明的效果。冯先铭先生认为：“白瓷虽然在北朝时期已开始出现，但真正烧制成功则在隋代。”[2] 隋代的白瓷主要是在青瓷生产的基础之上发展起来的，没有中国青瓷技术的发展就没有白瓷的产生，白瓷和青瓷的差别只是瓷器胎釉中含铁量多少的不同，其他的制作工序并无差异。

[1] 洪州窑窑址范围比较广，面积达 3 万平方米，遗留器物非常丰富。

[2] 冯先铭：《中国陶瓷》，上海古籍出版社，2001，第 324 页。

白瓷主要包括粗白瓷和细白瓷，区别在于粗白瓷胎体所含杂质相对来说较多一些，通常会用化妆土进行遮盖，因此胎体比较粗糙；相比而言，细白瓷胎体几乎不含杂质，比较细腻。隋代白瓷胎体主要有灰白色以及黄白色等，此外还出现了一种胎壁厚度不足一毫米的“透影白瓷”，说明隋代的白瓷工艺已经达到了很高的水平。不过如果从釉质上来看的话，由于釉质不够细腻，釉料纯度不高，也导致了隋代时期白瓷的工艺水平仍然无法摆脱白中泛青或泛黄的问题，且基本为玻璃釉[1]。

隋代从窑址以及墓葬中出土的白瓷种类主要有盘、杯、碗、钵、壶、盘口瓶、长颈瓶、砚台、三足炉、围棋盘以及白瓷俑等。值得一提的是隋代的白瓷俑类主要出土于河南省安阳市的张盛墓，以及河南省巩义市的夹津口隋代墓葬。出土的俑主要包括侍吏佣、武士俑、镇墓兽、牛车、鸡、骆驼等，绝大多数为白胎白釉。从目前的考古资料来看，隋代白瓷大多为实用性为主的生活器具类白瓷，围棋盘、俑、镇墓兽等随葬类白瓷所占比例不大。隋代白瓷的烧制是隋代瓷器烧制中最重要的成就，也为唐代白瓷以及唐三彩的烧制奠定了良好的基础。

从隋代白瓷的出土情况来看，白瓷一般出土于皇族、贵族以及官僚墓葬中，在平民墓中所见甚少，可见白瓷在隋代的使用阶层并不广泛，从另一个侧面反映出，隋代的白瓷比较珍贵稀少。

2. 隋代白瓷的装饰方法

隋代白瓷的装饰方法以雕塑、黑彩点缀以及模印为主，器物的柄、流等局部部位通常被雕刻以龙柄、

[1] 又被称为“玻璃珐琅”，用作陶瓷制品的表面保护层。

象首等造型。例如河南省安阳市豫北纱厂附近张盛墓出土的象首壶，河南省巩义市夹津口墓中出土的白釉黑彩瓷牛车，反映了当时白瓷生产工艺中的黑彩点缀方法的成就。

3. 隋代主要的白瓷窑

隋代白瓷烧制主要集中于北方地区，包括河北邢窑、河南巩义窑和安阳窑，以上三个瓷窑从北朝已经开始进行瓷器生产，刚开始这些窑厂以烧制青瓷为主，后来随着制瓷规模以及烧制种类的不断扩大，也开始进行白瓷的烧制，并且随着烧制技术的逐渐提高，白瓷也成为当时瓷器的主要种类。

（1）邢窑

邢窑窑址主要分布于现在河北省的邢台市区、临城县等地区，从 1981 年开始进行考古勘探及研究。窑址出土的白瓷瓷器呈色稳定，大多数器物有细小的开片，主要涉及的窑址包括临城陈刘庄窑址、邢台市顺德路窑址，以及邢窑的中心窑厂内丘窑址。

（2）巩义窑

根据已有考古资料分析，巩义市主要有三个比较集中的窑址，分别为位于白河上游的白河窑、白河中游的铁匠炉窑以及白河下游的黄冶窑。从 1998 年开始，郑州市文物考古研究所开始对白河窑遗址进行勘探和调查。隋代也是黄冶窑的初创时期。

（3）安阳窑

隋代的白瓷安阳窑遗址位于现在河南省的安阳市北郊，安阳窑在隋代也被称为相州窑。结合目前的考古资料推测，隋代的安阳窑创烧应该在魏晋南北朝时期，到了隋代开始繁荣发展，并且其烧制延续至唐代。目前考古界对于河南省安阳窑的发掘主要集中在1974年和2006年，隋代安阳窑以烧制青瓷为主，伴有白瓷以及褐釉瓷。

隋代瓷器的发展阶段是中国陶瓷史上的一个过渡时期,为接下来的唐代瓷器发展奠定了坚实的基础。虽然隋代仅仅延续了三十余年，但在中国瓷器发展过程中具有重要的意义。

第二节　初具规模的唐代瓷器

中国历史发展到唐代，政治、经济、文化都呈现出极大的繁荣，唐代的瓷器发展也成为中国瓷器史上第一个高峰时期。唐代瓷器的发展不论在工艺技术上，还是装饰纹样上，都代表了中国瓷器发展至唐代以来最高的工艺水准。而唐代时期的瓷器，也以它的时代风貌向我们展示了那个时代背景下人们审美意识的发展。“南青北白”[1]“类玉类冰”等词语都说明了唐代瓷器发展的概况，中国瓷器发展到唐代，出现了之前朝代所不及并且令人瞩目的成就。

[1] 即以南方越窑为代表的青瓷系统和以北方邢窑为代表的白瓷系统。

一、唐代制瓷工艺的发展

（一）唐代瓷器发展的背景

唐代国力强盛、经济高度发展，整个社会气氛轻松自由，在政治上对外交流政策宽松。在这样的社会环境下，人们对于外来文化具有更大的包容性，也更

容易接受外来文化。在这样的背景下，唐代中前期瓷器表现出气势磅礴、饱满雄健等特点。由于唐代的综合国力强盛，和外国的交流更为频繁，扩大了唐代的对外贸易，在这个过程中，外来文化诸如音乐、舞蹈、金银器等也大量传入中国。受到外来文化的影响，唐代瓷器具有浓郁的异域色彩。例如这个时期的瓷器装饰图案中经常出现鹦鹉、葡萄、忍冬[1]、胡人等形象，很显然是“外来艺术的移植”。这个时期唐代瓷器的造型特点、工艺美术特点，以及装饰图案等表现都说明了这一点。

[1] 忍冬又名“金银花”，是伴随着佛教艺术在中国的兴起而出现的一种外来纹样。忍冬花有越冬不凋的特性，因此在佛教文化中，忍冬象征永生。

唐代时期　邢窑白瓷穿带壶

以上图中唐代邢窑的这件白瓷穿带壶为例，该壶为侈圆口，圈足短颈，壶身上部与下部各有两个绊系耳，这四个绊刚好能够穿系绳索，较为符合游牧民族的生活习性。白瓷壶在器型上仿制皮革材质或者金属类的穿带水壶造型，有着浓郁的异域特色。现藏于故宫博物院的青釉凤首龙柄壶，该作品的壶口和壶侧

都有象征吉祥的图案，体现了浓郁的中国文化特色，不过在器型本身的形状结构上却是中东地区的器物造型，壶身的图案更是当时中东地区最常见的装饰图案。

另外由于唐代制瓷业的迅速发展，瓷器的种类与使用范围也在不断扩大，瓷器本身作为一种贸易交流方式也日益频繁，促进了唐代陆上以及海上的贸易发展，唐朝成为中国历史上瓷器外销的兴盛时期。因此为了适应以及促进瓷器的对外贸易，瓷器在造型以及纹饰上也吸收了很多外来文化元素，成为中外文化交流对唐代瓷器产生重要影响的例证。

（二）唐代瓷器中“南青北白”的艺术风格

前面我们论述到，唐代瓷器继承了前代瓷器发展的基础，并且在这个基础之上加上自身的创新而形成以南方越窑青瓷和北方邢窑白瓷为代表的“南青北白”发展格局，这两个窑口在唐代高度成熟，南方越窑青瓷与北方邢窑白瓷平分秋色。虽然唐代瓷器艺术风格的呈现远不止于青瓷和白瓷，其他种类瓷器艺术也取得了很大进展，例如湖南省的长沙窑以其精美绝伦的釉下彩绘著称，唐代鲁山段店窑以花釉瓷器著称。但是唐代瓷器艺术风格的主流，是以“南青北白”为代表的单色釉器物，且南方越窑的青瓷和北方邢窑的白瓷处于唐代瓷器艺术发展的最高水平，而其他种类瓷器的发展尚处于萌芽以及探索发展阶段，直到宋朝，其他种类瓷器的发展才真正得以系统化和完备化，才真正实现中国瓷器艺术发展的多样化。

（三）唐代制瓷工艺的发展

唐代瓷器的艺术风格充分继承了前代的成就，并且达到了新的高度。相比于唐之前中国制瓷工艺的发展，唐代瓷器在原材料的选用上更为细致，对瓷器胎土釉料的开采利用更为充分，釉质更加均匀，整个胎体相较于魏晋南北朝时期更加细腻。

在烧制工艺的发展上，唐代瓷器的烧制采用支烧、叠烧[1]、垫烧等工艺，尤其是浙江的越窑、河北的邢窑在烧制工艺中多采用支烧以及叠烧工艺，在此基础上，支钉工艺也得到了进一步发展，相比于魏晋南北朝时期，唐代的支钉数量更少，末端更小，体现了烧制过程中工艺的进步。另外支烧工艺相较于垫烧工艺，其与器物本身的接触面积大大减少，提升了瓷器工艺的美感。烧制工艺另一方面的提高体现在炉窑结构的改善，前面我们提到过，炉窑的发展自新石器时代的“竖穴式”至战国时期的“龙窑”结构，形制以及工艺不断发展，到了唐代时期，炉窑在结构、高度以及长度等方面都得到了进一步的提升，瓷器的生产效率也得到了提高。

[1] 叠烧是指将多件瓷胎叠在一起装烧，瓷胎间用其他物体隔开，成本低、产量高是其优点。

在瓷器的装饰技术上，唐代也充分继承了隋代的工艺，采用贴塑工艺、堆塑工艺、堆贴工艺等，体现了唐代瓷器装饰艺术以及技术的发展。

釉色工艺发展到唐代，釉色变化更为多样化，例如著名的邢窑白瓷、越窑青瓷以及耀州窑黑釉、黄釉等，丰富了唐代的瓷器釉种类，体现了唐代瓷器工艺的进一步发展。

●唐代时期　白釉双龙耳瓶

●唐代时期　黑釉铁斑三足鍑

（四）唐代茶文化的兴起对瓷器的影响

到了唐代，饮茶之风大盛，文人们对饮茶之法加以规范和升华，正所谓“名茶必曰唐”。唐代陆羽的《茶经》成为唐代非常著名的茶著作，《茶经》中列举了大量关于煮茶、饮茶的方式与器具，并对瓷器茶具做了非常细致的分析，其中说道“或者以邢州处越州上，殊为不然。若邢瓷类银，越瓷类玉，邢不如越一也；若邢瓷类雪，则越瓷类冰，邢不如越二也；邢瓷白而茶色丹，越瓷青而茶色绿，邢不如越三也”[1]。里面详细列举了唐代著名的越窑和邢窑的瓷器特点，唐代国力的强盛、社会文化的自由开放，使得唐代对于茶的界定早已超越了日常的饮用，而逐渐成为文人墨客附庸风雅的一种方式，发展到宋代更为流行，甚至出现了“斗茶”的典故。可以说茶文化的兴起，在一定程度上直接推动了唐代制瓷工艺的发展和提高。

由于文人墨客对于瓷器的青睐，甚至一些达官贵族也开始为了彰显自己的地位以及品味引发了对瓷器的大量需求，越窑在唐代后期出现了秘色瓷的烧制。而后随着人们的审美以及欣赏水平的提高，也吸引了很多文人以工匠的身份参与到瓷器的设计与制作当中，并在陶瓷上赋诗作画，在一定程度上促进了唐代瓷器艺术的高度发展，并以此为媒介吸引了更多的爱好者。茶与瓷器的融合在唐时期达到了一定的高峰，茶文化对于瓷器的影响主要体现在以下三个方面：

1. 唐代茶文化的兴起，推动了瓷器工艺的发展

在唐代以前，瓷器仍保留了一部分的陶器特征，器型一般来说相对较大，随着唐代茶文化的兴起，瓷

[1]（唐）陆羽等：《茶经译注：外三种》，上海古籍出版社，2018，第30页。

器的造型更为灵动和丰富。以瓷器中的“壶”为例，魏晋时期多流行“鸡首壶”，鼓腹，壶身有鸡首状流，器物中心偏下，因此显得较为厚重。唐代以后，随着茶文化的兴起，人们对于茶具的需求变化，出现了在唐代较为盛行的“汤瓶”，在器型上的变化表现为腹的减小以及流的加长，且流多为管状，器物造型更加灵动优雅。魏晋时期碗的造型，多深腹，敛口或者直口，造型上更接近于“陶钵”，而发展到唐代，碗在造型上多为侈口，腹部由深变浅，器型逐渐变小，整体上显得更为典雅小巧，更接近于陆羽在《茶经》中所描述的“口唇不卷，底卷而浅，受半升已下”[1]的茶瓯造型。

在唐代饮茶之风的推动作用下，唐代对于茶具的需求急剧增加，因此出现了《茶经》中所列述的各个窑口及其生产的茶具的情况，也加快了中国瓷器的商品化进程。

2. 唐代茶文化的兴起，提高了人们对于瓷器中茶具的审美要求

唐代品茶风气的兴盛，不仅推动了唐代茶业的发展，也推动了瓷器在造型装饰以及纹样审美的发展。例如唐代瓷器工艺中的“花口”，在中晚唐时期开始出现并且逐渐流行，很大程度上源于当时的茶文化。陆羽曾经在《茶经》中说道“膻鼎腥瓯，非器也”[2]，由此可见，当时的饮茶类瓷器已经不仅仅作为一种一般的实用器具，而逐渐代表了一定的文化内涵和审美理想，大大地提高了瓷器的文化审美属性。尤其是 1987 年在陕西省法门寺地宫发掘的秘色瓷碗，其审

[1]（唐）陆羽等：《茶经译注：外三种》，上海古籍出版社，2018，第 30 页。

[2]（唐）陆羽等：《茶经译注：外三种》，上海古籍出版社，2018，第 42 页。

美性早已超越了瓷器的“实用性”范畴，而成为一种特定的审美代表。

3. 唐代茶文化的兴起，赋予了瓷器极大的文化内涵

唐代茶文化的兴起影响到瓷器，赋予了瓷器更多的文化内涵属性。例如唐代状元、诗人施肩吾的诗句“越碗初盛蜀茗新，薄烟轻处搅来匀”[1]，就代表了唐代“咏瓷诗”的典范。并且大部分咏瓷诗都是和“茶”有关，瓷器也因此有了更加深刻的文化内涵。

唐代茶文化的兴起在中国瓷器的发展史上具有重大意义，唐代茶具类瓷器的装饰风格明朗，造型简洁，外表一般以青釉作为底色，外观线条流畅，表面绘制以四君子、卷草、莲花等生活气息浓厚的纹饰，体现了唐代瓷器中的文化审美元素。

二、唐代主要的瓷器种类

相较于魏晋南北朝时期，唐代的瓷器种类以及造型进一步丰富，出现了很多新的瓷器造型和种类，由于唐代国力的强盛以及社会生活的安定，以实用为主的生活类器物得到很大程度的发展。这个时期的瓷器种类主要包括餐具、茶具、娱乐类器具、文房类器具、陈设类器具以及乐器类器具等多个种类，不仅“有继承前代的形式，也有按照社会生活需要而新创的器型”[2]，唾壶、瓷枕、瓷炉等也成为唐代生活中比较常见的类别。前面我们论述到唐代饮茶之风的盛行对唐代瓷器发展的影响，因此在这一时期也出现包括盏托、擂钵、茶盏、茶碗、擦姜丝专用的磨盒等饮茶类

[1] 周啸天：《历代名人咏四川》，四川人民出版社，2019，第 199 页。

[2] 王健华：《从故宫藏瓷谈宋代瓷塑艺术》，《文物》1992 年第 1 期。

器具，还有被文人墨客所追捧的水盂、印泥盒、瓷砚台等文房类器具，以及造型多样的注子、酒杯等酒器类器具，以及中外文化交融而产生的新的器型器具等，可谓丰富多彩。

三、唐代著名的窑址介绍

唐代的制瓷产地，以浙江省的越窑、河北省的邢窑、河南省的巩义窑和密县（今新密市）窑、陕西省的耀州窑、湖南省的长沙窑、四川省的邛崃窑等为主要窑口，下面以浙江省的越窑、河北省的邢窑、陕西省的耀州窑以及湖南省的长沙窑为例进行说明。

（一）越窑

越窑作为中国古代南方地区具有重要影响力的青瓷窑系，主要分布于中国浙江省东北部的绍兴、余姚、宁波等地区，这里原本是古越族人居住地，在唐代被称为“越州”，因而越窑由此得名。越窑青瓷从东汉时期创烧成熟青瓷以来，直至唐代，与北方邢窑齐名，有“南青北白”之誉。越窑之名最早见于唐代，从东汉时期成熟青瓷的出现到宋代，越窑的发展经历了创烧开始、发展、兴盛以及衰落四个时期。唐代中国瓷器的生产进入了一个新的阶段，是越窑青瓷发展的成熟时期，在中国瓷器发展史上具有重要意义。

1. 唐代越窑产生以及发展的背景

自公元 8 世纪以来，唐朝社会稳定，经济快速发展，人民生活富足，良好的物质基础为越窑瓷器以及手工业的发展提供了良好的契机。

在经历过“安史之乱”以后，唐代的两浙地区社会相对稳定，经济发展良好，是当时的“富庶之地”，成为当时国家财政收入的主要来源地。优厚的经济基础为越窑的发展奠定了重要的外部基础。通过前面的列述，至唐代中晚期，饮茶之风的盛行以及陆羽《茶经》中对于青瓷的极度推崇，在一定程度上直接提升了越窑瓷器的生产数量以及品质要求，陆羽在其《茶经》中说道：“碗，越州上，鼎州次，婺州次，岳州次，寿州、洪州次。或以邢州处越州上，殊为不然。若邢瓷类银，越瓷类玉……”[1]唐代著名诗人顾况在其作品《茶赋》中提到“越泥似玉之瓯；轻烟细沫霭然浮，爽气淡烟风雨秋”[2]。唐代著名文学家孟郊也在《凭周况先辈于朝贤乞茶》中以“蒙茗玉花尽，越瓯荷叶空”[3]的诗句进行描述。以上对于越窑青瓷的推广刺激了唐代对越窑瓷器的需求，与此同时，瓷器大量外销，也开拓了越窑的销售市场。

2. 唐代越窑的主要瓷器种类及形制

（1）唐代越窑的主要瓷器种类

唐代时期越窑发展迅速，至晚唐，越窑制瓷业进入了繁荣时期，唐代越窑的瓷器种类在继承前代的基础之上不断创新和发展，釉色装饰呈现多样化的发展趋势，烧制以青瓷为主。

（2）唐代越窑瓷器的主要形制

唐代越窑瓷器形制有碗、壶、盘、盒、瓶、水盂、执壶[4]、托、盏等器型，部分器物继承了前代造型，而有的器物造型则进行了很大创新，体现在部分器型口部造型多呈花瓣形，好像盛开的花朵一般，极富艺

❶（唐）陆羽等：《茶经译注：外三种》，上海古籍出版社，2018，第30页。

❷霍旭东：《历代辞赋鉴赏辞典》，商务印书馆，2011，第752页。

❸周振甫：《唐诗宋词元曲全集·全唐诗·第7册》，黄山书社，1999，第2795页。

❹执壶即“注子”，是一种酒器，盛行于唐代中期至宋代时期，基本形制为敞口、溜肩、弧腹、带圈足或平底，肩腹部置一流口，口、腹部之间装有一柄。唐时期执壶大多为短嘴，喇叭口，把手呈扁宽状，腹部硕大。晚唐五代时期，嘴延长，壶颈加高，至宋代，执壶多为瓜棱形。

术美感。以碗和壶最具代表性，碗的造型特征上，多以花瓣口为主；壶多作花瓣身，壶的造型多样，有短颈、长颈、喇叭口造型、盘口造型、直口造型等，充斥了自然之趣。腹部以凹线进行装饰，流制成多边形，并且附有宽扁带状把。

唐代烹茶过程中，多以茶沫煎烹，然后直接倒入碗中饮用，因此唐代茶碗在造型上多以直壁为主，并且底部是以小底为主的覆斗形状，这样更便于烹茶后倾倒茶渣，更为实用。因此唐代茶碗的造型以及形制特征在实用的基础上兼具了科学性与艺术性。

3. 唐代越窑瓷器的装饰以及烧制工艺

（1）唐代越窑瓷器的装饰

越窑瓷器装饰以素面为主，朴素含蓄、淡雅内敛。在装饰工艺上有刻花、堆塑、印花等，少数还包括雕镂以及釉下褐彩装饰。装饰纹饰以花鸟、人物等最为常见，纹饰内容简洁明朗，线条流畅，生动自然。纹饰结构排布一般采用三重构图法，即瓷器的装饰中心位置以团花为主，次中心位置以菱形花叶为主，外围以荷叶纹进行修饰，并且图案分布呈现出对称的特点，基本布满瓷器整个器面，主要装饰于海棠杯、盘、碗、盏托等器物。

（2）唐代越窑瓷器的烧制工艺

烧制技法上，唐代越窑瓷器一般采用匣钵装烧和垫圈支烧工艺，对于工艺极为精美的器物甚至采用了匣钵单件装烧技法。这个时期的瓷胎较之前更致密，瓷胎呈现灰白色，釉色均匀莹润，通体均施满釉。烧制过程中，不管是器物与器物之间还是器物与匣钵之间均以泥点进行间隔，烧制完成以后，会在其底足部留有三个、五个、七个等数量不等的圆形的泥点痕迹，另外在翻沿宽矮圈足盘或者碗等器物的足底部以及内底部会看到十个到十八个甚至更多的数量不等的密集的松子形状的泥点痕迹。

4. 唐代越窑青瓷

（1）唐代越窑青瓷的历史背景

青瓷的烧制由来已久，早在我国唐代之前，便已经产生，例如在1952年的河南省郑州市二里岗的商代早期遗址等一系列考古发掘中，就有“原始青瓷”的相关发掘。越窑烧制瓷器的历史相当久远，持续时间达到1000余年，在中国著名的各大窑系中，越窑青瓷是烧制时间最长，影响力最大的窑系之一。唐代政治经济发展迅速，文化艺术的发展更是盛极一时，依托于这样的历史背景，越窑青瓷得到了充分的发展，与当时北方的河北邢窑白瓷比肩，形成了中国瓷器史上极负盛名的“南青北白”的格局。

（2）唐代越窑青瓷的发展概况

越窑青瓷在唐代的发展迅猛，到了晚唐时期，当时以上林湖为代表的制瓷业进入发展的繁荣阶段，我们以这一时期的越窑青瓷为代表列述唐代越窑青瓷的发展概况。

这个阶段的越窑青瓷，胎质细腻且坚硬，在釉色种类上以黄绿和青绿最具代表性，其釉层分布均匀，呈色典雅，具有极高的审美价值。器物造型表现上，种类丰富多样，器型优美典雅且多呈现为小巧体形，常见的有盒、碗、瓶、执壶、盘、水盂等。这些器物中有一部分的造型继承了前代，有的则进行了新的创造，例如这一时期的荷叶形盏托、菱形状花口碗等。烧制工艺上，主要采用匣钵装烧以及垫圈支烧工艺，这也是当时瓷器烧制的主要工艺类别。青瓷装饰工艺方面，唐代的青瓷装饰以素面为主，当然也不乏装饰纹样，装饰工艺主要有印花、刻花以及雕镂等，工艺的进一步提高使得唐代的越窑青瓷产品质量明显提高，也使得这一时期的越窑青瓷在青瓷发展中进入一个新的阶段。

（3）唐代佛教文化发展以及金银器对越窑青瓷的影响

佛教于汉代时期随着丝绸之路由西域传入中原地区，至魏晋时期影响力增强，到唐代时期，佛教发展趋于稳定并对当时的民众具有一定的教化作用。莲花作为佛教文化中的一个重要因素，由于其“出淤泥而不染”“中通外直”等特性契合了佛教教义中“轮回重生”“万事皆空”等理念，使得其在佛教文化中逐渐成为一种美好寓意与象征，进而成为佛教艺术的一种重要的装饰纹样。随着佛教在唐代的逐渐发展及盛行，莲花这种装饰图案也被广泛运用在瓷器装饰中，而这一时期的越窑青瓷也在生产制造过程中引入莲花这种形象，烧制出来诸如荷叶带托茶盏等器物类型。

唐代越窑佛教图案元素除了荷花之外，还有狮子元素。虽然狮子图案造型由来已久，但主要源于美洲、非洲以及中西亚等地。狮子图案在古印度文化中象征着至高无上的皇权，后来伴随着佛教的创立，狮子也一度成为佛教文化中佛祖的象征。佛教发展至唐代，

随着中国佛教文化的进一步盛行，狮子也逐渐有了惩恶扬善、吉祥美好的寓意。在唐代越窑青瓷中，狮子图案的产品并不鲜见，且狮子造型写实性强，以蹲坐式为主。狮子的造型也被赋予中国本土文化和印度佛教文化的双重意味，是体现佛教中国化进程的一个影响因素。

唐代对外贸易活跃，经由丝绸之路，当时来自中西亚和东罗马等地区的金银器也大量流入中国。在此背景之下也促进了中西方文化艺术的交流与融合，唐代的越窑也因此借鉴和吸收了本土文化之外的金银器的生产和装饰工艺。对金银器工艺的借鉴和吸收主要体现在对其造型的模仿以及制作工艺的仿制上，例如唐代越窑的海棠杯器型，以及瓜棱、卷边等工艺，都生动地体现了金银器加工工艺对唐代越窑青瓷的影响。

5. 秘色瓷

到唐代晚期，越窑进入兴盛时期，在瓷器造型、胎釉配方以及装饰、烧制等方面均有了重大的改进，秘色瓷成为当时最有影响力的产品，继而成为宫廷贡品。所谓秘色瓷，其实指的就是唐代越窑瓷器烧制中的精品。1987 年，陕西扶风法门寺地宫第一次出土了包括碗、盘、碟等十三件被同时出土的《应从重真寺随真身供养道具及恩赐金银器物宝函等并新恩赐到金银宝器衣物账》碑记载为秘色瓷的器物，以实物资料向世人展示了秘色瓷的精美绝伦，是中国瓷器史上第一次明确的秘色瓷考古发现。

根据已有考古资料以及文献记载，对于秘色瓷的探讨主要集中在以下几个方面：其一，秘色瓷中的“秘色”指神秘的颜色；其二，秘色主要指瓷器本身的釉色，就是以青绿色或者青黄色为主的青釉色，也被称为碧色、香草色等；其三，所谓秘色，指的就是唐代越窑的瓷质匣钵单件装烧工艺烧制出来的精品青瓷。除上述观点外，也有人认为秘色源自唐代佛教密宗“密教之色”等。本书通过对秘色瓷相关文献的搜集与整体，对秘色瓷定义如下：秘色瓷并不特指颜色，也不特指工艺，凡是烧制成品属难得、极其罕见的瓷器中的珍品，均可被称为秘色瓷，当然，秘色瓷也并不特指越窑所产。

秘色瓷在造型上美观、工整、典雅；工艺制作上考究、精细；胎质灰白，尤为细腻，几乎不存在气孔以及杂质，胎质坚硬；装饰方面不管是彩绘还是刻花装饰，秘色瓷图案均工整细腻，流畅自然；另外，秘色瓷施釉通常都比较薄，釉面洁净莹润，透明度好。

烧制工艺上，至公元9世纪上半叶秘色瓷普遍采用瓷质匣钵工艺烧制，即用与所制作器物相同的胎泥制作匣钵，在烧制瓷器过程中以釉封接，并且在烧制完成后只有打开匣钵[1]才能取出器物，这也大大增加了制作成本，但是有效地保证了瓷器烧制过程中的还原气氛，使得瓷器烧制的质量以及工艺大大提高。这种匣钵除了有利于瓷器能够烧制出青绿的釉色外，也在一定程度上保证了匣钵与瓷器器物本身的相对独立，避免了瓷器和匣钵间的黏连，可谓成本极大。因此在古代文献中提到秘色瓷，数量往往都特别少，尽管越窑瓷器和秘色瓷的烧制都专供宫廷，但最大的区

[1] 烧瓷的一种窑具，以耐火黏土材料制作而成，形状一般为筒形或者漏斗形。匣钵的使用避免了烟火与坯件直接接触和窑顶落砂等的侵扰，是中国制瓷工艺的一大进步。

别在于“秘色瓷可能属于越窑瓷器，但越窑瓷器却不一定都为秘色瓷”，更说明其珍贵。

秘色瓷修坯精细，釉面光滑莹润，造型端庄优雅，工艺精良，成为当时瓷器烧制的“典范之作”。

除了前面提到的唐代诗人陆龟蒙在《秘色越器》中对秘色瓷的描述，唐代诗人徐夤曾在其《贡余秘色茶盏》一诗中这样描述秘色瓷，“捩翠融青瑞色新，陶成先得贡吾君。功剜明月染春水，轻旋薄冰盛绿云”[1]，均表现了对越窑秘色瓷的赞叹以及工艺精巧的描绘，但显然陆龟蒙和徐夤的诗中对于秘色瓷的描绘以及界定均集中在其属于越窑烧制出来的青釉瓷器中的精品，如果我们仅仅以越窑青瓷中的上品作为秘色瓷的定义的话，显然是片面的。

毋庸置疑，秘色瓷成为中国瓷器史上形成的第一个品牌，当然也成为那个时代的第一个品牌。

（二）邢窑

邢窑是唐代瓷器烧造的重要窑厂，是唐代白瓷烧制的中心。从其历史发展来看，我国邢窑的烧制开始于北朝，开创了我国陶瓷发展史上白瓷烧制的先河，邢窑历经隋唐五代、宋、金、元，历时七百余年。邢窑发展至唐代，无论是从窑厂规模还是烧制瓷器的种类、工艺来说，已达到“天下无贵贱通用之”[2]的空前成就与盛况。

在中国陶瓷发展史上，唐代邢窑的白瓷烧制具有十分重要的历史地位。因为至唐代，邢窑改变了魏晋南北朝以来中国瓷器以青瓷为主的发展方向，并且能

[1] 周振甫：《唐诗宋词元曲全集·全唐诗·第13册》，黄山书社，1999，第5274页。

[2] 陈士龙：《历代瓷器收藏与鉴赏：中国（下）》，湖南美术出版社，2017，第422页。

够与南方的越窑比肩，以至于并驾齐驱，并且为以后的彩瓷生产奠定了非常重要的基础。在陆羽的《茶经》中更是有邢州白瓷“类银”“类雪”的记载，晚唐诗人、文学家皮日休也曾在其《茶中杂咏·茶瓯》一诗中赞叹邢窑白瓷“圆似月魂堕，轻如云魄起”[1]，充分说明唐代邢窑白瓷在其工艺技术发展上已经达到非常纯熟的地步。我们以下图中唐早期的这件白瓷撇口长颈瓶为例来进行说明，其实这种长颈瓶自魏晋南北朝时期已经开始制作，后历经隋代、唐代持续发展。瓶颈中段部分较为窄细，瓶腹部为圆球状，胎体紧致细腻，施釉均匀平整。据推测，这件白瓷撇口长颈瓶属于邢窑作品，虽为唐代早期所制，但其在整体工艺制作上已达到相当高的水平。

[1] 叶国盛：《中国古代茶文学作品选读》，复旦大学出版社，2020，第22页。

●唐代　白瓷撇口长颈瓶

邢窑遗址于20世纪80年代在河北省邢台市临城县祁村、岗头村和西双井村附近被发现，后又陆续发掘出从魏晋至唐代窑址二十余处，具有重要历史以及考古价值。20 世纪末，邢窑遗址也被国务院列入第四批全国重点文物保护单位。目前我国唐代邢窑瓷器主要出土于河北省、陕西省以及河南省等地区。

1. 唐代邢窑瓷器主要品种以及形制

唐代邢窑所烧制瓷器釉色丰富，形制多样，也反映了唐代的社会发展、工艺美术成就以及当时的审美倾向。

（1）唐代邢窑的主要釉色品种

陆羽在《茶经》[1]中对邢窑有“类银”“类雪”等描述，强调了唐代邢窑白釉瓷的主要艺术特征，白釉瓷是唐代邢窑烧制的最主要产品，几乎涵盖了当时瓷器生产的所有器型。到目前为止，唐代邢窑白瓷考古发现以及出土主要集中于陕西省西安市的宫殿遗址、寺院以及墓葬等，釉色洁白清透，胎质细腻，胎釉的含铁量主要控制在 0.6% 左右，较低的含铁量保证了白釉瓷生产烧造的先决条件，且瓷釉主要为石灰釉。由于白瓷在当时邢窑的瓷器烧制中的特殊性，我们将在以下对邢窑白瓷做单独介绍。

邢窑所烧制的青釉瓷、黄釉瓷等品种，在唐早期生产规模较大，釉色一般呈淡黄或者深黄色，属于青瓷范畴，主要器型包括盘、碗、壶、罐、钵等；邢窑所产黑釉瓷光泽度较好，釉层较厚，工艺水平比较高，也是当时邢窑烧制瓷器的主要品种之一，器型主要包含钵、罐、碗等；唐代邢窑唐三彩烧制温度一般在 800℃至 1200℃，釉色主要有黄、蓝、红、绿、棕、褐等，器型主要有动物、人物以及日常生活器具等，从已出土唐三彩以及文献资料分析，唐代邢窑三彩瓷烧制范围较小，无大规模生产。

[1]《茶经》共三卷，内容涉及茶文化的起源，采茶、制茶的工具与方法，茶叶的烹煮用具，饮茶风俗等。

●唐代时期　邢窑黄釉瓷砚

（2）邢窑白瓷

虽然中国瓷器发展史上白瓷最早出现于魏晋时期，可是直至唐代，位于河北省的邢窑才烧制出来真正与当时“独霸一方”的青瓷相抗衡的白瓷，白瓷工艺的出现，也打破了长期以来以绿色青釉占据瓷器市场的主流局面。

唐代李肇曾在《国史补》中记载：“内丘白瓷瓯，端溪紫石砚，天下无贵贱通用之。”[1] 这里的“内丘”指的就是盛产这种“白瓷瓯”的河北省内丘县；唐代段安节曾在其音乐史料论著《乐府杂录》中记载，唐大中初年，有调音律官郭道源者，“善击瓯，率以越瓯、邢瓯共十二只，旋加减水于其中，以箸击之，其音妙于方响”[2]。由此可见，这种“类银”“类雪”的白瓷在当时除了供宫廷贵族使用之外，还广泛地流行于各地。

首先，邢窑白瓷的造型以及装饰方面：邢窑白瓷在造型上以杯和碗最具代表性，其次为盘、罐、壶、

❶ 陈士龙：《历代瓷器收藏与鉴赏：中国（下）》，湖南美术出版社，2017，第 422 页。

❷ 邢台市档案局：《近代邢台工商业档案汇编》，河北人民出版社，2018，第 11 页。

瓶、注子等。瓶、罐等器物在造型上主要表现为深腹高足特征，典雅秀韵；碗在造型表现上也有浅形敞口碗、敛口碗、八瓣形碗等多种造型。颜色上，邢窑白瓷“类银”“类雪”表现出其色泽以及其装饰的素面性。装饰特征上，邢窑白瓷多无装饰，根据已有出土文物及文献记载，发现在邢窑遗址范围内，有一部分以模印、刻花以及点彩等装饰技法的白瓷标本。唐代中期以后，邢窑白瓷常常采用堆贴、印花、刻花、压边、花口等装饰方法。

其次，邢窑白瓷的釉色、胎质特征表现：邢窑白瓷的“类银”指的是其釉色白而略带青灰色，“类雪”则是指其釉色呈现如雪一般洁白纯净的颜色。邢窑白瓷的胎釉白度几乎达到了 70% 以上，这也是一直以来人们常以“白如雪”形容邢窑白瓷的原因。但如果从出土的邢窑白瓷瓷片上来看，其釉色不仅有白色，还有青色、褐色、黑色等其他颜色，按白瓷的质地来划分的话，白瓷又可分为粗白瓷和细白瓷，由此可见陆羽《茶经》中所描绘的白瓷的“类银”“类雪”仅仅代表了邢窑白瓷中的精品而已。

最后，邢窑白瓷在其款识特征以及烧制方法方面：河北省内丘县所烧制的玉璧形底碗与河北临城祁村出土的精致白瓷，碗底往往刻以“盈”字。白瓷烧制的关键因素便是是否能精确控制瓷胎以及瓷釉中铁的含量，只有降低到 1% 以下才能克服铁元素对于白瓷瓷釉烧制的呈色阻碍，因此在白瓷烧制过程中对制瓷艺人要求极高。

白瓷烧制窑厂众多，邢窑之所以堪称众窑之首，当然离不开精巧的工艺、细腻的胎质、洁净的釉面以及独有的美感。邢窑白瓷的出现，是中国瓷器发展史上极富代表性的一页。

（3）唐代邢窑瓷器的主要形制

唐代邢窑所烧制的瓷器主要包括白釉瓷、黑釉瓷、黄釉瓷、酱色釉瓷以及青釉瓷等，其中以白釉瓷最具代表性，形制主要包含杯、盘、瓶、罐、碗、壶、盒、盆、钵、炉、砚[1]、动物瓷塑、镇墓兽以及瓷俑等，涉及门类广泛，尤其是其白瓷烧制，堪称唐代群窑烧制之首。

[1] 瓷砚最早出现于三国时期，隋唐时期瓷砚使用的胎土逐渐变为了白色，有一些瓷砚上还带有青釉、绿釉、灰釉、黄釉、三彩釉等，形状则主要为圆形。

2. 唐代邢窑的发展

唐代邢窑的发展主要包含以下三个时期：

（1）初创期——初唐至盛唐

唐代建立以后，吸取了隋代短命而亡的经验教训，推行和颁布了一系列有助于社会稳固和发展的政策，以休养生息为主，也为这个时期邢窑的恢复和发展提供了较为有利的条件。邢窑在这个阶段烧制的品种以粗瓷、黄釉瓷器以及白釉瓷器等为主，成品烧制上，在大多数器物内外施半釉，在这一点上显然是受到了隋代瓷器烧制的影响。初唐至盛唐时期，邢窑瓷器烧制种类不多，主要有碗、瓶、罐、砚等，工艺上也不够精美，属于唐代邢窑发展的初创期。

（2）发展期——中唐时期

唐中期邢州经济发展迅速，商业繁荣，为邢窑发展提供了重要的社会基础。在这一时期，邢窑瓷器种类较早期有很大程度的丰富，器型也更多样化，瓷器种类主要包括细白瓷、黄釉瓷、黑釉瓷、三彩瓷等，

并且细白瓷数量急剧增多，瓷器胎壁更薄，胎质更为细腻洁白，在釉色表现上基本上通体施釉，摆脱了隋代瓷器的特征，瓷化程度高。

关于这一时期的邢窑白瓷记载也开始见于文献，器型除了早期常见的瓷器种类之外，还出现了诸如细颈瓶、执壶以及净瓶等新的器物类型，是唐代瓷器“南青北白”的重要形成期。

（3）鼎盛期——晚唐时期

经历早期以及“安史之乱”以后，晚唐社会相对稳定，瓷器的对内、对外贸易活动频繁，这在一定程度上促进了瓷器艺术的发展。这个时期邢窑瓷器的白瓷种类以及数量达到了唐代白瓷发展的最高峰，并且出现了一些造型优美、工艺水平很高的白瓷，当然在器型发展上也相对更成熟，鼎盛期的唐代邢窑在器型种类上并无过多增加，但器型发展变化上却极其丰富，例如这个时期的碗的造型，单从口沿的造型上就有花口碗、侈口碗、敞口碗等变化，并且装饰方法独特，做工精细。

这个时期属于唐代邢窑发展的鼎盛期，不仅在种类上有所增加，并且也借鉴了其他的文化因素，工艺上也达到了前所未有的水平。

3. 唐代邢窑的烧制工艺

从目前的唐代邢窑窑址的分布来看，其所在地域地下瓷土、矿石资源丰富，柴草等燃料丰富，交通便捷，为邢窑的发展提供了得天独厚的优势。

结合目前已出土窑址以及相关文献分析，唐代邢窑窑炉皆为馒头式造型，大火膛，并且是双烟囱结构造型，这在一定程度上保证了窑室的恒温结构，窑床呈长方形或者梯形结构，窑炉最大长度达到6.5米左右，窑床平坦，并有许多窑柱，以便于和底部的火焰流通，降低上下的温差，增加瓷器烧制过程中的稳定性。

制瓷以及烧制工具主要包括研磨器、石杵、匣钵等，烧制方法以正面叠烧和覆烧为主。覆烧主要指的是为提高瓷器的产量，利用垫钵和支圈窑具的装烧方式。细瓷器用匣钵以“一钵一器”方式进行烧制，这为唐代白瓷技术的发展创造了条件。

4. 唐代邢窑瓷器的对外贸易

我国瓷器贸易自产生以来便有流通，唐代经济发达，商业贸易交流频繁，加之本身邢窑产地附近交通发达，水陆便捷，因此才有了前面提到的“天下无贵贱通用之”的局面。

结合目前的文物出土概况以及相关文献研究，邢窑瓷器在全国传播范围广泛，遍及河北、陕西、河南、甘肃、山西、内蒙古、江苏、广西、安徽、福建、广东、湖南等南北各地，影响深远。在对外贸易传播上[1]，本身唐代对外贸易就频繁，又加之唐代在政治、经济以及文化等方面对世界各地影响巨大，瓷器成为当时中国对外贸易传播的重要途径，虽然史书记载缺乏，但我们可以推测唐代的越窑瓷器应该是由丝绸之路远销当时的中亚、地中海东岸、东南亚、西亚等，大量的事例如发现“黑石号”沉船等都证实了这一点，不仅使得唐代邢窑瓷器远播各国，也使得许多异域文化传入中国，对当时的中国瓷器工艺产生了重要影响。

[1] 冯先铭《中国陶瓷》：“邢窑白瓷不仅广销国内，而且还远销海外，在伊拉克、埃及、巴基斯坦、日本和伊朗等国家的古代遗址中，都发现有邢窑白瓷。”

（三）耀州窑

耀州窑在现在的陕西省铜川市黄堡镇，铜川在当时被称为“同官”，在唐代和宋代属于耀州辖制，因此被称为耀州窑。耀州窑在唐代时期是瓷器烧制的著名产地，创烧于唐代，成熟于五代，鼎盛于宋代，衰败于元代，止于明代，具有八百多年的烧造史。唐代是中国封建社会的鼎盛时期，越窑青瓷以及长沙窑瓷器大量外销，使得陶瓷器皿在国内外的需求逐渐增大。而耀州窑临近当时的都城长安，黄堡镇处于产煤带，保证了燃料的充分，再加上水源丰富，制瓷原料充足，种种因素促成了耀州窑的烧制与勃兴。耀州窑所出土的《德应侯碑》中曾说道：“巧如范金，精比琢玉。始合土为坯，转轮就制，方圆大小，皆中规矩。然后纳诸窑，灼以火，烈焰中发，青烟外飞，锻炼累日，赫然乃成。击其声，铿铿如也，视其色，温温如也。”[1]寥寥数语便表明耀州窑在中国瓷器烧制中的重要成就以及贡献。

[1] 池宗宪：《茶壶》，生活·读书·新知三联书店，2019，第 59 页。

1. 唐代耀州窑的主要瓷器种类

唐代耀州窑是中国瓷器烧制品种最多的一个窑场，主要出产白瓷、黑瓷、青瓷、茶叶末釉瓷、白釉绿彩、青釉白彩、花釉瓷等多个种类。唐代初期，耀州窑主要烧制黑瓷、青瓷、白瓷、褐瓷、黑彩瓷等，这个时期的盆、盘、碗等器物均为敞口平底造型，浅腹圈足，胎身比较厚重，几乎呈现素面无纹的装饰效果，少量施以黄绿以及淡青釉等纹饰。

唐代中期，耀州窑器物类型以及种类大大增加，且制瓷工艺纯熟。这个时期的器物主要包含酒具、餐具、茶具、照明类用具、宗教类用具、文房类用具、娱乐类用具、生活类用具以及瓷塑等内容，器型主要包括盆、碗、钵、杯、盂、盅、盒、盏托、渣斗、提梁罐、长颈瓶、执壶、净瓶、砚、瓷枕、漏斗、埙以及动物器型的鸡、狗、鸭、骆驼、马等。

唐代后期，耀州窑青瓷多采用刻花装饰，纹饰装饰以花草纹和水纹为主，这个时期的盘与碗大多采用支钉支烧工艺，通体涂釉，造型美观。

2. 唐代耀州窑的发展以及工艺

唐代耀州盛产坩子土，坩子土是北方陶瓷制作的重要原料，北宋地理总志《太平寰宇记》中曾这样记载“耀州土产有石脂、青石，出华原”[1]，由此可见耀州窑主要的制瓷原料为坩子土。耀州窑在唐代初创时期，敢于广纳谏、博采言，对于每一种瓷器种类都进行了尝试和探索，以烧制白瓷、黑瓷以及低温三彩釉器为主，耀州窑在烧制初期烧制品种众多，呈现多样化的特点，初创时期的耀州窑，实行“粗瓷细作”的经营方针，在瓷器本身的美化装饰上下功夫，出现了大量的彩绘瓷生产，尤其以唐耀州窑素胎黑彩瓷最为出名，其工艺是直接在瓷器素胎或者是施了化妆土的胎体上以黑釉彩进行描画构图或者蘸釉构图。

当时中国南方越窑瓷器兴盛，因为越窑以青瓷最为出名，受到越窑影响，青瓷也逐渐成为耀州窑瓷器烧制的一个重要品种，再加上耀州当地生产瓷器的原料不适合烧制白瓷而更加适合烧制青瓷，使得耀州窑改变了自身的经营方向，逆转了唐代“南青北白”的瓷器烧制格局。不过在耀州窑烧制青瓷初期，耀州青

[1] 薛东星：《耀州窑史话》，故宫出版社，1992，第 8 页。

瓷颜色偏向于灰青，釉层也比较薄，从外表上来看，还全无成熟时期的晶透之感。虽然这个时期耀州窑烧制的青瓷还不足以与其他窑口烧制的青瓷相提并论，不过却为后面宋代耀州青瓷技术的高峰奠定了重要的条件与基础。盛唐以后，耀州窑的白瓷、黑瓷生产技艺才逐渐得以提高。

耀州窑开始烧制青瓷之后，发展速度迅猛，至中晚唐时期，耀州窑烧制的青瓷，釉色从早期的不均匀的黄色逐渐转变为均匀的灰青色，造型也由之前的厚重向精巧化和多样化方面转变。在当时的青瓷技术生产上，耀州窑虽然不及闻名已久的越窑，但相比于同时期的寿窑、洪窑等著名窑厂，却早已远远超越了它们，同时还提升了青瓷的产品质量，打破了南方越窑青瓷称霸一方的局面，具有重要意义。

唐代耀州窑的成型方法主要有轮制、捏制以及模制等。对于一般的圆形器而言，大部分是在转盘上拉坯成型，例如我们比较熟悉的罐、钵、盆、碗等。对于较为复杂的诸如马、骆驼等稍大的动物造型瓷器，一般采取模制，以左右合模的方法进行制作。对于像鸡、鸭、猴子等小型动物瓷器，所采用的是直接捏塑成型的方法。唐代耀州窑的青瓷在烧制工艺中采用的多是“馒头式”的半倒焰式窑烧制方法，以柴作为燃料，装烧以桶形匣钵为主，对于比较大件的器物则采取匣钵相扣的方法，同时在烧制方法上，大件器物套小件进行烧制，大大提高了空间的使用率。

3. 唐代耀州窑瓷器的装饰特征

唐代耀州窑瓷器早期的装饰手法主要有贴花、刻

划花、印花以及刻花等，这个时期装饰手法比较单一，题材也较为局限，主要装饰在器型内壁以及外壁部分。在刻花的技法表现中，耀州窑博采众家之长。定窑和越窑主要是以竹笔、竹刀等在瓷器的坯体并未干透时进行刻划；磁州窑的刻花工艺，则是通过平刀削平花纹的底子；而耀州窑是在融会当时各家刻花工艺之长的基础之上进行创新，以流畅果敢的刀法，将瓷器坯面以直刀划开，然后以斜刀削去划出的花纹边缘，以精湛的刀法在二维平面产生三维立体的空间感，可谓独树一帜。

唐代耀州窑工匠技艺纯熟、充满创意，在瓷器的造型、装饰以及后期的烧造上均取得了杰出的成就，充分显示出唐代耀州窑的工匠们高超的创造能力和丰富的想象力。

（四）长沙窑

长沙窑兴盛于中晚唐时期，衰于五代，有“南青北白长沙彩[1]”的美誉。长沙窑的出现打破了唐代以前以青瓷为主流的瓷器生产趋势，开创了釉下彩绘。

[1]“长沙彩”即长沙窑所产彩瓷。

1. 长沙窑的发展阶段

湖南长沙窑属于岳州窑瓷器体系发展中的一部分，从隋代开始，岳州地区的瓷器体系均被称为“岳州窑体系”。岳州窑在工艺技术上主要采用的是被称为“青瓷摇篮”的龙窑，并且最先使用匣钵，而长沙窑则继承了岳州窑的烧制技术。另外在瓷器的装饰技法表现上，也被证实湖南长沙窑的釉下彩绘源于岳州窑的釉下彩绘装饰，因此我们说长沙窑是对岳州窑工

艺的传承。

湖南长沙窑在唐代的发展大致分为三个时期，第一个时期为唐代“安史之乱”以前，唐代在“安史之乱”之前社会发展迅速、国家强盛，文人宴饮活动频繁，因此对于生活实用类瓷器种类的需求大量增加，尤其是唐代饮茶文化风气的兴盛，使得这一时期对饮茶器物的需求加大，在这样的社会背景下，长沙窑应运而生，以烧制青瓷为主。第二个时期为公元 8 世纪左右，这个时期长沙窑在以素面为主的青瓷瓷器烧制的基础上融合了“唐三彩”的艺术风格，以本民族文化为依托，借鉴外来文化的异域性特征，在造型风格以及釉色表现上逐渐形成了自己的独特风格。第三个时期为晚唐时期，这个时期也是唐代长沙窑发展的鼎盛时期，在这个时期长沙窑的釉下彩绘工艺技术发展迅速，最终成为长沙窑最主要的工艺特征之一，在这个过程中，长沙窑也不断吸取其他艺术种类、形式以及外来文化，并得到不断发展。

2. 长沙窑的主要瓷器类别

长沙窑窑址大约在现在的湖南省长沙市望城区北部丁字镇瓦渣坪，今天我们所指的长沙窑瓷器，指的是在湖南省长沙市瓦渣坪一带生产的青色彩瓷以及模印贴塑瓷器等。长沙窑窑址出土瓷器类型较多，几乎包含了唐代人民所需器物的全部器型，产品主要涉及碗、杯、瓶、壶、碟，以及诸如羊、猪、马、狮、象等生瓷，出土种类达到八十余种，是同时期其他窑址所不能比拟的。根据已有考古资料研究，长沙窑出土器物通常以实用为标准，根据产品用途大致可以分为日用类器具和文玩类器具等，满足了百姓的日常使用以及丰富的精神生活，是实用性与艺术性的完美统一。长沙窑所生产器物整体上表现为胎质疏松，主要呈香灰色和灰白色，烧制温度大约在1200℃，器物瓷化程度不高，胎体坚薄、紧致细密，工艺均为瓷土轮制而成，工艺精美，对后世瓷器发展产生了深远影响。

3. 长沙窑瓷器的主要工艺特征

目前的已出土文物以及相关研究结果表明，长沙窑在制作工艺上主要采用了釉下彩绘和模印贴花的方法，这两种工艺技法也成为长沙窑得以成名的重要条件，使之具备了与唐代邢窑比肩的资格。

唐代“安史之乱”以后，陆上丝绸之路基本中断，航海贸易成为中西交流非常重要的途径，长沙窑地处潇湘，成为瓷器外销的重要窑口。体现在长沙窑的装饰题材上，便是西域文化对长沙窑瓷器装饰工艺的影响，例如椰枣纹[1]；椰枣树被称为“沙漠面包”，是阿拉伯人心目中的“圣树”，长沙窑在其瓷器装饰上运用椰枣纹，拓宽了西域市场的销售渠道。

（1）长沙窑瓷器的釉下彩绘工艺

湖南长沙窑的釉下彩绘工艺分为釉下彩绘和釉中彩绘，其釉下彩绘技法主要是通过使用含有氧化铁或者氧化铜的颜料在瓷器胎体上作画，然后施透明釉并烧制而成，或者先在瓷器胎体上绘出图案纹饰，然后填充彩色颜料，施以一层透明釉烧制而成。湖南长沙窑的釉中彩绘主要是通过瓷器瓷胎施釉阴干后直接在瓷胎上绘制图案然后以高温一次烧制而成，因在高

[1] 即以椰枣为原型所创造的纹饰，显示了长沙窑瓷器的外销性质。椰枣又被称为“波斯枣”，是东南亚、北非、西亚等地的重要食物。

温烧制过程中，瓷釉和彩色颜料会发生熔融效应，互相渗透而产生交融效果，因此烧制完成的瓷器图案具有如中国彩墨画一般的艺术效果，具有独特的美感。

长沙窑的釉下彩绘图案大致可分为两类，抽象的几何图案以及造型丰富的绘画图案。值得一提的是在绘画图案技法表现中，制瓷师傅以中国画的平涂、勾勒等技法通过笔墨、行笔的变化，笔触的粗细、虚实、长短、浓淡等技法，呈现出长沙窑在彩绘工艺上的中国水墨形态。从其艺术表现看，纹饰描绘精细，且瓷器中具有中国画审美倾向。

（2）长沙窑瓷器的模印贴花工艺

长沙窑的模印贴花工艺源于唐三彩中的模印以及印花工艺技术，模印的大致流程为先以瓷土做成相关泥片，再以带有纹饰的印模挤压，把印有纹饰的泥片粘贴于需要装饰的位置上；印花则是直接在半干半湿的器物上压制图案。湖南长沙窑作为商业性瓷窑，为了实现瓷器生产的效率化，缩短瓷器中的刻划、彩绘、模印等时间成本，首次使用了模印贴花工艺。[1] 并且唐代长沙窑的模印贴花工艺是集绘画、雕刻、贴塑以及模印于一体的，工艺复杂，形象塑造生动立体，实现了视觉与触觉上的双重审美享受。

长沙窑中模印贴花的题材极为广泛，包括常见的花、人物、动物题材等。人物比较流行的为武士、胡人等，造型独特，追求动态表现，工艺精美细致。模印贴花工艺中人物的衣褶、胡须等都刻画得异常精美，体现了唐代瓷器中模印贴花技术的高度成熟，对后世的瓷器装饰产生了重要影响。

[1] 模印贴花工艺改变了过去对瓷器器物单独雕刻装饰的方式，从而实现重复制作、批量生产，大大提高了生产效率。

第四章

中国瓷器的成熟与革新——宋元瓷器

宋代是继汉唐之后中国工艺美术发展史上的又一辉煌时期，而中国瓷器发展到宋代，也到达其艺术高峰。而元代作为中国历史上第一个由游牧民族建立的全国性的统一王朝，也由于元青花的成熟，以与中国传统审美截然不同的审美风格达到世界瓷器制造业的高峰。宋元瓷器在中国瓷器发展史上具有划时代意义。

第一节　中国瓷器的成熟——宋代瓷器

中国瓷器在宋代呈现出蓬勃发展的新局面，宋代瓷器继承了中国历代瓷器制作的优良传统，瓷器生产盛况空前，无论在青瓷、白瓷还是釉上彩瓷器以及釉下彩瓷器制作上均有很大发展与创新。这一时期，哥窑、汝窑、定窑、钧窑、官窑、耀州窑、磁州窑以及龙泉窑等名窑遍立，规模盛大。宋代也是我国制瓷业大发展大繁荣的历史时期，南北方窑口遍立，流通广泛，据已有考古资料分析，迄今为止在全国已发现的中国古代较大窑址中，仅宋代就占据了三分之二以上，瓷器行业得到前所未有的壮大和发展，并且开创了中

国瓷器审美的新境界，充分体现了中华民族传统文化的深刻内涵与审美追求。宋代的瓷器发展也集中展现了宋人的精神生活以及物质文化的特征，形成与社会各个阶层的审美趣味相融合的文化符号。

一、宋代瓷器生产与发展的背景

中国社会历经辉煌的唐代，发展至宋代时期，进入中国历史上一个文化、艺术繁盛的时期。宋代在诗词、书法、绘画、建筑、工艺美术等领域都达到空前的繁荣，特别是在瓷器发展上，更是到达了巅峰，以五大名窑（哥窑、汝窑、定窑、钧窑、官窑）为主的八大窑系遍布中国南北，在继唐代的“南青北白”之后，迎来中国瓷器发展的百花齐放时期，两宋时期庞大的瓷业系统形成了众多的窑系[1]。当然在宋代瓷器发展艺术成就的背后尤其深刻的社会文化背景及其他因素，也将对我们研究宋代瓷器艺术提供一定的参考。关于宋代瓷器生产与发展的环境因素，我们主要从以下几个部分展开论述。

[1] 在民间瓷窑中，往往以一个窑口为代表，那些胎釉成分、瓷器工艺、瓷器造型，以及瓷器釉色、装饰等方面相同或相近的一批瓷窑往往被划分为一个窑系。

（一）经济的富足

五代十国时期，国家分裂割据，民不聊生，而宋朝结束了五代十国时期的纷争，逐渐统一全国，百姓得以安居乐业。宋初，国家宽减赋税，百姓得以喘息，社会逐渐安定繁荣，统一安定的社会环境促进了社会生产力的进一步发展，商品经济也得以恢复与发展，在此基础上宋代的制瓷业也到了物质支持。

安定的社会环境使得宋代农业生产快速发展，商

品粮食数量持续增长，农业的发展带动商品经济和市镇的兴起与繁荣，人口增长迅速，富足的生活使得社会对于瓷器的需求量增加，手工业得以发展，因此经济的富足是宋代瓷器发展的客观原因。宋代高度繁荣的瓷器制造业是以普通老百姓的商品需求为基础的，大量的商品需求刺激了宋代瓷器制造业的发展，在此基础之上，宋代的瓷器制造业也逐渐以大量丰富多样化的产品满足大众地域性的不同的审美需求。这是宋代经济发展情况下商品化的体现，也是瓷器制造业商品化的必然要求。

（二）文化的繁荣

两宋时期是中国文化发展繁荣的高峰时期，宋代崇文偃武，宽松的政治环境也给当时的文人士大夫造就了宽松散淡的氛围。在诗文方面，宋代的代表人物诸如欧阳修、梅尧臣、苏舜钦等均有很大影响，倡导诗文中的意、趣、味追求。绘画方面，宋代推崇“逸品”，出现了李成、范宽、苏轼、郭熙、李唐、刘松年、马远、夏圭等一大批优秀的画家，推崇清新素雅的“文人画”也得到了较大发展。著名书画家、文学家苏轼曾说过“当使气象峥嵘，五色绚烂，渐老渐熟，乃造平淡”[1]，诗、书、画、印巧妙融合，使得雅致成为宋代美术发展的主流，进而在一定程度上影响了宋代瓷器的艺术创造。

宋代儒释道三教逐渐合流，文人士大夫极力推崇品行修养，追求简淡质朴的意境，这种含蓄简淡的君子之风反映在瓷器艺术风格上便是将古朴淡雅的美玉

[1] 曾枣庄：《三苏文艺理论作品选注》，巴蜀书社，2017，第181页。

质感作为自己的审美追求。在这种影响之下，宋代青瓷烧制在很大程度上以追求玉的神韵质感为目标，展现出文人士大夫对淡雅素净、简淡如玉、沉静恬淡品格与审美的追求。

宋代的儒学发展别开生面，由唐代的注重训诂转而变成重视义理，提倡格物致知[1]，因此儒家认为，美的东西其实不在于物本身，而在于人的修养与自身道德，以此实现仁政理想。宋代儒学的“格物致知”思想也影响了瓷器艺术的发展，宋代的公道杯和出戟尊等器物类型便体现了这一点。

另外，宋代理学作为宋代哲学文化的主流，属于儒家的一种哲学思想，它重视人的内省，从本质上来说反对过度审美，对于当时的文人士大夫有着重要的影响。具体涉及两宋时期的书法艺术、绘画艺术以及文学艺术等，当然也影响了以瓷器为代表的手工业产品的审美需求，主张含蓄、保守、严谨的审美风格，追求“简易”“致用”的效果。因此宋代瓷器不管是从造型表现上还是装饰性上都显得较为平实，力争“求正不求奇”。道家思想是宋代理学的重要来源，道家的美是出世的，追求道法自然，认为人的本性在于自然，更倾向于事物未经雕琢的自然之态，强调天人合一、物我两忘的境界。主要推崇素朴玄化，反对灿烂绚丽的色彩表现，《庄子·天道》中云：“静而圣，动而王，无为也而尊，朴素而天下莫能与之争美。”[2]在这样的思想观念的影响下，宋代的瓷器表现以及装饰审美意识主要围绕在以“素朴”为核心的美学追求上，追求“清水出芙蓉，天然去雕饰”

[1] “格物致知”即通过对事物的仔细观察与研究从而获得正确答案，提高自身道德以至于到达“至善”的境界。

[2] 陈永：《庄子素解》，中山大学出版社，2017，第235页。

的艺术风格。

（三）统治者的大力提倡

宋代统治者爱好文学艺术，在中国历代都具有鲜明的代表性，另外宋代实施“崇文抑武”的大政方针，因此宋王朝对文人士大夫有较为宽容的态度。

由于经济的发展，统治阶级的追求也由一般的物质追求开始转向对文学艺术等的精神追求，物质的繁荣，也必然引起统治者对于艺术与审美的追求。宋代统治者尊儒重文，帝王的喜好往往会反映在国家政策以及社会制度当中，这对于当时的社会价值观念也有着必然的影响。在宋代瓷器发展史上，统治阶级对瓷器的影响深远，南宋叶寘在其著作《坦斋笔衡》中曾经记述“本朝以定州白磁器有芒，不堪用，遂命汝州造青窑器，故河北唐、邓、耀州悉有之，汝窑为魁”。[1]宋徽宗信奉道教，自称“教主道君皇帝”，提出了“淡而无为”的理念，崇尚自然、质朴的审美趣味，因此宋代汝窑釉色优雅，极简自然，这些都在一定程度上说明了宋代统治阶级对于当时瓷器艺术风格的直接影响。

[1]（元）陶宗仪：《南村辍耕录》，上海古籍出版社，2012，第 325 页。

二、宋代五大名窑

宋代五大名窑，即哥窑、汝窑、钧窑、定窑和官窑，是中国瓷器发展史上的重要窑厂，有着深厚的历史底蕴，也对后世中国瓷器的发展具有重要意义。清代许之衡在《饮流斋说瓷》中提及：“吾华制瓷，可分为三大时期：曰宋，曰明，曰清。宋最有名之窑有五，

所谓柴、汝、官、哥、定是也。更有均窑，亦甚可贵。”[1]宋代五大名窑所生产的瓷器工艺精良、制作精美，在世界上享有极高的声誉。

（一）哥窑

“哥窑”和“弟窑”是南宋时期龙泉窑系的代表，属今浙江省龙泉市。哥窑始创于五代或者北宋初，繁荣于南宋时期。根据明代嘉靖四十年（1561）的《浙江通志》记载，南宋时期有章姓兄弟二人，两兄弟各自经营一窑厂，其兄所经营的为“哥窑”，其弟所经营的为“弟窑”，又被称作“章窑”“龙泉窑”，南宋时期归处州（今浙江省丽水市）管辖。遗憾的是哥窑不见宋人记载，并且根据已有考古资料尚不能对哥窑做出明确的判断，其确切窑址至今仍未被发现。

1. 宋代哥窑瓷器的特点

宋代哥窑瓷器存世较少，与汝窑、官窑瓷器一样极其珍贵，成为供宋代皇室观赏的瓷器器物，因此无论是在造型上还是装饰工艺上都极其考究。哥窑作为五大名窑之一，瓷器制作精美，釉色工艺及其装饰别具一格，展现出宋代瓷器制作的高超技艺。

第一，哥窑器物造型较为丰富，并且极具变化性。哥窑器物以陈设瓷居多，并且多仿制古代青铜器造型而作，像贯耳瓶、五足洗、双耳炉、葵口洗、鼎式炉、三足炉等。以南宋时期哥窑的青瓷系耳三足炉为例，此炉造型仿照的即是中国古代商周时期的青铜器的造型，侈口短颈，腹部圆形，以“S”形轮廓线勾勒，在其口沿上有双立耳造型，并且两旁的双耳造型向外

[1] 许之衡，杜斌：《饮流斋说瓷》，中华书局，2012，第8页。

扩张。另外加之哥窑的釉层肥厚，更增强了器物整体饱满有力、端庄凝重的效果，整体造型典雅且古朴。

第二，哥窑瓷器瓷体坚密，在釉色上也比较丰富，有淡青色、粉青色、翠青色、米黄色等，其中以粉青色为正。宋代哥窑釉属于无光釉，釉的高温流动性较大，釉面细腻沉厚，光泽柔和，如同凝脂，温润如玉。因此宋代哥窑的瓷胎在敲击的时候没有清脆悦耳的金石之声，声音更沉重。

第三，哥窑的开片。哥窑的最大特点是瓷器釉面表面布满龟裂状的纹片，即我们通常所说的“开片”。开片是瓷器釉面的一种自然开裂现象，是瓷器的瓷釉和瓷胎在烧制完成后的冷却过程中因为膨胀系数不同而产生的大小不一、颜色深浅各异的一种特殊效果。由于瓷器釉面产生龟裂的形状、大小、颜色深浅的差别，又有着不同的叫法。例如“蟹爪纹”即为错落有致的极细纹片，透明无色似冰裂；“鱼子纹”小片细碎，如密密麻麻的鱼子一般。

哥窑制作工匠创造性地在瓷胎和瓷釉之间加了一层护胎釉，在入窑烧制过程中由于收缩程度不一而形成龟裂。宋代哥窑最明显的特征便是最令人称道的开片的“金丝铁线”效果，这种瓷器釉面的龟裂纹路因器而异，主要表现为大小不一、疏密穿插的色泽不同的网纹，大部分小网纹为橙黄色，大网纹为深黑色，大小网纹相互交织，所形成的特殊的艺术效果即被称为“金丝铁线”。

第四，哥窑瓷器在烧制过程中形成的“紫口铁足”的风韵，成为宋代哥窑瓷器鉴定的传统方法之一。宋

代瓷器烧制技术在前代基础之上不断革新，加之对烧制窑炉的改造，宋代的制瓷工艺日益发达。哥窑瓷器以还原气氛烧制而成，烧制温度为 1180 ～ 1230℃，宋代哥窑瓷胎以含铁量较高的紫金土[1]为原料，因此在烧制完成后大多呈现紫色或者棕黄色。在烧制过程中由于釉层较厚导致瓷釉向下流动，瓷器的口沿以及转折处产生釉薄甚至露出瓷胎的现象，加之二次氧化效果，最终使得无釉的圈足呈现泛黑的铁色效果，即哥窑的“紫口铁足”特点。

以下图中南宋时期的哥窑青瓷葵口碗为例，因碗形状呈六瓣葵口因而被称作葵口碗。此碗通体施青釉，釉色呈现灰青色，且釉面布满灰褐色的大小不一的开片纹，碗的足底部分修饰工整，并且涂有褐色的护胎汁。碗的外壁施釉较厚重，因此呈现开片较大的冰裂纹。口沿一圈施釉较薄，碗的口沿部分因釉垂流变薄而隐隐显现出来的紫黑色胎骨谓之“紫口”，在碗足端部分因无釉而呈现出来的铁黑色谓之“铁足”。

2. 宋代文化对宋代哥窑瓷器的影响

宋代尊孔崇儒，不断完善科举制度，重视文化建设，因此宋代文化空前繁荣。文化的繁荣使得当时的人们有更多的精力和条件进行艺术创造，而宋代哥窑就是在这样的历史背景下不断发展起来的。

[1] 紫金土即外观为赭色的块状土质原料，并夹杂有石英以及含铁矿物，其烧结温度比一般的瓷石要低。

●南宋时期　哥窑月白牡丹花式小洗

●南宋时期　哥窑青瓷系耳三足炉

●南宋时期　哥窑青瓷三足炉

●南宋时期　哥窑青瓷葵口碗

（二）汝窑

汝窑历来被认为是宋代五大名窑之首。汝窑原为民窑，所烧制瓷器风格较接近陕西铜川耀州窑。南宋叶寘在《坦斋笔衡》中说：“本朝以定州白磁器有芒，不堪用，遂命汝州造青窑器，故河北唐、邓、耀州悉有之，汝窑为魁。”由此可见汝窑是宋代的官窑，从北宋晚期开始为皇家以及宫廷所垄断，烧制名贵瓷器，因此对于汝窑瓷器常有两种争端：一为古代汝州地区所管辖的烧制的青瓷系列瓷器；一为专门供皇室御用的官窑器物。上述两种说法各有依据，本书结合以上两种说法来进行阐述。

汝窑窑址现存于河南省宝丰县内，根据历史文献记载，公元1086—1106年是宋代汝窑鼎盛时期。至北宋末年，汝窑已成为烧制珍品级别瓷器的重要窑厂。汝窑瓷器工艺制作精美，具有极高的艺术价值而被誉为中国古代瓷器之冠，因此非常难得。南宋学者、藏书家周辉在《清波杂志》一书中写道：“汝窑宫中禁烧，内有玛瑙为釉。唯供御拣退，方许出卖，近尤难得。”[1]作为南宋人尚且都觉得汝窑极其难得，有“只以光芒嫌定州，官窑秘器作珍留”[2]的赞誉而将北宋时期的汝窑看作北宋官窑，另外民间亦有对汝瓷“纵有家财万贯，不如汝瓷一片”[3]的极高赞誉，汝窑瓷器珍贵程度可见一斑。

1. 宋代汝窑的发展历史

宋代汝窑瓷器因其高超的工艺和艺术价值成为宋代宫廷的专属，宋代汝窑瓷器发展的高峰时期虽只有短短二十年左右的时间，但汝瓷在宋代的发展却经

[1] 郑年胜：《瓷艺通论》，上海书画出版社，2009，第48页。

[2] 孙新民：《中国古代名窑·汝窑》，江西美术出版社，2016，第5页。

[3] 任文杰：《中国青瓷》，中国矿业大学出版社，2015，第113页。

历了一个漫长的时期。

（1）北宋初期——宋代汝窑的形制单一时期

北宋初定以后，国家的主要重心放在了发展社会经济方面，减轻赋税、发展生产，老百姓的生活得到了极大改善，这也为北宋初期汝窑瓷器的发展提供了基本的物质保障。

在这个时期，哥窑、汝窑、钧窑、定窑和官窑等五大名窑纷纷建立，汝窑瓷器应运而生。不过在汝窑瓷器的初创时期，汝窑瓷器烧制的方法比较简单，器物造型也比较单一，主要有盘、碗、壶、瓶、洗等基本的器物形制。这个时期汝瓷的釉较薄，釉色也较为不稳定，并非所有的釉色均呈现莹润色泽。此外，这一时期的汝窑瓷器轻装饰，颜色寡淡。这些都显示了早期汝瓷在工艺以及烧制上的局限性。

（2）北宋中期——宋代汝窑的发展期

随着社会生产力的持续发展，人们对瓷器的需求日益增加，在一定程度上推动了宋代汝瓷的持续发展。这个时期在汝州地区，有清凉寺（即现在河南省宝丰县大营镇清凉寺村，宋代时候属汝州管辖）等五大瓷器烧制地点，有一句流传于河南省宝丰县清凉寺一带的民间谚语“清凉寺到段店，一天进万贯”，形象生动地描述了这个地区曾经有过的汝窑瓷器发展与瓷器贸易的盛况。

宋代汝窑瓷器发展至北宋中期，其器物造型逐渐丰富，制瓷工艺也有明显进步，釉色与装饰逐渐多样化。例如这个时期的汝窑瓷器多数出现了凸线、花卉图案等装饰，清凉寺汝窑在烧制工艺上已开始运用满

釉支钉烧工艺。满釉支钉烧工艺又被称为“裹足支钉烧”，即在器物通体施满釉层，并以细小的支钉支烧器物，在烧制完成以后打掉支钉。这样便能保证器物除了底部细小的支钉疤痕外通体都有釉，只是技术还没有达到炉火纯青的程度。

汝窑的支钉烧工艺主要有两种：一种是用黏土在瓷器器物底部粘几个支钉；另一种则是把瓷器直接放在有支钉的泥饼上，然后进行单烧，烧制完成以后再把支钉敲掉，支钉烧工艺因汝窑而著名。汝窑的支钉烧工艺完美地解决了瓷器器物底部挂不满釉的问题，汝窑瓷器的支钉痕迹最小，颜色呈香灰色，而官窑、哥窑支钉痕则稍大，并且颜色呈现铁黑色。

●北宋时期　汝窑青瓷碟（底部）

（3）北宋末期——宋代汝窑的繁荣期

北宋末期是宋代汝窑瓷器发展的鼎盛时期，这个时期的汝窑瓷器在工艺制作和审美上都达到了巅峰。

结合之前的制瓷工艺基础，这个时期的制瓷工匠们不断尝试总结，并且对烧制瓷器的窑炉进行改造完善，在窑炉技术的改进上大胆尝试，将大马蹄窑改为小型椭圆连体窑，将烧制的匣钵周身涂以耐火泥，这样有利于烧制过程中对还原气氛的把握和保温。这个时期的釉料以玛瑙等宝石入釉，釉质莹润，质感柔美。

当然汝窑在这个阶段的发展离不开统治者的大力提倡和喜好。由于宋徽宗信奉道教，而道教尚青，汝窑工匠所制的汝瓷便以“雨过天青云破处，者般颜色做将来”[1]的青瓷满足了统治者的要求，而天青色釉自此也成为汝窑瓷器的经典代表。如此自然和谐的色调表现，深受道家美学思想的影响，似玉非玉而胜玉的质地，典雅的色彩，使得宋代汝窑所产汝瓷高雅而静谧。这种美学典范不同于唐代的雍容华贵，正是宋代清雅无为风尚的体现。

（4）南宋时期——宋代汝窑的衰落期

北宋的灭亡导致宋代汝瓷的急剧衰退，虽然至南宋时期国家又重新建立，汝窑又开始进行瓷器烧造，然而鼎盛时期的汝窑生产已不复存在。这种情况之下汝窑瓷器生产每况愈下，所产汝窑瓷器釉色不复从前，品质更是难以企及其巅峰时期。到了元代，真正美学意义上的汝窑瓷器已无缘历史舞台，被誉为中国瓷器之冠的汝窑瓷器淡出历史舞台。

2. 宋代汝窑瓷器的艺术特点

宋代汝窑瓷器制作工艺精美，造型端庄，明代的曹昭在《格古要论》中说道：“汝窑器，出北地，宋时烧者。淡青色，有蟹爪纹者真，无纹者尤好，土脉滋媚，薄甚，亦难得。”[2]曹昭对汝窑瓷器的介绍也总结出宋代汝窑瓷器的部分特征。

（1）宋代汝窑瓷器的造型及样式特点

宋代汝窑瓷器造型以碗、盘、瓶、尊为主，这个时期汝窑瓷器生产主要集中在日常饮食起居、礼器以

[1] 白寿彝，陈振：《中国通史　第七卷　中古时代·五代辽宋夏金时期》，上海人民出版社，2015，第 499 页。

[2] 范冬青：《说瓷》，上海人民美术出版社，2018，第 46 页。

及文房用品方面。从整体造型特征上来看，宋代汝窑器型古朴素雅，多仿照中国古代的青铜器、金银器和玉器等。之所以会这样，也与宋代金石学的发展以及“尚古之风”的盛行有着一定的联系。汝窑瓷器整体器型较小，有“钧汝不过尺，钧汝无大器”之说，在宋代汝窑瓷器的造型中，口径一般为 10 ～ 16 厘米，高度上几乎没有高于 30 厘米的。

（2）宋代汝窑瓷器的釉色特点

宋代汝窑瓷器在釉色上有天青、豆青、粉青、卵白、天蓝、葱绿等颜色。在宋代汝窑清凉寺窑所烧制的御用汝瓷中，常以玛瑙等宝石入釉，正如《清波杂志》中所说“汝窑宫中禁烧，内有玛瑙为釉”[1]，烧制后色泽莹润，釉面变化独具特色。明代学者高濂曾在其著作《燕闲清赏笺》中记载：“汝窑，余尝见之，其色卵白，汁水莹厚如堆脂，然汁中棕眼隐若蟹爪，底有芝麻花细小挣钉。”[2]

汝窑瓷器釉色色泽滋润纯正，清初学者谷泰在其列述古器物、字画、织绣、印宝等艺术品的著作《博物要览》中记载，汝窑“汁水莹厚，如堆脂”[3]。当然这也与玛瑙等宝石入釉有关，有了玛瑙等宝石的作用，瓷器本身会呈现出宝石一般的质感和光彩。

（3）宋代汝窑瓷器的纹饰特征

宋代汝窑瓷器很少运用纹样进行装饰，因汝窑瓷器釉面较厚，如果再以纹样进行装饰则艺术效果不佳。在宋代汝窑瓷器纹饰特征表现上，以瓷器釉面上的开片展现。

[1] 吕国玉：《古窑览粹》，东南大学出版社，2015，第 5 页。

[2] 熊寥，熊微：《中国陶瓷古籍集成》，上海文化出版社，2006，第 232 页。

[3] 周思中：《中国陶瓷名著校读》，武汉大学出版社，2016，第 86 页。

汝瓷瓷胎细腻并且呈香灰色，因而其瓷胎得名“香灰胎”。明曹昭《格古要论》中说道：“有蟹爪纹者真，无纹者尤好。”[1]汝窑瓷器的釉面上以蟹爪纹居多。我们讲到宋汝窑瓷器时常以“梨皮蟹爪芝麻花”概括，所谓“梨皮”即汝窑瓷器瓷釉上的斑斑小点，如津梨之皮；“蟹爪”即汝窑瓷釉本身分布的如蝉翼般，极像螃蟹爬过之后留下的如细纹般的痕迹；“芝麻花”即下文讲到的瓷器烧制工艺中留下的痕迹。在前面讲到哥窑时我们知道开片是由于膨胀系数不同而产生的，其实就是瓷器本身釉面的一种龟裂，这本是一种缺陷，却不想由于其天然的美感和独特的纹路使得“不完美”也成为中国瓷器艺术的一种美。

[1] 周思中：《中国陶瓷名著校读》，武汉大学出版社，2016，第 86 页。

●北宋时期　汝窑青瓷纸槌瓶

●北宋时期　汝窑青瓷碟

例如上图中的这件汝窑青瓷碟，此碟制作工艺精巧，釉质纯净，碟通体施天青色釉，釉面开细碎纹片，釉身有细小的冰裂纹片，为宋代汝窑瓷器中的上品之作。

（4）宋代汝窑瓷器的烧制工艺

宋代汝窑窑内分火门、窑室、火膛和集烟室，窑室形状为长方形，集烟室和火膛为半月形状，窑内设有挡火墙，顶部有烟囱，这样的设计能够更好地保证烧制的还原气氛，更有利于瓷器的品质保证。

汝窑的烧制采用了当时发展较为先进的叠烧工艺。叠烧工艺是瓷器装烧的技法之一，把多件器物的瓷坯叠在一起装烧，器物间以垫烧物间隔。另外，在汝窑瓷器烧制的过程中，为了实现瓷器通体光洁无瑕的效果，宋代汝窑瓷器烧制的匠人们率先使用了支钉烧工艺，前面我们已经论述过。宋代汝窑瓷器烧制过程中支钉烧工艺的使用一方面可防止瓷器在烧制过程中变形，另一方面也能使釉得以更好地覆盖瓷器表面，以达到烧制完成后汝窑瓷器的满釉效果和工艺技术，这种工艺使得中国瓷器的烧制技术更趋于完善。

因支钉底部在烧制过程中与地面相接连，因此要尽可能减少支钉的接触面，古人在制作支钉时，会将支钉的接触面尽可能缩小，支钉因此又被称为“芝麻钉”。

3. 汝窑瓷器的新发展

汝瓷存世数量极少，主要收藏于我国北京故宫博物院、台北故宫博物院、上海博物馆等，共计六十余件。汝瓷失传以后，至我国明代宣德时期市面上开始

出现了一定数量的仿制品，对汝瓷的仿制持续至清代初期已能够达到仿制程度比较高的水平。新中国成立之后，周恩来总理在1953年亲自批示“恢复汝瓷生产”的任务，其间通过不计其数的尝试和努力，历经三十余年，终于在1988年汝瓷的生产得以恢复，汝瓷重见天日，承载中国灿烂文化和文明的汝瓷国宝终得以传承并且发扬光大。

（三）钧窑

宋代钧窑窑址位于河南省禹州市。禹州早在夏朝时曾为夏都，也被称为“夏邑”，秦汉时期为颍川郡的治所。禹州境内的古“钧台”遗迹相传是夏禹[1]的受封之地，金代由此而设立“钧州”，由于金代禹州被当时的钧州管辖，所以此处窑厂又被称为“钧窑”。

[1] 夏禹是我国古代原始社会末期中原地区的最后一位部落联盟的首领，又称大禹，是黄帝的四世孙。他是中国夏朝的第一位天子，因此后人也称他为夏禹。

我国钧窑烧制始于唐，在北宋晚期达到鼎盛，历经元明清。宋代钧窑发展迅速，钧窑发展自北宋到元代，虽产量不断增加，但质量已远不如从前。由于宋代钧窑瓷器广泛而深刻的影响，形成一个庞大的钧窑系，被列入宋代六大瓷系，该瓷系以生产天青色釉钧瓷而著称。钧窑在工艺技术上不断进行革新，从而成为宋代制瓷业最重要的窑厂之一，在中国古代瓷器发展史上具有开创性意义。

1. 宋代钧窑得以发展的条件

首先，在社会环境因素上，宋代钧窑植根于具有雄厚制瓷文化和传统的河南中西部地区，自唐代时期的巩义窑开始，这个地区就成为北方瓷器制作的重要产区。北宋时期都城在东京（今河南省开封市），一

方面这个地区刚好处于北宋都城附近，受到当时统治阶级以及文人士大夫阶层文化的熏染和影响；另一个方面这个地区的窑厂也在通过不断的工艺改革创新以满足不同阶层的需求，也正是由于这个原因，使得这个地区成为当时北宋制瓷工业发展的中心。

其次，在自然环境因素方面，钧窑所处的禹州地区树林茂盛，山水环绕，煤炭蕴藏量大，且易于开采，制瓷所用的瓷土资源也非常丰富。尤其是三面环山的神垕地区，自夏商时期，这里的先民就开始进行农耕和制陶，山多林密，陶土储量丰富，盛产煤炭。事实上一直到现在，神垕镇年产煤也依然在200万吨左右，优越的自然条件使得神垕成为禹州钧瓷窑厂最为集中的地区。禹州地区优越的自然环境为宋代钧窑的发展提供了重要的物质基础。

2. 宋代钧窑瓷器的特点

提到钧窑瓷器，我国古代的文人墨客曾以“高山云雾霞一朵，烟光空中星满天。峡谷飞瀑兔丝缕，夕阳紫翠忽成岚”[1]的诗句对其釉色进行评价，表现出宋代钧窑瓷器变幻莫测的釉色以及微妙的窑变之美。宋代钧窑瓷器的特点主要表现在以下几个方面。

（1）宋代钧窑瓷器的造型及样式特点

宋代钧窑瓷器造型典雅端庄，线条简洁明朗。常见的器物造型有碗、瓶、盆、洗、壶、钵、花托、花盆、尊、盘、炉等，且以大件居多，风格文雅古朴，具有极高的艺术价值。

（2）宋代钧窑瓷器的釉色特点

宋代钧窑瓷器的出现，打破了在此之前青瓷“独

[1] 石训，朱保书：《中国宋代文化》，河南人民出版社，2000，第47页。

一”的局面，从色彩单一的青釉瓷逐渐转变为以“钧红”为主的彩色釉。宋代钧窑瓷器由于其“入窑一色，出窑万彩”[1]的釉色变化而被宋代皇家选为贡品，被定为宋代“五大名窑”之一。宋代以来，钧瓷一直被皇家定为御用珍品，民间不得收藏，数量极少，因而更见其珍贵，也被称为“国之瑰宝”。宋代钧瓷在釉色上有天青、天蓝、玫瑰紫、海棠红、鸡血红、胭脂红、月白等，丰富多彩，其中钧窑瓷器以朱砂红为贵，以红紫夺目的窑变花釉为珍。钧窑瓷器中出现紫红色是由于烧制时在釉中加入了铜所致，铜对于窑温和烧制气氛十分敏感，要求必须在还原焰1250℃以上才能呈现出独特的艺术效果，因而烧制难度也极大。

[1] 刘莹：《陶瓷》，重庆出版社，2017，第62页。

●金时期　钧窑天青釉紫斑圆盘

●金时期　钧窑丁香紫釉渣斗式花盆

以上图中金代的这件钧窑丁香紫釉渣斗式花盆为例，其造型源于古铜器，通体施丁香紫釉且胎釉厚重，釉面莹润有光泽。器物口沿部分为褐色边，足底涂酱色护胎汁，为这个时期钧窑瓷器的代表之作。

钧窑瓷器的釉色因烧制过程而独一无二，非人力所绘，又有着“钧窑无双”之誉。钧窑瓷器泥胎较厚，略带灰色，须先经素烧而后施釉，因而釉厚且润，这样的话会使得烧制的器物在施釉之后在釉面上出现一定数量的裂纹或者细小的颗粒状黑瑕疵点等，尤其是在器物口沿以及转折处出现不规则米黄色的效果，被称为“蚯蚓走泥纹”，当然釉层相比一般的青釉瓷器也会更加温润，光泽如玉。宋代钧窑瓷器作品中的“蚯蚓走泥纹”“鱼鳞开片”等釉面效果都是厚釉施用工艺的结果。

（3）宋代钧窑瓷器的装饰工艺

宋代钧窑瓷器在装饰方面以素瓷居多，同时也有少量雕刻花纹的作品，只是花纹并不明显，当然还有一部分釉面装饰“蚯蚓走泥纹”“蟹爪纹”“鱼鳞开片”等的瓷器。

（4）宋代钧窑瓷器的烧制工艺

宋代钧窑的窑形有圆形、长方形以及马蹄形三种，其中长方形窑的窑室前设有双乳状火膛，一火膛留有窑门，一火膛留有火口，上部有烟囱，这样的设计更有利于烧制过程中还原焰的形成，对于钧窑瓷器烧制过程中的窑变效果具有重要的影响。另外，宋代钧窑瓷器在烧制过程中往往采用“裹足支钉烧”工艺，即器物施满釉，在瓷器的圈足底部施以酱褐色釉，也就是我们俗称的“芝麻酱釉”[1]。由于器物本身施以满釉，因此在烧制的时候也往往采用支钉烧技

[1] 颜色如芝麻酱一般，也被称作“护胎釉”。

术，保证了所烧制瓷器器物除去底部细小的支钉痕迹之外通体都有釉的效果。这一工艺多用于平底器以及较矮的器物。

与上述“裹足支钉烧”工艺同样精致的还有“裹足刮釉”工艺，即器物本身通体施釉之后，再刮去器物圈足底部的一圈釉，然后放置于垫片之上进行烧制。

这样的烧制工艺，代表了当时瓷器烧制工艺的最高水平，钧窑瓷器烧制的工艺一直延续到后来的金、元时期。

（四）定窑

宋代定窑属于民窑，窑址主要分布于河北省曲阳县涧磁村，因这个地区在唐代时属于定州管辖，故名为定窑。定窑创烧始于唐代后期，至北宋达到鼎盛时期，到元代逐渐停止烧制。

1. 宋代定窑的发展历史

前面我们说到定窑始于晚唐时期，宋之前的晚唐至五代时期，是青瓷逐渐向白瓷发展演变的重要时期。我们知道白瓷的发展在中国瓷器史上要晚于青瓷，到了唐代，白瓷才逐渐兴盛，邢窑白瓷以陆羽在《茶经》中所赞誉的“类银”“类雪”特质与越窑青瓷并称“南青北白”。五代中后期邢窑衰落，定窑在邢窑白瓷的基础之上逐渐兴起，成为定窑摆脱邢窑影响，实现定窑历史上第一次大发展的关键时期。

定窑发展至北宋初期，社会各阶层对于定窑瓷器的需求持续增加，致使木材燃料一度缺乏，便以煤炭燃料代替木材燃料。自然条件导致烧制工艺的变化，使得定窑瓷器具有白中泛黄的特质，具有独特的艺术风格。

到了北宋后期，由于定窑瓷器在品质上的不断完善与提升，被宋代统治阶级选为宫廷用瓷。定窑为满足更大的社会需求，在烧制方法上采用了“支圈窑具覆烧”的工艺，此为定窑历史上的第二次大发展时期。

遗憾的是北宋政权覆灭后，定窑走向衰败的局面已无力改变。在其后的发展过程中，虽数量上有提高，品质却大不如前。至元代，定窑已全然没有了之前的光彩，逐渐淡出我国瓷器发展的历史舞台。

2. 宋代定窑瓷器的艺术特征

（1）宋代定窑瓷器的造型艺术特点

宋代定窑以烧制白瓷为主，瓷质优良，产品主要有盘、碗、杯、净瓶、香炉[1]、罐、枕、乐器等器型，种类丰富繁多，几乎涵盖了所有的瓷器类型，做工考究，匀称秀美。从已出土遗迹和文物分析，定窑器型中以碗和盘居多。宋代定窑瓷器的口沿造型，除了延续前代的花口以及侈口元素外，还出现了直口、平折口以及卷口等新的样式。口沿由厚至薄，从简单的圆口到更复杂的芒口、花口，反映了宋代定窑高超的技艺，使得定窑成为宋代名窑。

（2）宋代定窑瓷器的釉色特点

宋代定窑产品繁多，其中多为白釉，亦有少量黑釉、褐釉、酱釉、绿釉等品种。定窑白瓷主要是在手工轮制成型之后，再辅以雕刻和瓷膜内手工压制方法进行制作，整体而言定窑白瓷瓷胎轻而薄，且不透明。

❶ 香炉不拘银、铜、铁、锡、石，各取其便。

定窑白瓷釉中氧化铁含量一般小于1%，采用氧化焰烧制而成，其白釉中具有铁、钛的氧化物，烧制出来的瓷器表面釉质莹润有光泽，并且白中泛黄，是一种类似于象牙色的光润透明且不刺目的暖白色系，其独特的视觉效果使之成为当时影响力极大的一个瓷器种类，南北方竞相模仿，出现了所谓的“北定”“南定”“土定”“新定”等品种，加速了我国白瓷的普及。元朝刘祁曾在其著作《归潜志》中说“定州花瓷瓯，颜色天下白”[1]，一语道破定窑白瓷的特点。

（3）宋代定窑瓷器的装饰艺术

宋代定窑白瓷装饰以印花、划花、刻花、堆塑工艺为主，还有素白无花。做工优美精细，常见的纹饰图案有游鸭、双鱼、水波、莲纹、牡丹、菊花、萱草等，以飞禽和花卉为主，人物纹则比较少见。在北宋时期定窑瓷器也存在大量龙纹，当然这也与定窑瓷器在北宋后期被选为宫廷用瓷有关。总体上来说，在装饰题材上，宋代定窑瓷器最重要的装饰就是与市民相关的题材，这与宋代城市规模和宋代市民阶层的扩大息息相关。

印花装饰线条明朗，显示出当时高超的刻模与脱模技术。不同于钧窑瓷器釉层的厚重，宋代定窑瓷器的釉层相对来说较薄，使得刻花、印花技术艺术效果强烈，形成独特的美感。

另外宋代定窑瓷器表面的装饰艺术还反映在其别具一格的釉的表现上。宋代定窑瓷器的“泪痕”，主要是指由于烧制过程中的高温作用致使釉浆流淌，瓷的釉面的流釉特点所致的一种效果。定窑瓷器的“泪

[1] 沙家栃：《定窑瓷器探索与鉴赏》，湖南美术出版社，2017，第206页。

痕”呈现条状，目前认为这种流釉效果仅存在于北宋定窑瓷器，在其之前的五代时期和之后的金代均无此特点，这也成为定窑白釉发展巅峰时期一个重要的艺术特点和艺术魅力。

（4）宋代定窑瓷器的烧制工艺

宋代定窑窑炉主要是以北方式的“馒头窑”为主，以煤炭作为燃料，烧制温度在1100℃以上。北宋早期以及中期定窑瓷器主要采用匣钵仰烧技术，在其器物底部可见烧制过后的支钉痕迹。在北宋之后，定窑瓷器以覆烧法（也被称为“扣烧”）为主，口沿部分不施釉，也就是我们俗称的“芒口”，为了使用的方便性，“芒口”往往以2～4毫米宽的黄金、银或者铜镶在边缘为装饰，工艺十分精美。

3. 宋代定窑瓷器的文化价值

宋代定窑瓷器无论是造型工艺技术，还是装饰图案，都植根于宋代社会生活，反映了人们对于真善美和美好生活的憧憬与愿望。或祈求风调雨顺、国泰民安，或渴望升官加爵、平步青云，抑或求子延寿、纳福驱灾，在瓷器中展现出宋代社会土壤中的真情实感，是一种坦率本真的情感流露。

另外，宋代定窑瓷器的装饰特征除了关注社会生活，也同样关注了人与自然。在其装饰图案中，自然或以飞禽显示，或以走兽描绘，或以花卉蔬果装饰，展现了人与自然万物的共生共存，表现出瓷器艺术发展下的社会生活中精神的满足。

●北宋时期　定窑白瓷婴儿枕

●北宋时期　定窑白瓷莲瓣划花蟠螭纹盘

●北宋时期　定窑白瓷瓜棱罐

●北宋时期　定窑兽耳瓦纹簋

●南宋时期　官窑青瓷琮式瓶

●南宋时期　官窑青瓷弦纹樽

●南宋时期　官窑青瓷花插

●南宋时期　官窑粉青菱花式瓷碟

●南宋时期　官窑青瓷簋

（五）官窑

关于宋代官窑，南宋叶寘在《坦斋笔衡》中记载："本朝以定州白磁器有芒，不堪用，遂命汝州造青窑器，故河北唐、邓、耀州悉有之，汝窑为魁。江南则处州龙泉县，窑质颇粗厚。政和间，京师自置窑烧造，名曰官窑。"[1]即由官府设立窑厂，烧制自己使用的瓷器，这里提到的官府其实就是朝廷，或者更进一步说便是指皇帝，以皇帝为代表的统治阶层崇尚淡雅、素净、内敛的审美风尚。官窑有广义和狭义之分，广义上的官窑指宋代官方设置的窑厂，专门烧制朝廷以及官府等用瓷；狭义的官窑是指宋代五大名窑之一的官窑，这里所说的官窑即狭义上的官窑。

在宋代的五大名窑中，官窑是中国历史上最早由宫廷设立的专门烧制皇家以及官府用瓷的御窑之一，并且自明代以来一直备受中国文人推崇。宋代官窑瓷器是仅次于宋代汝窑瓷器之后的珍贵名品，宋代官窑瓷器是中国历史积淀的产物，是宋代尚古之风的再现，也是宋代文人士大夫的精神与审美写照。

根据已有考古资料分析，宋代先后建立三处官窑，包括北宋时期的"汴京官窑"，南宋时期的"修内司官窑"（或被称为内窑）以及"郊坛下官窑"，不过截至目前学术界围绕宋代官窑的问题仍存有诸多疑问，也有待于以后考古工作中的更多发现。

1. 官窑的产生及历史

宋代官窑的产生有一定的渊源，它源于中国瓷器长期的"贡瓷"历史，而我们所说的"贡瓷"指的就是统治阶级或者皇室在有瓷器需求之时，去民窑选择

[1] 熊寥，熊微：《中国陶瓷古籍集成》，上海文化出版社，2006，第 173 页。

烧制条件以及烧制工艺较好的瓷窑进行烧制，所生产出来的瓷器即“贡瓷”。例如 1977 年在慈溪上林湖窑址发现的一件唐代越窑罐形青瓷墓志，罐内有“光启三年（887）岁在丁未二月五日殡于当保贡窑之北山”[1]的记载，由此证实了唐代贡窑的存在，贡窑生产进贡的青瓷，所产均为精品。

五代时期，当时的吴越钱氏王朝为了谋求自己的小朝廷利益，向中原进贡，就把当时的越窑瓷器精品作为贡品。南宋赵德麟在《侯鲭录》中记载：“今之秘色瓷器，世言钱氏有国，越州烧进为供奉之物，臣庶不得用之，故云秘色。”[2]可见秘色瓷作为贡品的特殊意义。

从五代时期一直到宋代官窑建立之前，北方的定窑、耀州窑发展迅速，并逐渐取代了原来邢窑和越窑的地位，开始专门为统治阶级烧制“贡瓷”。耀州窑瓷器烧制主要受到越窑瓷器工艺影响，定窑瓷器烧制主要受到邢窑瓷器工艺的影响，后又逐渐被汝窑所取代。

到了宋代，开始出现了官办窑厂和民营窑厂。宋代的官办窑厂按照官方指令以及要求烧制造型规范严谨的器物，具有古朴典雅的特点。装饰方面，官窑瓷器推崇素雅简淡，追求用料的精细，以釉质取胜，同时反映出宋代统治阶级含蓄、淡雅的艺术品位。

2. 传世宋代官窑瓷器的特点

传世的宋代官窑瓷器大部分收藏于我国北京故宫博物院和台北故宫博物院，少部分散存于世界各国博物馆或者由私人收藏。

[1] 浙江省文物考古所：《浙江文物简志》，浙江人民出版社，1986，第 37 页。

[2] 林欢：《宋代古器物学笔记材料辑录》，上海人民出版社，2013，第 71 页。

传世的宋代官窑瓷器造型以碗、盘、洗等圆形器物居多，造型典雅，做工精细，并且器身伴有菱花、葵瓣等纹饰造型，碗足部大多露胎，洗以圆形为主。除圆形器具外，传世的宋代官窑瓷器中不能在轮车上一次拉坯成型的器物（即琢器）也有不少，例如比较常见的炉、尊、盏托、花盆、壶、钵、花插等器物。明代高濂在其著作《燕闲清赏笺》中论述：“官窑品格，大率与哥窑相同。色取粉青为上，淡白次之，油灰色，色之下也。纹取冰裂、鳝血为上，梅花片、墨纹次之，细碎纹，纹之下也。论制如商庚鼎、纯素鼎、葱管、空足、冲耳、乳炉；商贯耳、弓壶、大兽面花纹；周贯耳壶；汉耳环壶、文己尊、祖丁尊，皆法古图式，进呈物也。”[1]

宋代官窑注重瓷器本身的釉色美，青瓷是中国瓷器史上最早烧制出来的瓷器品种，古人对青瓷的向往源于对玉的素雅沉静的追求。宋代官窑属于青瓷系统，制作技艺精美、瓷器用料极为考究，在釉色表现上为了达到温润如玉的质感，不光要在瓷釉中特地添加玛瑙、翡翠等玉粉，还要保证蘸釉次数，因此元人马祖常在其诗文中赞誉宋代官窑“贡篚银貂金作籍，官窑瓷器玉为泥”[2]。关于宋代官窑瓷器的釉色，通过《燕闲清赏笺》中的描述，宋代官窑瓷器的釉色应以粉青为主，因为这种釉釉层较厚，色泽淡雅有“似玉”之美感，但宋代官窑瓷器釉色仅以粉青、淡白和油灰进行概括的话则是不全面的，北宋官窑瓷器釉色以粉青、天青、米黄、油灰居多，天青色则是宋代官窑一直以来所追求的釉色，除了前面提到的古人对玉的温润、

[1] 熊寥，熊微：《中国陶瓷古籍集成》，上海文化出版社，2006，第232页。

[2] 宋敬：《中国青铜器和瓷器》，江西教育出版社，2013，第131页。

素雅的追求外，还与当时推崇道教的宋徽宗的审美有着必然的联系，道教尚青色，宋代叶寘在《坦斋笔衡》中也说“本朝以定州白磁有芒不堪用，遂命汝州造青窑器”。

宋代传世官窑瓷器的开片有大小不一之别，有开片大者，显示较为稀疏，开片较小者，则显示较为细密。宋代传世的官窑瓷器开片色泽一般呈现土黄色，即高濂所称的最好的开片色泽“鳝血色”，在开片比较大的釉面上常常分布有层次关系较为明显的“冰裂纹”效果，这也是宋代传世官窑瓷器中最具代表性的特点。许之衡在《饮流斋说瓷》中对宋代官窑的评价为：“胜代崇文物，官瓷重楷模。精华四海萃，供亿万缗输。”[1]

[1] 许之衡，杜斌：《饮流斋说瓷》，中华书局，2012，第1页。

宋传世官窑瓷器的纹饰装饰上，和前面提到的汝窑瓷器、哥窑瓷器一样，均很少有刻花、刻划以及彩绘装饰，只是个别器物会有局部的印花装饰，大多无装饰，或只有器物凸起处的几道弦纹罢了。官窑瓷器装饰追求朴实无华、简淡朴素，正是整个宋代平实、含蓄、自然的审美趣味的集中体现。

3. 宋代官窑瓷器的精神内涵

（1）宋代官窑瓷器是宋代历史积淀的产物

宋代瓷器的器型表现无论是北宋还是南宋时期，都呈现出庄重古朴的特点，保留着皇室特有的庄重。这种庄重感不仅仅源于对中国传统瓷器艺术发展与文化的传承，更是宋代特有的文化土壤所孕育的结果。这种厚重素朴的姿态与石器时代的质朴不同，更是依托于宋代繁荣的经济和文化积淀所展现出来的内涵。

这种内涵异于中国瓷器发展初期的稚拙，有别于清代后来者的刻意仿制，更不同于现代瓷器仿品泛滥地复制，是中国文化在宋代创造性的书写。

（2）宋代官窑瓷器是中国文化“尚古之风”的体现

“尚古之风”源于中国古代的复古主义思想，古人所认同的理想社会应像周王朝时期一般，把礼作为社会的规范，因此在北宋时期士大夫阶层推崇“三代之治”，继而金石之学勃兴。

宋代官窑瓷器在器物造型上带有明显的中国商周时期青铜器的特点。在宋徽宗宣和年间，王黼撰写了一部金石学著作《宣和博古图》，其中详细地记载和描述了宋代皇室在宣和殿收藏的从商代至唐代的青铜器造型，包含钟、鼎、尊、卣、簋、簠、鬲等共计20大类839件，每件器物均绘制有图像，并附有基本信息以及铭文等，而这些青铜器造型也被广泛运用到宋代官窑瓷器的造型设计当中。例如宋官窑瓷器中常出现的洗，洗在商周时期主要是用来盥洗的一种青铜器具，宋代官窑中洗的造型尤为丰富，虽大体上仿照了商周以及秦汉时期洗的造型特质，然而官窑中洗的造型更倾向于小容量的平底浅腹，且多在其腹部加弦纹装饰和对称的兽形耳，伴有强烈的庙堂气息。中国著名的陶瓷鉴定专家冯先铭先生在讲到官窑瓷器时曾说过：“仿商周秦汉古铜及玉器者甚多，显然是受北宋徽宗朝帝王提倡的仿古复古风气影响，这类仿古器皿只能是作为宫廷陈设用品而生产。”[1] 当然宋代官窑瓷器对于中国古代青铜器的仿制，也秉承了中

[1] 中国硅酸盐学会：《中国陶瓷史》，文物出版社，1982，第292页。

唐时期皇权与士大夫共同为构筑封建社会长治久安的稳定而特别定制的传统，开始了以瓷器仿制青铜器的阶段。

因此以具有官方性质的官窑瓷器代替青铜器作为“权”的象征，以适应国家特殊礼仪的需要，宋代官窑瓷器器型与青铜器的庄重合二为一，也就自然而然了。这也成为宋代官窑瓷器所独有的表现特质。

由此可见宋代官窑瓷器的出现也是中国封建社会文化体系不断发展的结果。宋代礼制和理学观念的融合使得单纯的“贡瓷”产品已经不能满足封建统治阶级构建长治久安社会的需要，宋代官窑瓷器成为社会伦理观念强化与宋代理学发展的必然结果。

（3）宋代官窑瓷器是宋代文人的内心独白

宋代社会环境宽松，文化发达，上至皇帝、官宦、文人士大夫，下至民间百姓都积极参与艺术活动，宋代的文人环境是中国古代历史上最为宽松自由的时代，而这种宽松的政治环境也给宋代的文人提供了畅游寄情的天地，远超魏晋时期文人士大夫为避免政治高压所伪装的酣畅与洒脱。这种氛围会如实地反映在宋代的文化发展上。中国近代享誉世界的陶瓷专家陈万里曾经评价宋代官窑青瓷瓷器“釉色厚润莹亮”，显示出宋代官窑瓷器的端庄与不凡，表现了宋代文人对艺术的追求与反馈，也度量出宋代文化的发展，将宋代文人质朴、含蓄、自然的审美观发挥到极致，不重于装饰，以釉色和造型取胜，展现出宋代文人的内心独白。

在宋代，中国哲学与中国美学达到了发展的高峰阶段，宋代官窑瓷器的美学建立于哲学之上，瓷器与

理学发展一脉相承，最终达到器道合一的美学境界。

三、宋代各地域特色窑厂

宋代官窑的辉煌大放异彩，所取得的成就也是有目共睹，与官窑不同，广大底层的民众不仅注重瓷器的实用性功能，更倾向于以瓷器表达自己的个人喜好与愿景，在此基础上形成了诸如磁州窑白地黑彩、吉州窑剪纸贴花、建窑黑釉窑变等多种风格的宋代民窑。宋代民窑的窑系主要有北方的耀州窑系、定窑系、钧窑系、磁州窑系，南方的越窑系、景德镇青白瓷窑系、龙泉窑系以及建窑系等八大窑系。宋代中国八大窑系的主流窑口，除我们上述提到的定窑、钧窑、越窑等，另外五个窑口分别为耀州窑、磁州窑、景德镇窑、龙泉窑以及建窑。

（一）耀州窑

耀州窑分布于现在的陕西省铜川市等地，因铜川在宋代时期属于耀州，因此得名“耀州窑”。耀州窑创烧于唐代时期，经五代十国时期发展，最终在宋代发展至巅峰，宋代耀州窑瓷器的烧制水平以及工艺已经达到炉火纯青的地步，形成“十里窑厂”规模空前的盛况。北宋耀州窑的青瓷烧制也被誉为“宋代青瓷刻花之冠”，《宋耀州太守阎公奏封德应侯之碑》记载：“居人以陶器为利，赖之谋生。巧如范金，精比琢玉。始合土为坯，转轮就制，方圆大小，皆中规矩。”[1]耀州窑成为当时中国北方青瓷烧制的重要代表，影响巨大，形成以耀州窑为中心，窑址遍布南北的庞大的

[1] 薛东星：《耀州窑史话》，紫禁城出版社，1992，第15页。

耀州窑青瓷体系。遗憾的是耀州窑自宋代以后逐渐衰败，后止于明代。

1. 宋代耀州窑得以发展的条件因素

首先在自然因素上，宋代耀州窑窑址所在的铜川地区坩子土、高岭土、石灰石、矸子土资源丰富，降水量大，土壤细腻，因此制瓷所用的瓷土能够就地取材。矸子土又被称为“大黏土”，用其烧制出的瓷器胎质细腻。根据《同官县志》记载：“制瓷陶土为石炭二叠纪之一种鸽青色及红黄色页岩，由岩内掘出风化后始用之。外涂之釉药为奥陶纪石灰岩中夹之页岩煤系中另一种页岩，产于富平之明月山，耐火土及药碱则产窑场之附近。”[1]加之陕西铜川地区丰富的煤炭资源，为瓷器烧制创造了必要的燃料储备，这些都为耀州窑的发展提供了有力的自然资源。

[1] 王家广：《考古杂记》，紫禁城出版社，1988，第114页。

另外铜川地区位于陕西中部、黄河中游地区，是通往人文初祖黄帝陵的必经之路，且先后有多个王朝在此建都，是我国文化的重要发祥地之一，具有悠久的历史文化。经济文化发展以及民族文化融合使得铜川地区在瓷器需求生活化的基础之上，造型以及装饰呈现出丰富多彩的变化，表现出北方民族率真质朴又奔放热烈的风格特征。

2. 宋代耀州窑瓷器的艺术特点

宋代耀州窑瓷器发展在继承唐以及五代时期青瓷烧制的基础之上取得了重要进展，这时期耀州窑瓷器不仅器物种类日益丰富，其装饰技法更是丰富多彩，标志着当时耀州窑瓷器生产发展水平的提高和进步。

●北宋时期 耀州窑青瓷印花菊花纹碗

●宋时期 耀州窑系青瓷划花盘

（1）宋代耀州窑瓷器的造型艺术特点

宋代耀州窑瓷器以日常使用为主，另有部分艺术瓷类，种类齐全，造型秀丽，精美多姿。器型主要有碗、盆、杯、盂、碟、洗、罐、盒、花插、瓷枕、羯鼓[1]等。宋代耀州窑民用瓷器造型以人们的日常生活为基础，满足人们的日常生活需求，并以碗、盘、碟等器型为主。

（2）宋代耀州窑瓷器的釉色特点

宋代耀州窑瓷器瓷釉色泽温润饱满，釉色晶莹剔透，显示出窑工们高超娴熟的制瓷水平，所烧制出的瓷器颜色与越窑青瓷比较接近，但与越窑青瓷最大的

[1] 羯鼓又被称为“两杖鼓”，宋代仪仗队称之为“揭鼓”，中国古代的一种打击类乐器。源于天竺，也有人说来源于羯族，于魏晋南北朝时期传入内地，《羯鼓录》中记载：“如漆桶，山桑木为之，下以小牙床承之。击用两杖……”，声音穿透力极强。

不同便是其精致的印花纹饰与雕刻装饰。

（3）宋代耀州窑瓷器的装饰艺术

宋代耀州窑瓷器在装饰手法上融合了刻花与剔花工艺，创造出别具一格的刻花新工艺技术，雕刻图案清晰、层次分明，有“半刀泥”之称。耀州窑瓷器最具代表性的是印花青瓷，宋代耀州窑采用模具印花技术，开始批量进行翻印制瓷。印花青瓷的主要制作方法为把制作好的瓷坯坯件晾至半干后倒扣在模具上轻轻拍打出花纹，模具也叫作“范”，兼具印花和成型功能。印花工艺的应用与发展一方面提高了宋代瓷器生产数量，另一方面也满足了宋代社会各阶层对于瓷器的不同需求。

装饰纹样的多样化至宋代时期表现日益突出，根据已有考古资料与文献记载，仅在我国北宋时期耀州窑的瓷器装饰纹样就已达到二百多种，在宋代耀州窑瓷器的装饰纹样中，涉及人物纹饰、植物纹饰以及动物纹饰，题材丰富多样。

人物纹饰在表现上以宋代最为流行的婴戏纹为代表，婴戏纹以儿童为描绘对象，源于中国古代生产力低下环境中人们为对抗战争、疾病等祈求多子多孙、子嗣繁盛的愿望，又被称为“娃娃瓷”。宋代耀州窑婴戏纹常与植物纹饰组合，例如婴戏牡丹花纹、三婴戏牡丹纹、四婴戏莲花纹、印花双婴攀枝纹、印花婴戏莲纹等，从生活用瓷中反映出人们对子嗣繁盛的美好愿望。

植物纹饰造型以牡丹、莲花以及菊花最为多见，主要有缠枝牡丹纹、印花莲纹、印花缠枝菊纹等，此外还有竹纹、梅花纹等装饰图案。

动物纹饰丰富多样，有专为统治者所用的龙纹、凤纹，也有为当地百姓所用的吉祥如意、繁荣富贵的鱼纹，且鱼纹图案在耀州窑青瓷中是最具特色的纹样之一，此外还有鹤纹、鹿纹、蝶纹等。纹饰装饰深深植根于现实生活，中国人讲究“有图必有意，有意必吉祥”，因此印花装饰均饱含吉祥寓意，反映出人们对于美好生活的希冀和愿望。宋代耀州窑的刻花风格也体现了北方民族的豪放、率真、不羁与质朴，具有生动的文化内涵。

（4）宋代耀州窑瓷器的烧制工艺

宋代耀州窑窑炉多为半倒焰式窑，一般包含烧成室、燃烧室、烟道和窑门四部分。由于宋代耀州窑主要烧制青瓷，需要用到还原气氛，而还原气氛需要对窑内气氛有更高的控制，因此窑炉采用了竖长方形的窑床布局，在燃烧室中增设通风道，更有利于调节炉内的温度。另外由于耀州窑主要燃料为煤炭，因此在窑炉结构上也将纵长方形改为横长方形，使煤炭燃烧更为充分，窑内温度分布更加均匀。

宋代耀州窑瓷器在烧制的工艺上有很大进步，这也为耀州窑瓷器在宋代的繁荣提供了强有力的支持。

（二）磁州窑

磁州窑是北宋、金代中国华北一带的民窑的总称，是中国北方地区规模以及影响最大的民窑体系，是中国古代民窑的重要代表。磁州窑位于今河北省磁县的峰峰矿区，即古磁州地区，磁州窑便因此得名。

磁州窑始于晚唐、五代时期，在北宋发展至鼎盛，后历经南宋、辽、金、元、明、清，虽未再有鼎盛时期之盛况，然磁州窑继续延续瓷器烧制，烧造历史悠久，生命力极强。磁州窑的产品大多供庶民阶层使用，其风格以及装饰特点也以民间艺术的质朴与豪放为主，釉色装饰上，以黑白对比强烈的装饰形成明快、质朴、自由、洒脱的特点，深受民众喜爱，从而形成与宋代“五大名窑”相比肩的局面，成为中国瓷器史上具有不可替代地位的“磁州窑系”。

●宋、金时期　磁州窑黑釉棱线罐

1. 宋代磁州窑得以发展的条件因素

宋代磁州窑在其烧制技术以及装饰上都取得了重要发展，宋代磁州窑装饰题材广泛多样，具有丰富的寓意，把中国瓷器生产烧制的艺术性发展到一个新的阶段。宋代磁州窑发展之所以取得如此显著的成就，离不开一定的自然因素以及人文因素。

（1）自然因素

磁州窑所处的河北省邯郸市磁县附近矿产资源

丰富，地下分布有大量的可用以制瓷的黏土资源，磁州窑所需瓷土主要为本地的青土，青土也属黏性土壤，隶属于瓷土矿。青土在古磁州地区分布极广，且容易开采。青土不如宋代定窑、邢窑的瓷土精白细腻，因此宋代磁州窑的制瓷工匠们为适应市场需求，在已经制好的瓷器胎坯之上沿用前代的化妆土装饰技法，在胎坯上施以白色化妆土，并以含铁原料绘出纹样，烧制出黑白对比鲜明的磁州窑产品。[1]黑白釉色的相间描绘生动自然，为民间百姓所喜爱，更以黑与白的永恒色调成为中国瓷器装饰的先声，使得磁州窑成为一代名窑。

[1] 日本古陶瓷专家、资深磁州窑研究者长谷部乐尔先生认为磁州窑瓷器是“将含铁成分的灰色胎体挂上白化妆土，再施透明釉烧成的陶瓷制品”。

另外古磁州地区还含有大量的制作颜料的高铁矿石即斑花石，斑花石开采后经细致研磨可作为颜料绘制于瓷器瓷坯之上，被称作“铁绣花”。古磁州地区还有丰富的制作化妆土的原料，因此古代磁州地区不仅盛产瓷器，亦盛产瓷器制作的燃料、原料以及装饰颜料等。

（2）人文因素

宋代“兴文抑武”的文化政策，拓宽了宋代文化生活的空间与发展边际。宋代书画发展迅速，书法中的“尚意”观念也为瓷器发展提供了重要的文化基础，造就了宋代磁州窑书法绘画装饰发展的条件。一方面扩大了磁州窑瓷器需求群体中对书法绘画装饰欣赏、接受的市场；另一方面有了书法绘画装饰的市场需求，进而涌现出擅长书法绘画装饰的民间制瓷艺人。两个方面互为条件，相互影响。加之宋代磁州窑烧制工艺的成熟，提高了瓷器烧制的成瓷率，使得磁州窑的匠

人们能够更加自如地运用绘画技艺，在描绘对象中加入对艺术以及生活的理解，大胆创新。磁州窑的装饰风格集造型、绘画、书法、纹饰等为一体，形成极具文人气质又充满生活化的独特的艺术风格。

2. 宋代磁州窑瓷器的艺术特点

宋代磁州窑瓷器装饰艺术继承了前代装饰图案以及技巧，装饰技法汲取宋代书画艺术发展的新成就，风格独特，形成鲜明的宋代民窑特点。

（1）宋代磁州窑瓷器的造型艺术特点

磁州窑民间窑的性质使得它在瓷器生产上不受官窑的诸多限制，更多集中在市场需求以及民间审美上，因此瓷器造型简约质朴。器物造型大多源于民间百姓生活所需，有盘、碗、壶、钵、碟、瓶、坛、罐、缸、水注、瓷枕[1]、香炉、玩具等器型种类，品种丰富，产量极高，其中生活类器具上以瓷枕最为知名。

磁州窑瓷器在造型上集时代特征与自身特性于一体，一方面体现在磁州窑瓷器为适应粗瓷细作需要而大量使用化妆土装饰技法；另一方面磁州窑瓷器胎体厚重粗糙，其造型主要植根于劳动人民的生活实用性要求以及民间审美趋向，表现出粗犷、浑厚、质朴而又生动纯真的艺术特色。

（2）宋代磁州窑瓷器的釉色特点

宋代磁州窑产品釉色丰富，有白釉、黑釉、棕黄釉、酱釉、孔雀蓝釉以及低温彩釉等，其中以白釉最为出名。白釉瓷器中的白地绘黑，风格浑厚豪放，在色釉基础之上，宋代磁州窑又烧制出世界上最早的釉上彩绘，即宋代“红绿彩”。“红绿彩”瓷器的烧制

[1] 瓷枕于隋代开始出现，在唐代中期才较为多见。瓷枕有生活用枕以及医用枕等。

方法主要是在已经烧制好的白瓷表面加彩，然后再进行二次烧烤成色，宋代磁州窑在釉色上的创新也确立了其在世界瓷器史上的重要价值及意义。

（3）宋代磁州窑瓷器的装饰艺术

宋代磁州窑的装饰工艺主要包含三大类：一是以釉料为主的色釉瓷器装饰工艺；二是以毛笔为主要工具的书画瓷器装饰工艺；三是借助各类工具的刻划瓷器艺术装饰工艺。下面以以上三类进行简要叙述。

首先，宋代磁州窑在以釉料为主的色釉瓷器装饰工艺发展上，宋代磁州窑的窑工们借助于化妆土技法，烧制出化妆白瓷作品，并且在瓷器装饰技法上创造了黑地铁锈花、黑地刻划花、白地铁锈花、白地刻划花、白釉褐彩、翡翠釉、天目釉等三十多个品种的装饰技法，在宋代窑口中独树一帜。

其次，宋代磁州窑在以毛笔为主要工具的书画瓷器装饰工艺发展上，磁州窑在绘画技术的基础之上，吸收宋代书画艺术成就，磁州窑的窑工们利用毛笔，以灵活生动的书画图案进行装饰。例如仅在宋代磁州窑瓷器书法装饰上就有表达人们对美好生活愿望追求的“福”“寿”等单字类、“王家造”“李家造”等姓氏类、直接书写瓷器产品用途的功能类、以诗文为主的多字类以及书画结合类等形式。绘画图案上包括民间风俗画、驱邪避灾的、祈福延寿的、品质高洁的，以及以梅花鹿等表现“一路连科”官运高升等内容，其中尤以婴戏纹最具代表性。宋代磁州窑彩绘婴戏纹，寥寥数笔便能勾勒出孩童戏耍玩乐的场景，当然这些图案也与磁州窑作为民窑，植根于普通百姓的日常生

活有着密切的联系。随意中又不失章法，潇洒中又见端庄，既具有苏轼、米芾等一代大家的洒脱，又蕴含了民间艺术中质朴的生命力，展示出宋代磁州窑书画装饰的内在的艺术美，自成一体。

最后，宋代磁州窑在借助各类工具的刻划瓷器艺术装饰工艺发展上，以刻花、划花、印花以及剔花等为主。这类工艺主要运用于白釉、黑褐釉等，其中以白釉刻划为主的瓷器装饰在磁州窑中最具代表性。这一工艺主要在瓷器坯胎定型后进行刻划，剔划出图案轮廓外的化妆土，从而使瓷器坯胎与化妆土之间产生对比效果，使之主题更加明朗。宋代磁州窑在借助各类工具的刻划瓷器艺术装饰手法上，巧妙地运用材料、肌理以及对比手法，使得装饰层次感更加丰富，给人以更强烈的视觉感受。

（4）宋代磁州窑瓷器的烧制工艺

宋代磁州窑窑厂的原料区、烧造区、作坊区以及仓储区布局规律。北方地区的窑炉总体上以馒头窑为主，窑炉由直焰式演变成半倒焰以及半平焰的混合形窑炉，在一定程度上极大地提高了成瓷率，对于宋代磁州窑的工艺发展提供了重要保障。

（三）景德镇窑

景德镇是我国著名的制瓷中心，在世界上享有极高的声誉。景德镇瓷器创烧于五代时期，发展到宋代，社会的稳定、贸易的发展促使其进入快速发展时期。景德镇在宋代已调和出温润如玉的青白瓷[1]，根据已有考古发掘，目前已在全国十多个省出土了宋代的青

[1] 宋代时期景德镇主要烧制的青白瓷，青白瓷的釉色介于青、白之间，白中泛青，青中显白，因此得名。晚清以后，青白瓷又称“隐青”，晚清至民国时期文献中的“隐青”“映青”“印青”指的都是青白瓷。

白瓷，昌南镇从宋代生产青白瓷以后便名声大振，宋真宗将青白瓷列为贡品，并以年号“景德”（1004—1007）对此地进行命名，故称“景德镇”。我国宋代名窑层出不穷，所烧制瓷器风格各异，景德镇以其独有的青白瓷，跻身于宋代名窑之列，以素朴、平淡的美学思想成为宋代景德镇制瓷业快速发展的典范。下面以景德镇青白瓷为主，对宋代景德镇瓷器发展进行论述与探究。

1. 宋代景德镇青白瓷发展的条件因素

宋代景德镇青白瓷以温和优雅的青色为特点，是“南青北白”瓷器的色彩调和。繁昌窑在我国五代时期已开始生产青白瓷，而景德镇一直到宋初才开始青白瓷的烧制，为什么景德镇能够在宋代得以发展且跻身宋代名窑之列，离不开一定的条件因素。

从自然因素分析，宋代昌南镇地区瓷石品质优良且储量丰富，交通便捷、水运通畅，燃料储备充分，这在一定程度上为宋代景德镇青白瓷的烧制提供了重要的物质基础。

从社会环境分析，宋代社会安定，经济繁荣，经济的发展推动了社会文化的进步与提高，文化艺术活跃。宋代景德镇所烧制的青白瓷色泽如玉，符合我国传统文化中“以德比玉”的思想观念和审美情趣，再加上前面我们论述到宋代理学兴盛，其“存天理、灭人欲”的思想核心与景德镇青白瓷素雅内敛、淡定含蓄的审美风格不谋而合。景德镇青白瓷作为承载宋代文化艺术典范的代表作之一受到社会认同与推崇。

●南宋时期 景德镇窑系青白瓷划花芙蓉葵花式碗

●宋时期 景德镇窑系青白瓷弦纹三足炉

●南宋时期 景德镇窑系青白瓷印花博古花卉纹碗

2. 宋代景德镇青白瓷的艺术特点

北宋初期开始烧制青白瓷，其色偏黄，釉质较差。宋代景德镇青白瓷发展迅速，根据文献记载，景德镇青白瓷于宋代淳化年间（990—994）已进入宫廷备用。至北宋中晚期，景德镇青白瓷由于晶莹如玉的釉质，白中闪青的光泽感，极强的透光性，青玉般的质感，以及温雅含蓄的艺术风格深受当时人们的喜爱。

（1）宋代景德镇青白瓷的造型艺术特点

宋代景德镇青白瓷在造型上主要有碗、盘、碟、水盂、炉、瓶、枕、观音像、香薰、盒、壶、罐、钵、洗、玩具等种类，造型多样。[1] 早期青白瓷多以素面呈现，后来逐渐加入刻花、划花、纹饰等。至青白瓷发展高峰时期，造型以及装饰上带有部分定窑瓷器特点，故景德镇窑有“南定”之称谓。

（2）宋代景德镇青白瓷的釉色特点

景德镇青白瓷釉色略青，釉层透明度较好，加之高温烧制过程中釉的流动与沉积而呈现出色泽的深浅变化，莹润的釉质与薄透的胎体完美融合，显现出刻印花纹的立体感与层次空间感。其质感不仅让人感受到如玉一般的静穆，更体现出一种由内而外的温润。如玉般的釉层与透薄细腻的胎体完美结合，使得景德镇青白瓷素有“冰肌玉骨”的美誉，南宋蒋祈的《陶记》更是评价其有“饶玉”之称。

（3）宋代景德镇青白瓷的装饰艺术

宋代景德镇青白瓷在瓷器装饰上以刻花、印花等为主，其刻花装饰手法以“半刀泥”刻花为主，刀法直率且刚劲，线条流畅，清新质朴，反映出景德镇工

❶ 宋代景德镇的青白瓷器物主要用于日常生活，如饮食器具、盥洗器具、容器、寝具等。如李清照《醉花阴》中有一句“玉枕纱厨，半夜凉初透”，其中的“玉枕”指的就是青白瓷制成的枕头。

匠所制纹饰与器型搭配得相得益彰。另外，景德镇瓷器装饰图案丰富多样，主要包括植物纹饰、动物纹饰以及人物纹饰。植物纹饰广泛多样，常以牡丹纹、菊花纹、莲花纹、梅花纹等为主；动物纹饰以鱼纹、凤鸟纹、鸳鸯纹为主；人物纹饰多以婴戏纹为代表，整体纹饰表现出鲜明的时代特征。至南宋时期印花装饰日渐繁缛，略显呆板，但与景德镇青白瓷本身的融合亦使得整体上呈现出一种“虚实相生”的审美意趣。

（4）宋代景德镇青白瓷的烧制工艺

景德镇在我国两宋时期均采用龙窑，至元代以后才有所变化，基本结构主要由火膛、窑室、排烟孔组成。根据南宋蒋祈的《陶记》记载：“窑之长短，率有棍数，官籍丈尺，以第其税，而火堂、火栈、火尾、火眼之属，则不入于籍。”[1]可见对于瓷窑的大小官府有其规定，并按照大小收税。通过两宋时期景德镇各窑炉的发掘情况来看，窑炉的宽度均没有超过三米，可见为减少缴税，两宋时期对窑炉的长宽进行了控制。北宋中期开始，景德镇窑开始以覆烧工艺提高窑炉产瓷量。

窑具方面，从北宋时期开始，景德镇窑开始使用匣钵装烧法，瓷器生产的质量得到很大程度的提高。到了北宋中晚期，景德镇青白瓷进入鼎盛发展时期，市场需求的增加使得景德镇窑开始使用垫钵装烧技法。从南宋时期开始，为减少瓷器生产的税收负担，提高瓷器生产产量，在烧制方法上开始使用支圈覆烧法，这个时期瓷器口沿无釉等产品缺陷也较为突出。

[1] 池宗宪：《茶杯》，生活·读书·新知三联书店，2019，第93页。

3. 宋代景德镇青白瓷的历史分期

景德镇以青白瓷而始兴，并且因此得名，宋代景德镇是在五代的基础之上得以发展演变的，根据已有考古发现以及文献记载，景德镇青白瓷在宋代各个时期的用料、烧制工艺以及风格都有不同。整个宋代时期景德镇青白瓷所用的原料以及釉料大致相同，均为单一瓷石成瓷，以传统釉果、釉灰配釉，因此整体呈色一致。但据专家考证，北宋与南宋时期因所用瓷石的地层所处不同，使得北宋、南宋时期青白瓷风格不尽相同。本书以北宋初期、北宋中晚期和南宋时期来论述其发展的差异。

（1）北宋初期景德镇青白瓷的发展

北宋初期的景德镇青白瓷属于草创时期，因而具有草创期胎质粗糙、青白釉色不纯正、釉层稀薄且施釉不及底部等鲜明特征。相较于五代时期而言，北宋初期的景德镇青白瓷器物类型更为丰富，器物造型上处于由五代向宋秀丽端庄的过渡时期。

（2）北宋中晚期景德镇青白瓷的发展

至北宋中晚期，景德镇青白瓷得到进一步发展，胎质精细，胎壁薄而透光，釉色莹润如玉，造型表现上日趋秀美精致，装饰技巧丰富，有刻花、印花、划花等多种形式。纹饰题材以植物纹为主，主要有莲花、菊花以及牡丹等造型，技巧娴熟，烧制工艺精致。在瓷器成型工艺上，以手工拉坯再以旋坯法成型，这样使得瓷器胎壁更为规整轻薄。装烧方面以仰烧为主，已有垫钵覆烧方法。器物种类丰富，釉色以青白釉以及青白褐色釉最为常见。由此可见，北宋景德镇青白

瓷的发展经历了一个由草创发展至成熟的阶段，使得典型的青白瓷样式得以确立。

（3）南宋时期景德镇青白瓷的发展

南宋时期景德镇青白瓷发展同样历经南宋早期与中晚期两个阶段。南宋早期景德镇青白瓷处于具有北宋中晚期审美特征的繁盛期；至南宋中晚期，景德镇青白瓷产量日趋增大，而其制作和生产水平处于下坡趋势，当然这个时期也不乏工艺与艺术水平较高的青白瓷制品，只是景德镇青白瓷整体质量已大不如前，包金镶银芒口瓷以及支圈覆烧工艺烧制成为南宋时期景德镇青白瓷的主要特征。

（四）龙泉窑

龙泉窑属于南方的青瓷体系，青瓷的发源地在浙江，也就是古越地区，龙泉窑主要产区位于浙江省龙泉市，因此得名“龙泉窑”。在这个地区，青瓷一直沿用至今。中国陶瓷专家陈万里曾说过“一部中国陶瓷史，半部在浙江；一部浙江陶瓷史，半部在龙泉”[1]，可见其在中国瓷器史上的重要地位。追溯龙泉窑的历史，自三国两晋时期便已开始，是宋代在越窑基础之上发展起来的一个青瓷窑，也是当时中国南北瓷器融合的一个典范。

[1] 郑嘉励：《考古四记：田野中的历史人生》，四川人民出版社，2017，第182页。

隋唐以后，我国青瓷的中心转移至龙泉地区，后经历浙江地区青瓷逐渐发展与不断演变，龙泉窑在广泛吸收其他窑口特点的基础之上，不断创造革新与改进，最终成功烧制出粉青以及梅子青瓷器，这使得龙泉窑形成了自己独特的审美风格并且所烧瓷器远销海

外。中国古代青瓷从这个时期开始正式步入龙泉青瓷时代，发展盛况持续至我国明代，推动了中国制瓷工艺的发展以及传播。

1. 宋代龙泉窑发展的条件因素

（1）宋代龙泉窑发展的自然因素

前面我们讲到，龙泉窑位于浙江省龙泉市，这里自然资源丰厚，有大量的制瓷所需原料，并且当地亦盛产烧制瓷器所需的松柴资源，另外该地区水运发达，溪流众多，便于瓷器的运输以及加工，这些都为龙泉窑的发展提供了得天独厚的自然资源。

（2）宋代龙泉窑发展的人文因素

龙泉窑属南方青瓷系统，宋朝时期，龙泉属于处州管辖，处州东邻温州，北接婺州，而婺州的北边是越州。因此到我国宋代初期，以龙泉为中心的龙泉诸窑厂仍带有浓重的越窑、婺州窑等特点，这既是优势也是劣势。至我国北宋中晚期，越窑逐渐衰败，龙泉窑在继承其窑口基础之上不断创新发展，将劣势转化为优势。至南宋时期，宋王朝南渡至临安（即现在的浙江杭州），瓷器的市场需求急剧增加，南宋王朝为发展经济也大力提倡通商贸易，龙泉窑青瓷的大量外销使得其呈现出繁荣发展的局面。后经龙泉窑青瓷匠人的不断创新以及瓷器内销、外销的外部环境等推动，宋代龙泉窑在青瓷制作工艺以及造型、釉色等各个方面都达到了一个新高度，代表了龙泉窑制瓷的最高艺术水准。

2. 宋代龙泉窑瓷器的艺术特点

宋代龙泉窑虽然名列宋代“五大名窑”之外，但

其烧制工艺与影响力却丝毫不逊色于宋代其他窑口。尤其是在南宋时期，龙泉窑瓷器以其绝美的釉质和高超的烧制工艺表明了其在中国瓷器发展史上的重要地位。

（1）宋代龙泉窑瓷器的造型艺术特点

北宋早期，龙泉窑青瓷生产受到越窑、婺州窑等影响，因此在造型艺术方面有很多相似之处。该时期龙泉窑生产的器物种类主要包括碗、盘、壶、罐、钵、瓶等，多为灰白色胎骨，胎体较厚，器型造型规整。至北宋中晚期，由于龙泉窑烧制工艺等的提高，逐渐形成了自己的风格，器物种类有所增加，在北宋早期的基础之上增加了炉、盘口壶、梅瓶[1]等类型，器物种类更加丰富多样化。

南宋时期龙泉窑市场需求量大，龙泉窑青瓷得到大力发展，由于这时期上层统治阶级对龙泉窑瓷器的需求也日益增大，因此南宋时期的龙泉窑产生了大量造型精美的器物类型。例如碗的造型出现了束口碗、莲瓣碗、莲花碗等；瓶的造型出现了龙、凤耳、鱼耳、虎、鹅、弦纹等新的图案；炉的烧制出现了新的青铜器造型的鬲式炉以及八卦炉等。这个时期的龙泉窑瓷器大多为薄胎厚釉，主要有白胎厚釉以及黑胎厚釉两种，“贡窑”的身份使得这时期龙泉窑在造型上大多模仿青铜器、玉器等，造型端庄、古雅秀丽。

[1] 北宋创烧的一种瓷瓶。因其瓶口小仅能容梅枝而得名，亦称“经瓶”。梅瓶可用于盛酒、插花以及观赏陈设等，还可作辟邪消灾用。

南宋时期　龙泉窑青瓷梅花式盏

●南宋时期　龙泉窑青瓷盏

（2）宋代龙泉窑瓷器的釉色特点

北宋早期龙泉窑瓷器釉色淡青，釉层比较薄，具有明显的早期风格。到了北宋中晚期，龙泉窑瓷器釉色逐渐变为青中带黄，且釉色更加莹润均匀有光泽，在釉质以及施釉技术上有明显的进步。总体而言，北宋龙泉窑是石灰质青釉，釉层相对较薄，且透明度高。

南宋时期，龙泉窑在宋代石灰釉的基础之上加入了碱，制成石灰碱釉，实现了中国瓷器史上的一次伟大飞跃。由于石灰碱釉是以氧化钙为主要助溶剂的石灰釉，在高温状态之下黏度高，流动较慢，可以上很厚的釉，因此会使器物看上去更加晶莹润泽，有如玉一般的质感和美感。加之这个时期制瓷匠人烧制技艺的提升，使得南宋时期龙泉窑成功烧制出粉青、梅子青等独特釉色，南宋龙泉窑呈现出别具一格的美学韵味。至南宋末期，龙泉窑釉色更加纯净单一，呈现出纯粹端庄的美感。

●南宋时期　龙泉窑青瓷折沿洗

（3）宋代龙泉窑瓷器的装饰艺术

北宋早期龙泉窑瓷器坯体采用纤细刻花以及划花等装饰，线条简洁，纹饰以牡丹、莲瓣、蕉叶等植物纹为主，其中尤以莲瓣最为常见。发展至北宋中晚期，龙泉窑瓷器仍以刻花、划花为主，但装饰花纹种类明显增多，出现了团花纹、云纹、折扇纹、缠枝牡丹纹、垂叶纹等。这个时期的盘、碗等生活类器具大多采用浅划深刻的装饰技法，内壁常见的花纹装饰有团花纹、缠枝牡丹纹等，外壁常见的花纹装饰有折扇纹等。在瓷器的装饰艺术上，龙泉窑瓷器的装饰花纹与器物造型、釉色表现等相得益彰，集瓷器装饰之长于一体。北宋龙泉窑瓷器由于釉层薄，因此装饰上采用“半刀泥”技法，刻划线条流畅，纹饰清晰。

到了南宋时期，由于石灰釉变成了石灰碱釉[1]，釉层较厚，透明度不像北宋那般高，因此刻花划花工艺在瓷胎上极难显现，“半刀泥”技法的运用也日渐减少，因此南宋时期龙泉窑瓷器的装饰则集中体现在釉色的变化上，粉青、梅子青等釉色成为南宋时期龙泉窑瓷器装饰的独有特点。到了南宋末期，龙泉窑瓷器装饰纹样更趋于简洁，使其具有独特的艺术美感。

[1] 在石灰釉中添加碱金属氧化物，即为石灰碱釉。石灰碱釉釉层较厚，不易流动，釉面细腻富有光泽。

（4）宋代龙泉窑瓷器的烧制工艺

从窑炉形态上来看，宋代龙泉窑厂一般为龙窑，支钉方面，龙泉窑支钉以陶泥做成，并且能够根据器型做出不同形态的支钉。南宋龙泉窑发展鼎盛期，烧制出具有代表性的粉青、梅子青等釉色青瓷，其色泽与烧制气氛、温度关系紧密，需以还原气氛烧制而成，而梅子青瓷器更需要较强的还原气氛与更高的烧

制温度。[1]

（五）建窑

建窑作为两宋时期我国南方的名窑，在整个宋代瓷器发展中以烧制黑釉瓷器而闻名遐迩。建窑的窑址在现在的福建省南平市建阳区水吉镇，主要分布区域集中在当时建安县管辖的池中村以及后井村一带。建窑创烧于唐代，又被称为“乌泥窑”，当时以烧制青瓷为主。北宋末期以及南宋时期达到其发展巅峰，尤其是在南宋时期，建窑黑釉器烧制快速发展。黑釉又被称作“天目釉”。伴随着当时茶文化的兴起以及社会经济的繁荣，建窑黑釉器备受青睐，开始在当时社会生活中扮演重要角色，建窑至元代时期逐渐衰落，具有悠久的历史。

1. 宋代建窑得以发展的条件因素

至宋代时期，黑釉瓷器开始走向全面鼎盛时期，当时全国三分之一的窑厂均有烧制黑釉器，其中包括北方河北的定窑和磁州窑、陕西的耀州窑，以及南方江西的吉州窑等。建窑在宋代如此兴盛，当然离不开一定的自然条件以及社会因素。

（1）宋代建窑得以发展的自然条件

建窑所处的古建安县一带，自然资源丰厚，制造黑釉瓷所需的瓷土资源产量丰富；建窑临建溪，水陆发达、交通便利，建窑生产的瓷器能够得到便捷运输，这些都为建窑的发展提供了有利的自然条件。

（2）宋代茶文化的兴起

唐代是中国茶文化的形成期，宋代则是茶文化进

[1] 龙泉窑瓷器的烧制温度一般需要1180～1230℃，而烧制梅子青瓷器需要1250～1280℃。

一步发展并且达到鼎盛的阶段。中国社会发展至宋代，饮茶，以及斗茶等风气盛行，上至达官贵族，下至平民百姓，无不以斗茶为“乐事”。所谓“斗茶”，是指宋代流行的一种比赛茶优劣的品茶方式，宋代茶叶多制成茶饼，饮用时碾碎，过程、礼仪都极为讲究，斗茶在当时已经不仅仅是品评茶的高低优劣，也逐渐成为文人雅士追求淡泊心境，满足精神愉悦的一种方式。决定斗茶能否取胜的标志，其一主要看汤色，即茶水的颜色要求色泽洁白；其二看茶盏的内沿与汤花相接处是否有水痕，南宋人祝穆在其编撰的地理类著作《方舆胜览》中说到“茶色白，入黑盏，其痕易验”[1]，宋杨万里在《陈蹇叔郎中出闽漕别送新茶》中有“鹧斑碗面云萦字，兔褐瓯心雪作泓”[2]，白色的茶汤与黑色的茶具对比鲜明，也更具美感，建窑黑釉茶盏与茶汤色相得益彰，这也是宋代“五大名窑”瓷器林立，而宋人偏偏选择建窑黑釉瓷作为斗茶工具的原因。

宋人对茶情有独钟，对饮茶之器更是要求苛刻至极。而建窑的黑釉瓷器会使雪白的汤花显得更加明晰、洁白，斗茶风尚的盛行促使建窑黑釉茶盏大量生产，对黑瓷的造型以及品质也提出更高的要求。为避免黑釉瓷的单调，因此极力追求黑釉瓷器的釉色质感与肌理变化，这在一定程度上也推动了宋代建窑黑釉瓷器的发展。

（3）宋代建窑得以发展的社会环境

福建在宋代之前由于其地理位置偏僻成为文人避乱之地，加之之前水利交通以及海上贸易的初步发展，北宋后期，由于辽国以及西夏的政治威胁，宋朝

[1] 潘向黎：《茶可道：增补本》，生活·读书·新知三联书店，2017，第275页。

[2] 夏承焘：《宋词鉴赏辞典 上》，上海辞书出版社，2013，第513页。

开始将经济发展向福建地区倾斜，至南宋时期更是大力发展，因此福建的泉州港成为当时中国重要的贸易发展港口。陶瓷等手工业通过对外贸易发展迅速。再者古建安作为福建重要县城，是宋代“斗茶”最先开始的地方，当然这也与古建安地区茶文化繁荣、茶业贸易有着重要联系。建窑正是在这样的社会环境中得到极大发展，建窑黑釉瓷的历史也与这个地区茶业贸易、建安贡茶与“斗茶”风尚的发展息息相关。

宋代黑釉瓷器深受日本禅僧的喜爱，由我国浙江传至日本，因此建窑黑釉又被称作“天目釉”。

2. 宋代建窑瓷器的艺术特点

建窑瓷器造型简约，釉色多变，形成了一种极具东方文化色彩的独特的美学风格，建窑的制瓷工匠们以高超的技艺使得建窑瓷器线条流畅、简洁，釉色精光内蕴，集中体现了时代特色以及审美观念。

（1）宋代建窑瓷器的造型艺术特点

宋代建窑黑釉瓷器造型浑厚古朴，根据已有考古资料分析，由于受到宋代斗茶文化的影响，宋代建窑茶盏瓷器的基本造型为口大足小，如同“喇叭”造型，这种造型设计主要服务于当时的点茶需求。点茶是两宋时期饮茶的主流形式，北宋蔡襄曾在其茶学专著《茶录》中记载：“钞茶一钱匕，先注汤调令极匀，又添注入，环回击拂。汤上盏可四分则止，视其面色鲜白，著盏无水痕为绝佳。”[1]可见茶盏口径的增大是为了点茶过程中的“击拂”，至于造型的“足小”，则是为了使茶汤搅拌更为均匀。

另外建窑生产的黑釉瓷器口部都比较薄，底部比

[1]（唐）陆羽：《茶经译注》，上海古籍出版社，2014，第 94 页。

较厚，在接近瓷器底部之处，会有油滴状的聚合物，被称为“釉珠”。这种现象的出现源于当时烧造方法的“正烧”，烧制过程中釉料会随着温度的升高而向下流动，从而聚集在瓷器底部。

（2）宋代建窑瓷器的釉色特点

建窑瓷器的釉料配方比较特殊，由于釉料配比率的不同使得建窑瓷器在烧制过程中呈现出不同的色彩以及花纹。通过已有考古资料分析，建窑瓷器的表面釉色呈现出一种较深的绀黑色花纹，《茶录》中记载：“建安所造者绀黑，纹如兔毫，其杯微厚，熁之久热难冷，最为要用。出他处者，或薄或色紫，皆不及也。”[1]由此可见其釉色特征。但建窑瓷器本身除绀黑色之外，也有诸如灰色、橙褐色以及墨绿色等颜色变化，建窑珍品的判断标准之一便是其釉色肌理的自然天成，也折射出宋代对含蓄内敛、平淡素朴的审美追求。

建窑瓷器的魅力在于其烧制出的窑变效果已然超越了黑釉的平凡，摒弃了视觉效果上颜色的单调，与其釉色、肌理构成了黑色瓷釉变幻无穷的色斑肌理，也显现出建窑制瓷工匠们的高超技艺。

（3）宋代建窑瓷器的装饰艺术

宋代建窑黑釉瓷器质朴简洁，无人为装饰，其装饰表现主要体现在其釉面颜色以及花纹上。根据目前已知的釉面颜色以及花纹，可大致包括兔毫、曜变、鹧鸪斑、灰皮、油滴、龟纹等六类。在这六类中尤以兔毫盏最为知名，根据目前建窑瓷器的考古以及发掘，兔毫盏是建窑瓷器中考古发掘量最大、影响力最大的一类。兔毫盏主要是指在黑色釉中透露出均匀细密的

[1]（唐）陆羽：《茶经译注》，上海古籍出版社，2014，第 97 页。

筋脉，其形状好似兔子身上的毫毛一般柔长纤细，顾因此得名，其中兔毫盏又以其具体颜色差别分为金兔毫、银兔毫以及黄兔毫三类。宋徽宗曾说“盏色贵青黑，玉毫条达者为上”[1]，宋诗人苏轼也曾在其诗作《送南屏谦师》中云“道人绕出南屏山，来试点茶三昧手。忽惊午盏兔毛斑，打出春瓮鹅儿酒”[2]，均证实了兔毫盏在宋代建窑中的重要地位。

[1] 谢崇桥，李菊生：《天下收藏：瓷器》，上海科学技术出版社，2017，第 15 页。

[2] 冯先铭：《冯先铭陶瓷研究与鉴定》，紫禁城出版社，2009，第 175 页。

●宋时期　建窑黑釉兔毫盏

（4）宋代建窑瓷器的烧制工艺

宋代，建窑的窑炉以及瓷器烧制技法都得到了改良，兔毫、油滴等烧制温度要求较高，需要达到1330℃左右，并且范围极窄，这对于窑炉以及火候的要求是极高的。建窑黑釉茶盏是在依山而建的龙窑中烧制而成，龙窑作为当时最先进的窑炉，具有产量高、升温快以及容易达到烧制所需的还原气氛的优势。窑变指由于烧制时候火焰温度以及器物摆放位置差异而产生不同的效果，宋代建窑窑工们对火焰温度的精准把控以及精确的器物摆放使得宋代建窑烧制出大量精美的窑变瓷器。

建窑到了我国南宋时期逐渐发展为分式龙窑，在龙窑的基础之上使得窑炉升温更快、更易于调节以及保持火焰温度，这时期温度更高的还原焰烧制使得南宋时期建窑瓷器的底部釉色呈现出淡雅的青黑色，产品质量也得到了很大的保障，建窑瓷器也得以满足社会各阶层的需求。

第二节　具有民族特色的辽、西夏及金代瓷器

辽、西夏、金时期的制瓷业在唐、五代的基础之上继续发展，在产品种类上呈现出多样化的发展趋势，在瓷器烧制以及工艺装饰水平上也有所提高，作为北方的游牧民族，辽、西夏以及金代瓷器发展呈现出独特的时代风格和民族特色，对于研究中国瓷器发展具有重要意义。

一、辽代瓷器发展

辽代是公元 916 年到 1125 年由我国契丹族部落在北方建立的地方政权，与五代、北宋时期先后并存，和金代一样，契丹族人也是由早期的渔猎游牧为主逐渐转向以农业、畜牧业为主的定居生活。辽代时期的制瓷工匠们，主要为中原地区的战争俘虏，这些工匠们将制瓷技术带入契丹管辖的地区，极大地推动了辽代制瓷业的发展与进步。

根据已有考古资料以及出土物分析，辽代瓷器器

型大致可以分为中原型与契丹型两大类别。其中中原型的瓷器一部分是从当时北方地区流入契丹境内的，还有一部分是北宋时期工匠们流落到契丹之后在契丹当地所烧制的，总体上来说，这部分瓷器保留了中原地区文化的特点。主要器物类型有碗、壶、罐、盏等，瓷器胎质细腻致密，釉面莹润有光泽感，瓷器外壁多装饰有植物纹饰，颜色白中显黄。白瓷胎釉面大多呈现牙白色，瓷胎较厚，大多为素面，并无过多纹饰装饰。而契丹型的瓷器，是在中原制瓷工艺的基础之上融合了契丹民族性特点，注重实用性，具有鲜明的民族特点与地域特色。

辽代瓷器艺术是在中原地区制瓷业的影响之下逐渐发展起来的，受到游牧文化与中原文化的双重影响，其发展对于我们研究契丹民族陶瓷工艺发展以及生活方式有着重要的参考价值。

二、金代瓷器发展

金代是公元 1115 年到 1234 年由我国女真族部落在北方以及东北地区建立的一个封建制政权。由于中国历史上宋金并存的局面和原因，因此金代瓷器的发展在一定程度上受到宋代制瓷业的影响。金代的制瓷业主要是在占领辽、北宋之后，在其基础上逐渐发展起来的，主要有磁州窑以及定窑等。

金代的磁州窑发展很大程度上继承了宋代的磁州窑工艺，融合了汉族以及女真族的少数民族特点，在瓷器的釉色、器物造型以及装饰等方面又进行了一些创新。

●金代　磁州窑黑釉划花牡丹梅瓶

金代的定窑，其窑址仍处于北宋时期河北的曲阳县（今河北省保定市辖县）一带。根据已出土资料以及文献分析，金代定窑瓷器的器物类型中以碗、盘最为常见，器型较大，以直口、侈口类器型为主。瓷器胎质细白，釉色种类较为丰富，有白釉、灰白釉、酱釉、黑釉以及化妆土白瓷等。釉色多呈现乳白色质地，从釉色、胎质以及花纹装饰上看，与宋代并无太大差别，唯一的区别在于其烧制技法上一部分采取了“砂圈叠烧法”，即瓷胎在施釉之后入窑烧制之前，在器物底部刮一圈釉，然后将叠烧的器物底足部分置于其上，将刮去釉的部分与无釉的器物底部接触，防止粘连。“砂圈叠烧法”的运用在一定程度上提高了瓷器的产量，满足了社会生活用瓷的需求。印花题材以花卉纹最为常见，动物纹饰也较多，花卉纹饰主要有梅、萱草、莲花、牡丹、菊花等，且布局多采用折枝[1]、缠枝等方式，以对称方式布局。

[1] 中国画中的表现技法，即不画全株，只画花卉连枝折下的部分。

●金代 定窑“寿成殿”款白瓷划花螭纹折沿盘

金代钧窑瓷器在我国钧窑发展史上具有承上启下的过渡性作用，金代是钧窑瓷器的恢复和发展时期，也是钧窑辉煌之后的沉寂时期。金代钧窑瓷器在造型上多为碗、盆、罐、碟、瓶等，其鼎盛期标志性的鼎、炉、尊等器物大大减少，标志着金代钧窑向民窑回归的功能性转变。这时期大部分瓷器釉色较为浅薄，工艺略显粗糙，造型向实用性转变，充分借鉴了耀州窑、汝窑、定窑的技法，同时显现出这一时期的时代特征与民族特点。

●金代　钧窑葡萄紫碟

●金代　钧窑紫红釉碗

金代瓷器多为满足日常的生活所需，在造型上以生活中较常用的碗、碟、盘、瓶、壶、罐、洗、瓷枕、玩具等为主，且金代东北地区早期的罐、壶、瓶等器型多配以耳，便于悬挂与提拿，这一造型特点也较为符合女真族部落早期游牧民族的生活需求。

金代瓷器在装饰花纹上，更趋向于简洁与简化，以婴戏纹、鱼纹、水波纹、花卉纹为主。装饰技法上有划花、刻花、剔花、印花等，其中以刻划花较为常见。总体而言，金代瓷器在装饰纹样以及技法上沿袭辽、宋较多。

金代瓷器的发展，不管是造型、釉色、装饰还是烧制技术，一定程度上都继承了我国宋代高超的制瓷工艺及技巧，也反映出金代女真族民族文化发展的地域性特征，使得中国瓷器发展史体系研究更为完备。

三、西夏瓷器发展

西夏政权是由党项族首领李元昊于公元 11 世纪在现在的宁夏、甘肃、青海、陕西以及内蒙古部分地区建立的政权。其地理位置因处北宋之西，故称西夏。

西夏境内的金属资源相对来说比较匮乏，相应的金属冶炼以及锻造在生活器皿中造价较高，因此瓷器便成为西夏人民日常生活中的重要器皿。根据已有考古资料发掘与分析，在宁夏灵武市回民巷、磁窑堡、崇兴乡窖藏、西夏陵区遗址，以及贺兰县插旗口等处发现了大量西夏时期的瓷器以及碎片。

西夏制瓷工艺受到宋、辽影响，虽然不论在其材质还是工艺上，西夏瓷器生产远远落后于宋、辽，但

在对中原瓷器的不断学习以及仿制过程中形成了具有西夏民族特色以及地域风格的瓷器生产工艺。

西夏各窑所用的制瓷原料均就地取材，因各地自然条件的不同，因此瓷器有粗细之分，受瓷土以及烧制技术的限制，整体上来说瓷器胎体较粗，与中原瓷器瓷胎的细腻形成鲜明对比，大部分釉面呈浅黄色。西夏白釉瓷广泛使用化妆土作为原料，由于所处地区瓷土品质的限制而不能烧制出纯白色的瓷器，为了达到如中原白釉瓷那般的视觉效果，因此在制作过程中大量使用化妆土工艺，最后所烧制的白瓷被称为化妆土白瓷，西夏白瓷并不是纯白色，而是泛黄的白色釉瓷器。

西夏瓷器从釉色上来分，有青釉瓷、白釉瓷、黑釉瓷、茶叶末釉瓷以及褐釉瓷等种类。从瓷器的器物造型上来看，西夏常见的器型种类有碗、杯、盘、壶、钵、瓶、帐钩[1]、牛头埙等，与当地人的社会生活密切相关。例如西夏瓷器中的壶类器型，以扁壶最为常见，口小腹大，使得其内的酒、水、奶等不易溢出，设计合理。在壶身前后以及壶底位置均有圈足，且壶左右两侧皆有耳，可以系绳，方面携带，体现了游牧民族的生活习惯。另外西夏瓷器中常见的生活用具碗、盘、豆、杯等也大多为高足器型，因人们常席地而坐，因此这些高足器型也反映出西夏瓷器中浓郁的民族特色。

西夏瓷器纹饰题材内容丰富，主要包括植物纹、动物纹以及反映民间生活习俗的图案纹饰。西夏瓷器在釉面装饰上也会经常用到剔刻釉技法，剔釉技法即除瓷器釉面主体纹饰之外，以刻刀剔除周围部分；刻

[1] 是收拢睡帐帐帘的一种实用性器具，大多与架子床配套使用。

釉工艺即直接在瓷器本身的釉面上刻出花纹。西夏瓷器装饰中的剔刻釉工艺主要运用于褐色瓷器中，大大增强了瓷器表面纹饰的立体感和层次感，具有别具一格的艺术美感。在装饰手法上以“开光”技法较为常见，所谓开光就是在器物身上留出如扇形、菱形、圆形等空间，再在此空间内饰以花纹装饰。与宋代白釉上施以黑色花纹图案、颜色对比强烈鲜明的开光技法不同，西夏的开光技法则是通过剔刻技法，剔掉花纹以外的地方，显露出瓷胎的颜色，开光外划水波纹等，从而突出了开光内花纹的浅浮雕效果，具有一定的艺术表现性。

总之西夏瓷器的发展表现了西夏境内百姓的日常生活，其瓷器制作工艺也表现了西夏手工业发展的水平，在受到中原以及北方瓷器文化影响的基础之上，反映出西夏地区游牧民族的日常生活以及地域性特征。

第三节　元代中国瓷器的革新

12 世纪初期，宋、辽、金、西夏等几大政权互相对峙。1206 年，以铁木真为首领的蒙古族在我国北方崛起，并在广袤的塞北草原建立了统一的大蒙古国。大蒙古国建立之后，在战略上积极扩张，先后灭西夏、金、南宋等政权，建立了继汉唐以来中国历史上最强盛的封建王朝元代。

元朝自建立以来，便以广阔的疆域和庞杂的人口而著称，元代交通的发达也更有利于各个民族间的交

流。元代在我国瓷器发展史上处于承前启后的重要历史时期。宋代之后，我国的制瓷业例如定窑、钧窑、磁州窑以及南方各地的青白瓷发展等日渐衰微，虽然仍在继续生产但衰败已是定局，重心逐渐转移至景德镇，这个时期景德镇制瓷业逐渐壮大并形成“独步天下”的局势。元代青花瓷器制作技艺高超，烧制质量好，并远销东南亚、非洲以及南亚等地，穆斯林商人从伊斯兰地区把制瓷所需原料钴蓝色料运到景德镇，将青花瓷推上世界青花瓷器的巅峰，并为后世青花瓷器的发展奠定了重要的基础。

元代瓷器在我国瓷器史上具有重要的历史地位，也可以说是中国瓷器发展史的转折点，其独特的草原民族风格使得中国瓷器在器型上有了更多的创新。

一、元代瓷器发展的背景与景德镇制瓷业的兴起与发展

宋代是我国瓷器发展史上的第一个高峰时期，而元代瓷器的发展正是在宋代瓷器发展的基础之上。中国历代的瓷器都具有不同的风格，而不同的风格也体现了不同的社会以及文化发展背景。当然元代景德镇制瓷业的兴起也绝非偶然，一方面它源于对前代瓷器的发展继承，另一方面也源于自身的创新。元代瓷器不论是继承还是创新，均反映了元代大时代背景下瓷器艺术的浑厚古拙、挺拔雄伟。

（一）元代瓷器发展的背景

以元青花以及釉里红等为代表的元代瓷器以其

浓墨重彩般的登场与宋代瓷器的淡雅疏散形成了鲜明的对比，它也并非违背了中国瓷器发展的规律，元代瓷器的产生源于元代独特的民族文化以及社会背景。

1. 元代经济社会的发展

元代是我国历史上比较少见的重视工商业发展的时期，元代统治者于至元十五年（1278）便在景德镇设立了浮梁瓷局，浮梁瓷局是当时专门为皇室服务的瓷器管理机构，且专门“为宫廷、官府督造瓷器事宜”，《元史》中记载：“浮梁瓷局，秩正九品。至元十五年立。掌烧造磁器，并漆造马尾棕藤笠帽等事。大使、副使各一员。”[1] 另外在同一年，元政府又设立了与浮梁瓷局性质相似且同属于将作院的画局，其中有大量的顶尖宫廷画师专门负责瓷器的造型以及纹饰设计。浮梁瓷局与画局的设立在一定程度上给予景德镇大力支持，这个情况在当时中国其他瓷器产地中是较为少见的。

2. 多民族与文化的交融

元代是中国历史上第一个由少数民族统治整个中国的时代，在元代的不断发展过程中，中国内部的各民族以及与世界上其他国家与地区的交流也日益频繁，这些也为元代瓷器中独特的民族风格以及异域特色奠定了基础。同时元代瓷器的风格特点，也体现了中原文化与蒙古族游牧民族特性、生活习惯、宗教信仰等以及其他国家与地域文化的完美结合，展现出元代瓷器民族性与异域性特征。

元代时期外交以及商业贸易活动相比于前代而言更加频繁，元政府为了发展经济，大力提倡对外贸

[1] 王光尧：《明代宫廷陶瓷史》，紫禁城出版社，2010，第 71 页。

易，陆路贸易主要是古代的丝绸之路，到达中亚地区、西亚地区以及黑海地区等；海路贸易运输在昌盛时期有宁波、泉州、杭州、广州、上海、澉浦、温州等七个地区作为对外贸易港口。

元代国外贸易活动所至之处发现的元代瓷器与中国境内的瓷器风格有所不同。以元青花瓷器为例，从器型上来说，东南亚地区所发现的元青花瓷器大多制作精美，是较典型的至正型青花瓷器，与中国境内的青花瓷风格相比，它的装饰图案具有独特的异域风格特征；而销往西亚地区的元青花瓷器，其纹饰以及花纹带有明显的伊斯兰文化特色。这充分说明了在瓷器外销的背景下，元代的制瓷匠人们有意迎合了其他文化的审美风尚，贸易的飞速发展为瓷器的外销提供了重要的保障和基础。另外元代贸易活动范围的不断扩大以及贸易路线的进一步拓展也为元代瓷器的外销拓宽了渠道，又反过来在一定程度上刺激了元代瓷器的发展。

（二）景德镇制瓷业的兴起与发展

景德镇于东晋时期开始建镇，在我国宋代以前被称为新平镇、昌南镇。景德镇制瓷业始于我国汉代时期，至今为止历经千年而不衰，其自然环境优越，景德镇附近的高岭土、瓷石、耐火材料等储备充实且品质较好。另外景德镇处于古昌州中部地带，水运便捷，交通便利，清人蓝浦所著《景德镇陶录》中记载“唐武德中镇民陶玉者载瓷入关中，称为假玉器。且贡于朝，于是昌南镇瓷名天下”[1]，由此可见在唐代之时，景德镇已能烧制出精美的瓷器制品。

[1] 叶喆民：《中国陶瓷史：增订版》，生活·读书·新知三联书店，2011，第190页。

根据目前已有考古资料和文献分析，景德镇最早于五代时期开始烧制生产青釉瓷器以及白釉瓷器，宋代，以其质地精良的青白瓷作品，景德镇遂以宋真宗景德年号为名成为我国重要的陶瓷生产重镇。

元代时期，景德镇设立浮梁瓷局，元代蒋祈所编著的《陶记》中记载：“景德陶，昔三百余座。埏埴之器，洁白不疵，故鬻于它所，皆有饶玉之称。其视真定红磁，龙泉青秘，相竞奇矣。”[1]由此可见当时景德镇制瓷业发展之辉煌。这个时期景德镇瓷窑数量丰富，从已有的出土文物及文献分析，元代可以说是景德镇制瓷业在中国瓷器发展史中进步最明显，变化最大的一个时代。虽然元代历史延续不足百年，但在中国瓷器发展史上，却是一个承前启后的重要时期。尤其是在元代后期，能够真正代表元代瓷器发展与时代特征的也仅有景德镇瓷器。

[1] 熊寥，熊微：《中国陶瓷古籍集成》，上海文化出版社，2006，第 177 页。

严格地说，只有元代景德镇青花瓷器，才能算得上真正意义上的青花瓷。元代景德镇青花瓷器的烧制，尤其注重将中国绘画技巧与中国瓷器制作工艺相结合，标志着我国釉下彩瓷发展的新阶段，景德镇制瓷业在我国制瓷史上更具有非凡的意义。

二、以元青花与釉里红瓷器为代表的元代瓷器创新

景德镇元青花的精美让人惊叹，而元代釉里红伴随着元青花瓷器同样绽放出耀眼的艺术光芒，为我国后来的釉里红瓷器烧造奠定了重要的基础。元代釉里红瓷器与青花釉里红瓷器均为我国瓷器发展史上的重要发明，改变了之前以铁作为主要呈色剂的褐彩冷色

调装饰风格，具有素雅、妍丽浑厚的特点，标志着中国瓷器艺术风格的发展转型，具有跨时代意义。

（一）以元青花瓷器为代表的元代瓷器创新

元青花瓷器属于釉下彩瓷，在我国的瓷器发展史上占据重要地位，主要是指以钴料在瓷胎上彩绘，然后罩以透明釉并置于1300℃的高温还原气氛中所烧制的釉下呈现蓝色花纹或相近颜色的瓷器类别。[1] 青花瓷器自我国唐代时期开始生产，到元代趋于成熟，至今已有一千多年的历史。

据不完全统计，元青花瓷器现在全世界存世量只有400件左右。景德镇元青花瓷器以自己独特的历史背景以及纯熟精巧的工艺特征，成为中国瓷器艺术发展中的分水岭，其产生以及发展结合了不同的文化背景因素和审美表现，打破了宋代以来我国瓷器单色釉的独一性，标志着中国瓷器史上一个新时代的到来。

1. 元青花瓷器的产生与发展

（1）元青花瓷器的产生与发展

元代是中国历史上著名的民族大融合时期，蒙古游牧民族信仰萨满教，萨满教推崇敬天，并以天的蓝色和云的白色作为吉祥色，这种对于颜色的喜好也反映在他们的生活用品方面，例如服装、瓷器等。另外元代统治者们在完成统一的过程中积极学习中原传统文化以及他国的先进文化，因此元青花瓷器的产生与审美表现既有中国传统文化的审美内涵，又具备他国异域性的鲜明特征。

[1] 在出土文物中，也发现了一些先在器物上施透明釉，然后再用钴料着色，最后以高温烧制而成的青花瓷。

●元代时期　“至正十一年”铭青花云龙纹象耳瓶

景德镇在我国宋代之前，以瓷石作为原料烧制瓷器，由于烧制温度的原因，所烧制的大件瓷器容易变形，这也是景德镇早期烧制瓷器过程中小件瓷器居多的原因。后来至元初时期，人们在麻仓山一带发现了烧制瓷器所需的“麻仓土”，也被叫作“高岭土”。后经过不断反复尝试、创新，发现以瓷石原料混合麻仓土所烧制的瓷胎洁白自然、略带青灰色，并且使瓷胎硬度变高、不易变形，这为后来元代烧制大件的青花瓷器奠定了物质材料基础。元政府将麻仓山优质的高岭土进行了垄断，并且禁止民间开采，确保了元青花瓷器官窑烧制的原料供应。另外，元代景德镇青白

瓷技术的发展、对磁州窑釉下黑彩技术的引用、交通的发达，以及与伊斯兰诸国和地区的经济贸易交流，这些因素都在一定程度上促进了元代青花瓷器的产生、发展与成熟。

根据青花瓷的釉下彩特点、已有的考古资料以及相关文献等，我们可以确定青花瓷器首先产于我国唐代时期。[1]至宋初时期，刚刚萌芽的青花瓷器不仅没有得到相应的发展，反而日渐衰微，有一个很重要的原因就是两宋时期中国与西亚地区贸易的中断，造成青花釉料的进口与相应的生产在宋代更加衰弱。

随着元朝统一中国和征服欧亚大陆，西亚地区与中国之间的贸易交往以及文化往来密切，元政府对于工商业发展的重视，白瓷技术在宋代的基础之上得以延续和进一步发展。目前大量的考古资料以及文献表明，景德镇青花瓷的产生时间大概在元代中期，当时，景德镇先进的白瓷生产技术、纯熟的釉下彩绘瓷器生产工艺以及釉料的发展得以汇集，宋元时期景德镇高超的青白瓷制瓷工艺与吉州窑、磁州窑等先进的釉下彩绘技术结合，景德镇窑得以在元代中后期烧制出成熟的青花瓷器作品。元代青花瓷器不但改变了景德镇窑的历史地位，更改变了中国瓷器艺术的发展方向。因为在元代之后，景德镇窑逐渐成为世界瓷器的中心，而以青花瓷器为主的釉下彩瓷器逐渐占据了世界瓷器的市场。

（2）元青花瓷器发展过程中青料元素的关键作用

元代景德镇青花瓷中青料的发展对于我们深入了解元青花具有重要意义，青花瓷器以特殊的钴料在

[1] 从唐代青花瓷器的工艺技术以及数量来看，唐代青花瓷器发展尚处于初级阶段，与后来成熟的元代青花瓷器有很大差距。

瓷胎上作画，然后施釉、烧制，成为我国釉下彩瓷器发展中的典范。关于青花的起源问题，至今在学术界仍存在很大争议，但元代在青花迅速发展过程中的主宰地位毋庸置疑，由于其特殊的钴料也使得元青花瓷器得以成为青花瓷器中的经典之作。

元代钴料资源丰富，其本土钴料在成色效果上与当时外销瓷器与官窑瓷器所采用的进口钴料并无太大差异，国产钴料所烧制的青花瓷器釉面无黑色斑点，青花颜色典雅深沉；进口钴料由于其钴料中独特的化学元素配比，所烧制的元代青花瓷器釉面多有黑色斑点，俗称“铁锈斑”，进口青料在色泽上显得更加浓郁艳丽，加之透明釉层的映衬，表现出青花色泽浓烈却不失温雅的美感；另外进口青料制成的青花瓷釉面所产生的铁锈斑在光照下所特有的金属光泽更是与瓷器本身辉映成趣，别有一番风趣。

有关青花钴料的来源问题，不少学者将元青花瓷器所用青料称为“苏麻离青”[1]，有专家指出元代青花瓷器所用钴料是从波斯等地进口而来，这种说法已为学术界所普遍认可。但是这种说法虽有史料证明却无相关矿物实证，相信随着考古发掘以及相关文献的进一步发现整理，元青花瓷器青料的来源问题会得到全面深入的解答。

2. 元青花瓷器的艺术特点

元青花瓷器在元代的成熟，是在其发展过程中的继承。元青花瓷器白地蓝花，釉质细腻而色白，图案装饰雅俗共赏，元青花瓷器不论是在制作工艺，还是造型以及装饰方面受到不同民族文化的影响而呈现独

[1] 苏麻离青是一种低锰高铁钴料，本为国外进口，明代成化朝以后，逐渐以回青代替。

特的艺术特点。

（1）元青花瓷器的造型特点

总体而言，元青花瓷器造型上胎体厚重，既有气势雄伟的大型器物，又有精致典雅的小型瓷器。对已有的散存于国内外的元青花瓷器进行概括总结，发现元青花瓷器常见的传统造型有小碗、小盘、钵、盏托、高足杯、小罐、梅瓶、玉壶春瓶等器型，还有在前代瓷器中较为不常见的扁壶、大罐、塔式盖瓶[1]、大盘等器物造型。整体上来说，在销往伊斯兰国家与地区的器物中以大盘等大件器物为主，国内所用器物造型基本为小件。

按照器物的实用功能来划分，元青花瓷器主要包括饮食器具类瓷器、盛储器具类瓷器、祭祀器具类瓷器等，根据存世的元青花瓷器数量分析，元青花瓷器大部分用于日常生活。元青花瓷器在器物造型上，除少数瓷器是适合蒙古族生活以及满足文化需求的民族特色较为明显的扁壶、高足杯等器物之外，大部分元青花瓷器器型是由唐宋时期或者之前的造型特征改进与发展而来的，例如常见的各类碗、盘、玉壶春瓶以及梅瓶等，与前代在器物造型种类上的最大区别是文玩类器具以及祭祀类器物的大量减少，甚至于几乎没有，表现出元时期青花瓷器的功能性方面开始向实用性器物转变，由此可见元青花瓷器主要是为满足元代统治阶级的日常生活所需而进行生产的，这也是元代青花瓷器在造型表现上的一大特征。

（2）元青花瓷器的釉色特点

前面我们论述到，元青花瓷器的出现打破了宋代

[1] 多为随葬用明器，又被称为“皈依瓶”。

以来以素雅为主的单色釉独步天下的局面，元青花瓷器的釉料主要是由釉灰和釉果两种原料按照一定比例配制而成，通常情况下，不同等级的釉料在釉灰、釉果的比例配置上是不一样的，釉果占据比例越大，釉料越好，反之越差。元青花瓷器施釉方法多样，主要有蘸釉、浇釉、涂釉、甩釉[1]等，具体使用哪种施釉方法，要依据器物本身的造型以及大小而定。元青花瓷器釉面光滑，料色苍翠且浓艳，烧制完成后有的存在一定的晕散现象。

[1] 主要用于大盘、大碗等大件圆器的施釉，即把大件圆器仰置于辘轳车圆盘中心，然后通过快速旋转使器内中央的釉料在离心力的作用下甩出，使器壁挂釉。

另外元代青花瓷器釉料又分为“勾线”料以及“填画”料两种类别，以清水把青花细料调制成稀泥状之后用于勾画即可，差别在于“勾线”料浓，常用于勾勒纹饰图案的外轮廓部分；“填画”料较淡，通常用于勾勒轮廓内的图案。在元青花瓷器烧制完成之后，其颜色与纹饰均沉于釉下，靛青艳丽，因烧制而成的釉色有深浅变化，所以颇具中国画之浓淡相宜，充满韵味。

（3）元青花瓷器的装饰特点

①元青花瓷器的装饰技法

元青花瓷器的装饰技法主要有直接绘制青花和先坯胎模印纹饰后加绘两种，后一种技法主要是指在瓷胎上先印花或者雕刻花，然后再在相应位置以青料进行添色或者描绘，这样可使得层次感更为丰富，肌理效果更加细腻，也在一定程度上体现了元青花瓷器对于宋代时期景德镇青白瓷在瓷器装饰技法上的继承与创新。

②元青花瓷器的装饰图案纹样

元代青花瓷的装饰图案大部分为生活中常见的题材内容，纹饰线条简洁流畅，纹样内容丰富。装饰图案概括起来主要有三大类，其余的还有书法文字类元素等。第一类为植物纹饰，图案主要包括莲花、菊花、牡丹花、牵牛花、萱草、灵芝、梅花、芭蕉等，在伊朗以及土耳其的元青花瓷器藏品中，大多以植物纹元素为主。第二类为动物纹饰，图案内容主要包括龙、凤、大雁、鸳鸯、鱼、狮子、鹿、兔子、麒麟等，元代青花瓷中动物类纹饰所占比重较大，在中国的传统文化习俗中，人们常常在生活用品中绘入祥瑞的动物纹饰，以达到求福、祈福的作用。元青花瓷器在动物类纹饰的表现中，多以提炼概括性的手法进行表现，删繁就简，以追求主题的鲜明性。第三类为人物纹饰，常见的有萧何月下追韩信、三顾茅庐、尉迟恭单骑救主、鬼谷子下山图、昭君出塞、西厢记等，内容取材广泛，绘画技法精湛，构图饱满，引人入胜。与中国画技法相似，元代青花瓷器在人物设计过程中，注重对神情、动作的刻画，用笔自然流畅，且有中国画技法中的皴、擦、点、染等，技法高超，人物神态各自成趣。

元代青花瓷中图案纹饰构图紧凑，留白较少，器身部分纹饰层次较多，一般器物为四至六层，多则高达九层，由主题纹饰与辅助纹饰构成，辅助纹饰较为常见的有卷草纹、回纹、波涛纹、钱纹[1]等，纹饰排布主次分明、浑然一体，画面表现完整、饱和。

[1] 钱纹是由铜钱纹样有规律地交叠而成，以外圆内方为基本特征，常常饰于瓶口以及盘沿等处。

3. 元青花瓷器的烧制工艺

元青花瓷器的烧制工艺，主要包括装匣、满窑以及烧窑三个部分，不含开窑时间的话，满窑、烧窑各一天，加上冷却时间，总共需要三天。元青花瓷器的装匣工艺主要为“仰烧法”，粗瓷一般安排在窑温较低之处，细瓷一般安排在窑温较高之处。元代瓷器烧制多为龙窑，烧窑过程中尤其要关注还原和氧化的最佳时机。

（二）以元釉里红瓷器为代表的元代瓷器创新

釉里红瓷器出自元代景德镇，是一种高温的釉下彩瓷器种类。在 1982 年文物出版社出版的《中国陶瓷史》中对其定义如下：“以铜红料在胎上绘画纹饰后，罩以透明釉，在高温还原焰气氛中烧成，使釉下呈现红色花纹的瓷器。”[1] 由此可见釉里红瓷器的烧制是以氧化铜作为着色剂进行配釉的，且需要对炉温控制得极为精确，因此其存世量极为稀少，独特的艺术价值及烧制工艺使得元釉里红瓷器成为元代瓷器精品。

1. 元代釉里红瓷器的起源与发展

（1）元代釉里红瓷器的起源

铜作为陶瓷的釉料着色剂由来已久，早在我国汉代之时就已经在铅釉陶上普遍使用，景德镇从何时开始烧制釉里红瓷器，宋人周辉在其著作《清波杂志》中记载：“饶州景德镇，陶器所自出。于大观间窑变，色红如朱砂……比之定州红瓷器，色尤鲜明。”[2] 说明当时景德镇确实烧制出“色红如朱砂”的瓷器，但并未明确指出“色红如朱砂”的是铜红釉瓷器还是釉

[1] 中国硅酸盐学会：《中国陶瓷史》，文物出版社，1982，第 343 页。

[2] 王奇：《中国陶瓷实录》，浙江古籍出版社，2017，第 263 页。

里红瓷器，因此宋人在《清波杂志》中的记载很难作为景德镇釉里红瓷器的起源。

直至20世纪70年代，朝鲜半岛西南部新安海域发现了一艘元代沉船，也被称作新安沉船。在新安沉船的考古发掘中，考古队员们共发掘瓷器两万多件，其中就有一件釉里红双叶纹诗文碟，其已达到一定的烧制水平，但还不够成熟，这是当今考古界所发现的我国烧制最早的釉里红瓷器实物。另外在新安沉船中发现了附属于器物的木牌280余件，从木牌上的墨迹文书推断出新安沉船的时间在公元1323年前后，由此可见我国釉里红瓷器的创烧时间在公元1323年左右。

（2）元代釉里红瓷器的发展

元代釉里红瓷器烧制时间并不长，根据推测，其烧制时间在公元1323年左右，其止烧时间大约处于元末，元代釉里红瓷器的发展经历了从初创到发展再到成熟的过程。

初创时期的釉里红瓷器装饰较为简单，大多是以点染、涂绘以及结合刻花装饰，这个时期的代表作品为新安沉船的釉里红双叶纹诗文碟，以及江西景德镇落马桥窑遗址[1]考古发掘的釉里红高足杯等，由于烧制技术的不成熟，这一时间釉里红瓷器的色彩晕散较为普遍，会有变色流失的情况出现。

发展时期釉里红线绘瓷器数量增加，多采用白描画法，相比于前一阶段而言器型更为丰富，线条绘制较为舒朗且布局更为合理，代表作品有釉里红玉壶春瓶以及釉里红双凤纹匜等作品。

成熟时期的釉里红瓷器线绘装饰得以更进一步

[1] 落马桥窑遗址位于景德镇市珠山区中华南路落马桥一带，从我国宋元至明清时期，这里便是景德镇窑厂聚集之地。

发展，线条布局逐渐从之前的较为舒朗转向多层纹样装饰的繁密效果，当然随着烧制技术的进一步成熟与窑工烧制经验的不断提高，使得釉里红瓷器多层繁密纹样花纹的烧制得以实现，釉里红瓷器生产技术得以成熟。

2. 元代釉里红瓷器的艺术特点

元代釉里红瓷器能够巧妙运用氧化铜元素在色釉中的改变，在瓷器中部以釉里红色彩的纹饰装饰使器物显得更加大气端庄。另外元代作为中国历史上第一个由游牧民族建立的全国性统一王朝，釉里红瓷器也受到不同民族文化的影响，釉里红瓷器属于釉下彩绘瓷器的一种类别，由于其高超的工艺要求、品质的不可控性以及发展速度的缓慢，其产量远远小于元代青花瓷，因此存世量较少且异常珍贵。

（1）元代釉里红瓷器的造型特点

前面我们说到元代釉里红瓷器烧制难度大且存世量少，因此其类别并不多，在器物造型上主要有罐、壶、高足杯、匜、诗文盘、玉壶春瓶等，还有部分雕塑瓷，以玉壶春瓶的数量最多。元代釉里红瓷器在造型上有两种截然不同的风格体现：一种造型硕大，整体看起来较厚重；一种精巧考究。由于受到民族文化影响，在盘、碗、坛等的实用器具中，大多器型较大、胎体较厚、釉色表现不够好，这一类大多面向广大平民阶层销售，且多数为民窑所生产，因此精品较少。而另一类釉里红瓷器造型精巧、胎质细腻轻薄，工艺极为考究，此类釉里红瓷器大多面向宫廷显贵，多为精品。❶

❶ 元代瓷器贸易活动发展迅速，也使得大量外销的瓷器在造型上体现了一定的异域风格。

（2）元代釉里红瓷器的釉色特点

元代釉里红瓷器胎质洁白，与元代青花瓷一样胎体紧致细密，釉里红瓷器中的白釉，与元青花瓷器一般釉色莹润肥厚，施釉多但是并不均匀，白色中带有青色，因此被称为“蛋壳青”。元代釉里红瓷器釉面呈青白色，釉里红呈现猪肝色泽，所烧制器皿一定程度上接痕明显，在瓷器底部位置会出现不规则的火石红。元代釉里红瓷器的色调为红色，大多偏向于紫黑，尤以鲜红色调更为少见，因此显得珍贵。另外由于目前为止的考古发掘以及相关文献记载中关于元代釉里红瓷器的产品不多，因此也很难对元代釉里红瓷器的基本特征进行全面清晰的表述，希望随着考古发掘相关工作以及研究工作的日益推进，我们能够更全面了解并掌握元代釉里红瓷器的特征。

（3）元代釉里红瓷器的装饰特点

①元代釉里红瓷器的绘画手法

元代釉里红瓷器在其装饰绘画手法上主要有白描勾线、涂绘刻画、勾线点染、雕刻等多种形式。在元代釉里红瓷器早期产品中，以涂绘画彩方式较为常见，并伴有刻画等形式，例如玉壶春瓶、罐等均有此类装饰特征，且用笔流畅自然，不拘泥于细节。由于元代釉里红呈色的不稳定因素，因此会有红艳、黑灰、泛紫等表现。元代釉里红瓷器在其装饰绘画手法上的勾线点染技法在釉里红瓷器较为精致的产品中比较多见，例如江西省高安市博物馆窖藏国宝釉里红线绘开光花鸟纹罐，就是以勾线作为主要的装饰手法，画工技艺高超，线描技法生动自然，先在器物颈部施以弦纹三道，肩部部分绘以变体莲纹和双线菱形纹，罐子腹部的主体纹饰是以孔雀栖牡丹图案、鹤穿菊纹等绘在四个对称的菱花开光[1]内，最后在罐腹下部以及圈足底部分别绘以双线弦纹两道作为装饰，其中局部叶子以点染完成。涂抹绘画技法是釉里红瓷器一种独特的装饰画法，以元代的釉里红芦雁纹匜为代表。

②元代釉里红瓷器装饰构图技法

元代釉里红瓷器装饰在构图上以疏朗为主，大都把纹饰装饰集中在器物的中部，这个位置施釉均匀且最有利于铜红发色，是烧制的最佳部位，而在不利于铜红发色的器物口部以及底部留白，这样更有利于烧制。例如我们前面提到的元代的釉里红线绘开光花鸟纹罐，在其底部除了仅有的二道双线弦纹外就有大片留白。

●元代　釉里红莲花纹玉壶春瓶

[1] 瓷器上构成圆形、长方形、扇面以及菱形等外框，在其框内绘画，称为开光。

③元代釉里红瓷器的装饰题材

元代釉里红瓷器的装饰题材包括植物纹饰、动物纹饰以及人物纹饰等。植物纹饰以花卉纹饰为主，多为菊花、莲花、灵芝等白描勾勒的二方连续[1]图案，并多呈现为二方连续形式的折枝纹；动物纹饰一般为龙纹、凤纹等，以刻划手法刻出主题纹饰然后以釉里红本身之釉色补充，瓶身之上绘制的装饰图案与釉色呈现的红色效果相得益彰。例如现藏于北京故宫博物院的元代釉里红划花兔纹玉壶春瓶，在其瓶肩部以及腹部最大处各有暗刻弦纹两组，每组两道，上腹部分刻一花草间回首观望的小兔子，兔首以釉里红点睛，整体刻划技法娴熟高超，线条流畅自然，形象栩栩如生，灵动自然。人物题材多与山水内容结合，相融于风景之中，简洁精炼。整体而言元代釉里红瓷器纹饰没有元青花瓷器丰富多彩，装饰题材相对来说要少一些。

3. 元代釉里红瓷器的烧制工艺

元代釉里红瓷器是以铜红料在瓷胎上绘制完纹饰之后再施以透明釉色在窑炉的高温还原气氛中烧制而成，使得其釉下之颜色呈现红色，因此又被称作“釉下红”。元代釉里红瓷器的烧制工艺与元青花或青花釉里红瓷器比较相似，在瓷器类型上均为釉下彩绘技术，差别在于彩绘用料不同，青花瓷器用料为钴，而釉里红瓷器用料则为铜，均需要在高温下进行烧制。相比于青花瓷器，釉里红瓷器对窑室内温度要求极高，铜元素在烧制过程中较敏感，铜料会由于高温作用而挥发、流动，这样一来会出现红色淡化，或红中泛青、

[1]“二方连续”即以一个单位纹样向左右或上下两个方向做重复排列的形式。

灰，甚至于褪色，因此想要得到釉里红瓷器中颜色相符的精品可谓是十分困难。另外如果窑室内气氛有变化，也会达不到理想的烧制效果，因为铜料要在窑室的高温还原焰环境下才会呈现红色，元代釉里红瓷器存世量相较于元青花瓷来说就少得多。

4. 元代釉里红瓷器的艺术价值

元代时期的制瓷工艺受异域文化影响较大，中国有史以来的传统瓷器造型以及审美风格在这个时期出现断层，而高重大气具有游牧民族风格的瓷器种类得以发展，釉里红瓷器更以其烧制的难度以及独特性而更加具有观赏价值。釉里红瓷器诞生于元代，烧制持续时间短，不久就因战乱而逐渐没落。但元代釉里红瓷器以它独特的艺术造型、别具一格的釉色表现以及相得益彰的装饰手法与技术改变了宋代“五大名窑”传统的以空灵、素雅为主要审美宗旨的表现形式，得以成为“瓷中贵族”，以冲击视觉感受的艳红色完成属于自身的历史使命，使得中国瓷器绽放出绚烂多彩的艺术风采。

三、元代瓷器的艺术特点

虽然战乱使得元代的制瓷业受到一定影响，但元时期青花瓷以及釉里红技法的出现标志着元代制瓷工艺的创新与发展，尤其是元代釉里红瓷器是我国瓷器装饰历史上的伟大发明和创新。另外元代常见的纹饰题材相比于宋代而言，结合元代戏曲小说等艺术发展形式，形式上有了很大的创新，并对明清两代瓷器装饰内容以及题材影响巨大。

（一）元代瓷器的艺术特点

中国瓷器发展至宋代达到了巅峰，到了元代，在继承宋代瓷器发展的基础之上又有很大变化，相比于宋代瓷器的淡雅素朴、古朴端庄，元代瓷器有很多自己的特点。

1. 元代瓷器造型艺术的特点

元代瓷器受统治者以及生活习俗的影响，在造型上呈现以实用性为主的大器型特征。元代瓷器的实用性源于游牧民族的生活环境，逐水草而迁徙以及马背上的颠簸使得他们在器物的选择上更倾向于实用和简单，这种倾向性一定程度上也对元代瓷器产生了影响。元代瓷器造型大多浑圆、高大，多为日常器具，并且大多为平口，器型基本为上窄下宽。元代瓷器品种主要包括元青花瓷器，以龙泉窑青瓷[1]、钧釉瓷器为代表的色釉瓷器，以及以釉里红瓷器为代表的彩绘瓷器等，造型上也都体现了元代瓷器中实用性与大型器的特征，由于前面已有介绍，这里便不再赘述。

[1] 元代龙泉窑青瓷主要为刻划花青瓷，还有少部分为青釉褐斑彩瓷，以日用瓷为主，是元代外销瓷的主要品种。

2. 元代瓷器在釉色上的特点

元代瓷器在釉色上的发展主要是指以元统治者的色彩审美取向为标准的元代青花瓷、卵白釉瓷、色釉瓷器以及彩绘瓷器的发展。由于民族特性以及审美信仰等因素，蒙古人在釉色的选择上更倾向于蓝色、白色以及红色，这也影响了元代瓷器艺术的釉色风格。与崇尚淡雅单一色为主的宋代截然不同的是，元代的青花瓷器、釉里红瓷器以及卵白瓷器等大放异彩。例如红色是代表温暖与幸福的太阳的象征，在元代瓷器中体现在色釉中的红釉以及元代彩绘瓷中釉里红的发展。

3. 元代瓷器在装饰风格上的特点

元代统治者在对外贸易政策中的包容性加快了元代的多元文化交流与交融发展，既体现在元代对前代瓷器装饰的纵向交流的吸收与发展创新，也体现在与元代戏曲、工艺美术制品、绘画、丝织品等形式的艺术种类间横向的交流与融合，当然也有与其他文化之间的相互影响。以元代戏曲艺术对元瓷器装饰的影响为例，元代之前，景德镇瓷器上面的人物图案较少，内容也较为单一，以婴戏纹、仕女纹等为主。从元代开始，瓷器上人物图案开始逐渐增多，并且常以戏曲故事纹的形式出现，当然这与当时的社会背景也有着必然联系。在元代，一些文人士大夫或因为宋朝的覆亡感到漂泊无根、无心仕途，或由于科举制度的废除报国无门，他们或走向民间，或隐于山间，开始进行绘画、版画以及戏曲等艺术创作。景德镇元青花瓷器人物故事几乎都来自元曲里面的历史剧，诸如三顾茅庐、桃园三结义、萧何月下追韩信、尉迟恭单骑救主等，它们结合中国画的形式被生动地画在元代的青花梅瓶、青花大罐以及玉壶春瓶等器物之上，大件器物作画画面效果突出，视觉冲击力极强，加上流畅生动、自然高超的描绘技法，使得青花瓷器本身与画面内容相互呼应，主题突出，并且人物神态栩栩如生，令人惊叹。[1]

当然这个时期还有其他艺术种类以及形式，还有与其他文化间的交流与融合，这里不再一一展开论述。因此元代瓷器装饰不仅有多元文化背景作为基础，也

[1] 文人士大夫对于元代瓷器、戏曲艺术等领域的涉及，一定程度上加快了中国传统文化与瓷器的融合。

由于瓷器本身的贸易往来以及交流影响了其他文化与艺术形式。

4. 元代瓷器在烧制技术上的特点

元代瓷器在前代发展的基础之上，烧制技术也得到进一步提高，发展得更加成熟。由于之前已经对元代青花瓷器以及釉里红瓷器的烧制技术做了一定的介绍，这里主要对元代白瓷的烧制技术做一些简要介绍。元代景德镇的制瓷工匠们创造了一种釉色接近于蛋壳的白色高温釉，所烧瓷器被称为卵白釉瓷，也被称作枢府瓷器。枢府白瓷在烧制方法上与青花瓷类似，主要使用垫砂仰烧技法烧制而成，即通过把耐火性较强的细砂装入匣钵，然后在细砂上放置所要烧制器物，最后入窑，细砂由于其高度耐火性在烧制过程中不会烧结，在烧制完成以后一般在器物的圈足边沿会有几颗砂砾。这种烧制方法在元代中期开始出现，并且运用比较广泛。

（二）元代瓷器艺术特点的形成原因

1. 元代瓷器艺术风格的形成受社会环境影响

前面我们论述到，元朝政府为了经济发展的需要而大力发展工商业，对于瓷器的控制较为宽松，元政府在景德镇设立浮梁瓷局，唐代著名诗人白居易曾在其诗作《琵琶行》中“商人重利轻别离，前月浮梁买茶去”的描述，也说明这个地方的商业、交通的发达。浮梁瓷局除了完成贡品的烧制外还承担大量外销瓷器的烧制，在这种重商、贸易环境宽松的社会环境下，景德镇也兴起了大量的民窑。蒋祈在《陶记》中记载：

“一日二夜，窑火既歇，商争取售，而工者择焉……运器入河，肩夫执券，次第件具，以凭商算，谓之非子。其窑之纲纪大略有如此者。”[1]可见元时期瓷器贸易的繁荣。由于当时瓷器流通范围广泛，远销西亚等国家以及地区，而在外销的过程中，元代瓷器器型也会随着市场需求而变化。

[1] 陈雨前：《中国古陶瓷文献校注》，岳麓书社，2015，第 2 页。

2. 元代瓷器器型特点与社会生活息息相关

我们在前面讲宋代瓷器的时候也说到，瓷器艺术的发展植根于社会现实，更离不开人们的日常生活，因而瓷器艺术在造型以及装饰上的表现也受到人们日常习俗的影响。相较于宋代而言，元代瓷器造型受当时蒙古人风俗习惯以及伊斯兰文化等影响，日常用器尺寸增大，出现了很多尺寸较大的器型，这主要源于蒙古人喜欢多人参与的聚餐集会，长期的游牧生活习惯，成就了蒙古人大气、豪放的性格特征，因此按照他们的生活习俗所做的瓷器往往较大，彰显了游牧民族的豪迈之风，这在一定程度上也推动了元代大型瓷器的生产。[2]

[2] 在瓷器的流通以及外销上，器型相对来说较大的瓷器往往多运往阿拉伯国家以及地区。

另外，元代多民族文化间的相互交融以及不同领域之间的相互渗透也对元代瓷器风格的形成具有一定的推动作用，元代各个民族文化的大融合，促进了各民族文化与伊斯兰文化在元代的传播以及发展。多元文化对瓷器艺术的影响一方面体现在造型以及瓷器釉色的审美风格改变上，另一方面体现在缠枝纹饰以及具有伊斯兰文化特色的多样化的植物纹饰对元代瓷器装饰的影响。其他文化地区工艺美术制品的大量涌入也对元代瓷器的艺术风格形成具有重要的影响。

因此总体来说元代瓷器是各种文化相互融合并且相互影响的结果，元代瓷器在中原汉文化的基础之上完成其瓷器发展历史上的完美嬗变。

3. 元代瓷器艺术风格的形成很大程度上受到原料改进以及烧制技术的影响

在元代时期，烧制瓷器的窑厂相比于宋代时期规模扩大，前面我们论述到在景德镇麻仓山一带所发现的麻仓土混合原有的瓷石原料，使得瓷胎硬度加强且烧制大件瓷器更加不易变形。元代的窑厂大量使用麻仓土，且与原有的瓷石原料混合，即“二元配方”，为元代瓷器的发展奠定了重要的物质基础。这种瓷器在高温下，自身的瓷胎和瓷釉才能更好地结合，也为元代瓷器釉上彩以及釉下彩工艺的发展创造了条件，有利于烧制较大的器型。

另外元代制瓷业的发展反映在生产技术的进步上，前面我们论述到以元代青花为主的釉下彩瓷器技术是由宋代景德镇瓷器技术发展以及对其他窑口的技术借鉴与创新基础之上而产生的，正是由于制瓷技术的进步，才为元代瓷器的发展奠定了技术基础。

4. 元代瓷器艺术风格的形成受统治阶级的影响

我们知道元代景德镇浮梁瓷局[1]的设立主要是为元朝统治阶级服务的，元朝政府生产青花瓷，主要是宫廷使用以及用于瓷器外销。统治者身上游牧民族的开放性特点，使得他们具有开拓进取的精神，元朝统治者四向远征，元代疆域东起日本海，西至天山，南至南海，北到贝加尔湖，“汉唐极盛之时不及也”，元朝也得以成为中国版图最大的时期，为元代的文化

[1] 浮梁瓷局为元代时期统辖全国贡瓷唯一的官方管理机构，专门烧造官府用瓷。于公元 1278 年（元世祖至元十五年）创建于江西景德镇，因地原属浮梁州，故名。浮梁瓷局专为皇家烧造，代表了元代陶瓷生产制作的最高水平。

交流创造了前所未有的大环境。另外元朝统治者推行了很多有关海外贸易拓展的政策，元代贵族允许参与瓷器的外销，宽松的贸易环境也为元代瓷器的发展提供了更广阔的发展舞台。

伍

第五章

中国瓷器的复兴——明代瓷器

明代自1368年建立至1644年灭亡，共计276年。元明时期之前，我国瓷器的审美主要集中在对瓷器自然美的强调上，体现在瓷器装饰上是以划花、刻花、印花等技艺为主的对自然天成的材料、造型以及釉色等方面的审美追求，强调素雅古朴、简单含蓄。经过元代瓷器在造型、釉色以及装饰等方面的创新发展，至明代时期，我国的瓷器工艺发展已经达到了彩绘瓷器和彩釉瓷器的黄金时代，景德镇在这个时期成为我国瓷器发展的主要窑厂，形成了以景德镇为中心的“一枝独秀”的局面，延续五六百年而不衰，时人以“昼间白烟掩空，夜间红焰烧天”[1]来描绘当时景德镇瓷器发展的盛况。在这个时期，景德镇的青花瓷器、五彩瓷器、斗彩瓷器，以及德化窑白瓷等多种瓷器种类百花齐放，尤其是青花瓷器的发展在明代达到顶峰。明代是我国瓷器发展非常重要的时期，而本章也以景德镇瓷器的发展与变革展现明代瓷器的主要发展成就。

[1] 赵斌：《精致优雅的中国陶瓷》，北京理工大学出版社，2018，第34页。

第一节 明代瓷器发展的背景与官窑的设立

元朝末年，统治阶级横征暴敛，老百姓赋税繁重，苦不堪言。鉴于以上历史教训，明朝建国之初，明政府减粮饷、轻赋税，推行休养生息的财政政策。经济的复苏为明代瓷器的发展提供了物质基础，“官搭民烧”制度的推行进一步推动了明代瓷业的繁荣与发展。中国瓷器史上官窑的出现由来已久，到了明代时期，经济的复苏使得明代的官窑发展突飞猛进，官窑日益制度化和常设化，成为明代瓷器产业的重要组成部分。

一、明代瓷器发展的背景

明代的社会经济以及文化艺术的发展，为手工业尤其是瓷器产业的发展创造了有利的条件，人们审美情趣的提高使得对瓷器的需求以及要求也更高，上至帝王、贵族以及文人士大夫，下至平民百姓，对瓷器的需求都日益增加。随着瓷器生产技术与水平的进一步发展，明代瓷器的烧造精美绝伦、蜚声中外。

（一）明代瓷器发展的社会背景

1. 明代经济的发展

明代初期休养生息的国策使得经济复苏，国力增强，至明代永乐时期，明成祖朱棣[1]大力发展经济，实行积极宽松的外交政策，自1405年开始令郑和下西洋，加强与各个国家的经济贸易往来，一度呈现“永乐盛世”的辉煌局面。在经济发展的基础之上，明朝时期手工业实行工匠制度，对明代商品经济的发展起

[1] 明朝的第三位皇帝，明太祖朱元璋的第四子，他在位期间命解缙等主持编纂《永乐大典》，此书为保留我国古代典籍作出了巨大贡献。

到了重要的推动作用，使得烧制的瓷器在质量上明显超过元朝时期，加之明朝政府一系列的经济改革以及海外贸易发展，至 16 世纪，资本主义的进一步发展为我国瓷器的发展提供了强大的经济基础。

2. 明代“官搭民烧”对瓷器发展的促进

明代的“官搭民烧”制度源于我国明代之前对民窑贡品瓷器生产的“有命则贡，无命则止”的制度演化。从明代洪武[1]时期开始，景德镇已经有了官窑和民窑共同生产瓷器的现象，一直持续到明代后期。虽然在这个过程中存在一系列的不利影响，例如官窑对原料以及技术等方面的垄断、官窑与民窑间存在的不平等的竞争关系，以及在这个过程中对民窑的压榨等情况，但不可否认的是“官搭民烧”制度这种官窑与民窑共生共依的关系，都为各自瓷器烧制技术的发展注入了新鲜的血液。例如民窑在承担更为精巧细致的瓷器烧制压力的同时，也会得到一定的条件和动力，民窑瓷器的烧制也为官窑瓷器技术的创新创造了良好的土壤。明代的“官搭民烧”制度对于官窑和民窑来说，不论是在瓷器制作技术还是装饰技法、内容方面都有明显的交流与补充，在长期交流的过程中，它们之间的相互促进也成为景德镇制瓷业得以快速发展的重要基础。而明代景德镇正是依靠“官搭民烧”背景下官窑与民窑的共同发展，创造了中国瓷器发展史上彩瓷以及单色釉瓷等新品种，从而确立景德镇“独一无二”的瓷都地位。

[1] 明朝开国皇帝朱元璋的年号，也是明朝的第一个年号。

3. 明代瓷器销售的广阔市场对明代瓷器发展的促进

明代是我国青花瓷器发展的顶峰时期，青花瓷器、单色釉瓷器以及彩瓷种类丰富、工艺精美，成为明代景德镇瓷器的主流产品。在此基础之上，景德镇瓷器赢得了国内外更广阔的市场。明嘉靖时期，在《江西省大志》当中提到，江西景德镇瓷器“自燕云而北，南交趾，东际海，西被蜀，无不至，皆取于景德镇，而商贾往往以是牟大利，无所复禁”[1]。说明了当时我国瓷器贸易市场的开拓性，也成为明代瓷器能够得以发展的一个重要的国内因素。

在国际市场上，明代作为我国封建王朝历史上的强盛时期，恢复了唐宋以来的朝贡制度，在明成祖时期甚至开创了“万国来朝”的外交盛况，明朝派遣官员出使西域、七下西洋等举措都在一定程度上极大地开拓了我国瓷器贸易的国际市场，这为明代瓷器的外销提供了重要的前提。由于明代瓷器的精美绝伦以及重要影响，当时的欧洲以及非洲各国把中国瓷器作为财富以及地位的象征，一些王公贵族更是以拥有精美的中国瓷器为荣，中国瓷器的艺术与实用价值，使得其成为明代商品外销的一个重要内容。

（二）明代瓷器发展的文化背景

1. 明代绘画发展对明代瓷器的影响

明代统治者为恢复汉文化，仿照宋朝制度，重建画院，商品经济的发展也促使明代绘画的繁荣。明代画坛兴盛，“吴门画派”[2]“松江画派”[3]兴起，丁云鹏、

[1] 童书业：《中国手工业商业发展史》，上海人民出版社，2019，第230页。

[2] 明代中期苏州的一个绘画派别，因苏州曾是吴国的都城，因此又被称为“吴门画派”，也是我国最早的画派之一，以沈周、文徵明、唐寅和仇英等为代表。

[3] 简称“松江派”，中国画流派之一，晚明时期松江府（今属上海市）治下的苏松画派、云间画派和华亭画派的总称。

崔子忠、陈洪绶等名家辈出，加之这个时期我国雕版印刷技术的进步，明代版画发展兴盛，许多绘画作品得以被刊印成册，成为当时制瓷工匠们重要的临摹范本。另外雕版印刷画册题材丰富多样，还包括佛经故事插图、戏曲题材《西厢记》《琵琶记》、小说《水浒传》等，这些画册也为当时的制瓷匠人们在瓷器之上的绘制提供了重要的素材。这个时期瓷器以绘画独立装饰，辅以少量花纹，显得意境深远、主题突出，具有很高的审美价值，为明代青花瓷、五彩瓷等瓷器种类的发展提供了重要的装饰题材。

2. 明代宗教发展以及异域文化对瓷器的影响

明代道教盛行，因此在明代瓷器发展过程中，以道教文化为题材的纹饰以及造型比例明显增加。例如在明代瓷器器型中常出现的葫芦瓶，因在道教文化中“葫芦”常有“福禄”之意，故而常以四方、六方、八方或者多棱形等图案出现在明代嘉靖时期的官窑瓷器中。在瓷器的装饰纹样上，也常会出现八仙过海、仙人乘槎、老子讲经、群仙庆寿、云鹤、仙桃、灵芝、如意等具有道教文化装饰意味的图案造型。另外还包括佛教文化，由于篇幅原因，这里我们就不一一论述。

明代贸易的发展，也加快了中西方在经济、文化、艺术等领域的交流与影响。明代青花瓷上所使用的青料“苏麻离青”便是从当时的伊斯兰国家进口而来，为了瓷器出口的需要，中国的制瓷工匠们也会根据瓷器出口国所崇尚的审美偏好以及文化习俗来改变瓷器相应的造型以及纹饰。例如明代瓷器中大量的抱月瓶、天球瓶、八方烛台、双耳扁瓶等造型以及苜蓿花、西

番莲等具有异域风情的图案纹饰，都说明了这一点。

二、明代官窑的设立

官窑主要是指由官府出资设立，所生产瓷器由官方控制的窑厂，也就是说官窑瓷器生产的机构、人员、原材料以及资金支持等均由官府主导。有时候我们也会把某件瓷器器物称之为“官窑”，主要指的就是由官方指定窑址所生产的官窑瓷器。明代官窑瓷器按照不同的标准主要划分为三大类，包括供皇室使用的御用瓷器、用于礼仪祭祀的礼用瓷器以及专门的政府机构使用的官用瓷，后来在御用瓷器和官用瓷器中又产生了“赏赉瓷”，赏赉瓷主要是指皇帝赏赐给王公大臣以及外国使臣等所用的官窑瓷器。

明洪武时期祭祀活动繁多，因而瓷器所需数量也不在少数。明代最早的官窑用瓷始于明洪武二年（1369），《大明会典》记载“洪武二年定，祭器皆用瓷”[1]，这里所说的“祭器皆用瓷”就是指明代官窑生产用于明代朝廷祭祀时使用的礼用瓷器。到了嘉靖九年（1530），《大明会典》载：“嘉靖九年定，四郊各陵瓷器，圆丘青色，方丘黄色，日坛赤色，月坛白色。行江西饶州府如式烧解。”[2] 对祭祀用瓷的釉色做了进一步补充和说明。由于礼用瓷器具有特殊意义，属于钦限瓷器范围，是明代官窑瓷器中的精华，是不允许民间进行烧制的。另外明代官窑瓷器从生产到使用都有着严苛的规定，小到“定夺样制，计算工料”都体现了明官府对于窑厂的控制。

明代烧制官窑瓷器的窑厂主要包括景德镇窑、浙

[1][2]：《中国陶瓷大系 13 明（下）》，上海人民美术出版社，2019，第 34 页。

江龙泉窑以及河北磁州窑等地，以景德镇窑为主。随着皇家以及官府用瓷需求量的增加，景德镇官窑日益受到重视，明代景德镇官窑的建立对整个中国的瓷器生产格局产生了重大的影响。关于明代景德镇官窑的建立时间，文献中说法不一，但大概时间应是在明朝洪武年间。由于景德镇地处我国皖赣山区，地理位置相对闭塞，不会像龙泉窑、磁州窑一般在战火中遭遇重创，加之景德镇得天独厚的自然条件、便利的交通运输、丰富的瓷器生产品类以及过硬的质量保证等优势，使得在明代其他官窑陆续衰微之际，景德镇官窑仍然发展迅速、屹立不倒，形成景德镇一枝独秀的局面。

由于烧造瓷器的用途不同，明代景德镇官窑在生产规模以及生产方式上与当时的民窑存在很大的不同，明代景德镇官窑生产机制完备，分工细致，人员配备专门化。清人梁同书在《古窑器考》中记载："明洪武三十五年始开烧造，解京供用。有御器厂，厂东为九江道，有官窑。除大龙缸窑外，青窑烧小器，色窑烧颜色。官窑器纯，民窑器杂。官窑土骨坯干经年，重用车碾薄。上釉候干，数次出火，釉露者碾去，再上釉，更烧之故。汁水莹如堆脂，不易茅蔑，次民窑之不得同者。官窑涂欲密，砌欲固，是火气全，而陶器亦热，不至松泄。官窑之异于民窑如此。"[1] 可见明代官窑对瓷器生产的工序以及要求是十分严格的，也正是这个原因，使得官窑在瓷器生产过程中不惜成本确保瓷器的品质，所以由官窑所生产出来的瓷器基本上件件为精品，就算于当时而言，亦是十分难得。清代阮葵生所著之笔记小说《茶余客话》中曾这样记

[1] 周思中：《中国陶瓷经典名著选读》，武汉大学出版社，2013，第 191 页。

载："明成窑五彩鸡缸一对，价值百金。宣庙窑器，质料细而厚，隐隐有橘皮纹，起冰裂鳝血纹者，几与官、汝敌。"[1] 由此可见，明代官窑瓷器的精美程度与艺术价值。

明代嘉靖朝之后，"官搭民烧"情况日益常见，明代官窑的生产水平代表了明代瓷器生产的最高水平，不仅反映了在这种情况下民窑水平的提高，同时表明官窑对民窑有着重大的影响。明代官窑瓷器的发展起起伏伏，但明代官窑的建立对于明代瓷器的发展成就起着决定性作用，明官窑瓷器鼎盛时期的青花瓷、色釉瓷等产品，使得景德镇独领中国瓷器风骚六百余年，至今仍在延续。

❶（清）阮葵生：《茶余客话》，上海古籍出版社，2012，第 465 页。

第二节　明代瓷器的发展概况与艺术风格

元代瓷器主要体现了生活日用瓷器的实用性特点，明代时期瓷器的造型在继承元代瓷器的基础之上结合时代特征有了更多发展与创新。清人朱琰在其著述《陶说》中说："古窑重青器，至明而秘色已绝，皆纯白。或画青花，或加五彩。"[2] 指出了我国瓷器发展至明代，在色彩审美上由青至白、由淡至彩的变化，在内容上更是结合明代文化艺术的发展，在吸收了唐代瓷器的富丽丰满、宋代瓷器的简淡雅致以及元代瓷器的粗犷豪放的艺术风格基础之上呈现出融汇古今、贯穿中西的时代新风格。本节主要从明代最具代表性的青花瓷、五彩瓷、斗彩瓷、德化窑白瓷以及颜色釉瓷几个种类进行论述。

❷陈雨前：《中国古陶瓷文献校注》，岳麓书社，2015，第 274 页。

一、明代青花瓷器的发展概况以及艺术风格

我国青花瓷器发展至明代，达到了巅峰阶段。在明代 276 年的历史中，青花瓷器一直是明代制瓷业的主流产品。在元代青花瓷器的基础之上，明代青花瓷器经过不断改良与创新发展，先后烧制出数以百计的器型种类。当然由于窑口烧制技术、工艺技法、材料，以及所处时代不同，明青花瓷器也呈现出不同的特点，当然每个阶段也都会有一定的规律可循。以元青花瓷烧制所需的青料为例，明初普遍采用从西亚进口的苏麻离青原料，后来由于这种原料断绝，青花烧制不得不使用国内青料，至明代正德朝之后，又以进口的苏麻离青为原料进行烧制。下文将以洪武时期、永乐及宣德时期、正统及景泰时期、成化时期、万历时期五个阶段的青花瓷器为代表进行论述，展现明代青花瓷器发展的风格变化。

（一）古朴敦厚的洪武时期青花瓷器

从我国元代时期景德镇烧制出元青花瓷器以来，我国制瓷技术的发展便以景德镇为中心迅速蔓延开来，技术的进步、瓷器贸易的发展以及中西文化的不断交流，都在一定程度上加快了景德镇制瓷业的发展。明代洪武一朝的青花瓷器，上承元代，下启永乐、宣德时期，有着重要的承接过渡作用。明代洪武时期，景德镇开始设计御窑厂，进行皇家用瓷的烧制，由于考古实物资料的缺失，我们对明代洪武时期瓷器的研究起步较晚，洪武时期青花瓷的发展是在吸收元代制瓷技术基础之上进一步发展的，因此明代洪武时期青

花瓷器的制瓷技术、造型特点以及装饰具有一定的元代青花瓷器风格，主要表现为古朴敦厚，也显现出鲜明的过渡特征。

1. 洪武时期青花瓷器的造型特点

总体上来说，明洪武时期青花瓷器在造型上保留了元代瓷器雄健硕大、浑厚的特点，但也有自己的创新，为后面端庄雅致的永乐、宣德[1]时期青花瓷器奠定了重要的基础，因此我们也可以把洪武时期的青花瓷器作为元代和明代之间青花瓷发展的一个重要纽带。到目前为止关于洪武时期青花瓷器器型已经能够确认的主要有盘、碗、玉壶春瓶、盏托、梅瓶、执壶、高足杯、三足炉等，器型上一部分继承了元代青花瓷器常见的种类，但又有所创新。以玉壶春瓶为例，元代玉壶春瓶造型大多沿袭宋代，整体造型秀雅，瓶颈部分瘦长，颈部以下逐渐变宽呈椭圆形，圈足略高，并有稍稍外撇。洪武时期玉壶春瓶颈部造型相较于元代而言明显粗短，腹部较为丰满，圈足直立低矮，且比较宽厚，整体造型呈现敦厚稳重的特点，与永乐时期的玉壶春瓶较为相似。

2. 洪武时期青花瓷器的制作工艺

洪武时期青花瓷器在制作工艺上与元代相比，其胎体质地更加致密，相比于元代青花瓷器胎体的浑厚要显得轻薄，但相比永乐以及宣德时期又较为厚重，体现了洪武时期青花瓷器的过渡特征。另外元代青花瓷器器物底部的露胎部分常常会有较大面积以及不规则的釉斑，但洪武时期青花瓷器底部则没有。

[1] 明朝第五位皇帝明宣宗朱瞻基的年号，起止时间为宣德元年（1426）至宣德十年（1435），共计十年。

●明代洪武时期　青花穿莲夔龙纹高足碗

●明代洪武时期　青花番莲纹玉壶春瓶

3. 洪武时期青花瓷器的釉色特点

洪武时期青花瓷器在釉质上相比于元代青花瓷器而言，更加厚重和肥润。洪武时期的青花瓷器釉色泛黄、青花色泽灰暗，总体上有一种深沉厚重之感。其青花色调或为清新淡蓝色，或为较浅淡的青花色，或为灰黑的青花色，和元代青花瓷器釉色上的清亮、鲜蓝艳丽相比反而有所倒退。明洪武时期青花瓷器釉色上的变化应该与当时烧造技术的弱还原气氛密切相关，也源于当时人们在审美情趣上“色泽偏于暗黑”的倾向。

4. 洪武时期青花瓷器的装饰特点

明洪武青花瓷器相较于元代而言，在纹饰题材上种类减少，显得较为单调，主题纹饰以四季花卉为主，折枝花纹常见的有牡丹、月季、菊花、山茶、荷花、灵芝等，缠枝花纹[1]常见的纹饰有莲花、牡丹以及菊花三类；动物纹饰在明洪武时期大量减少，有瑞兽、鱼纹等；人物纹饰表现上，虽然明代民窑中会偶见人物图案，但基本上为大写意的简笔画类别，元青花瓷器装饰纹样上流行的戏曲人物更是鲜有发现。

另外明洪武青花瓷器纹饰层次相比于元代来说也明显减少，明代洪武青花瓷器纹饰明显有别于元代青花瓷器多层次的繁缛构图，构图简洁疏朗、趋向于留白，以表现鲜明突出的主题。但相比于之后的永乐时期青花瓷器纹饰仍然显得较为华丽以及滞重。

5. 洪武时期青花瓷器的烧制工艺

明代洪武时期青花瓷器在烧制工艺上相较于元代而言，其烧制技艺以及成型技术有了进一步发展。

[1] 瓷器的一种装饰纹样，通常以藤蔓等植物为骨架，向上下左右四面延伸，构成缠枝花纹，循环往复，又被称为蔓草纹、连枝纹等。

以洪武时期官窑为例，由于对窑炉密封性以及坚固度的进一步重视，使得青花瓷器更易烧制成熟，从而避免了瓷器胎质的疏松粗糙，很大程度上减少了青花瓷器的塌底现象。与元代同类器物相比，明洪武时期青花瓷器瓷胎相对要薄很多，从前面我们对洪武时期青花瓷器的釉色分析上来看，明代洪武时期青花瓷器在烧制方面技术还不够完善。

（二）端庄雅致的永乐、宣德时期青花瓷器

如果说明代是我国青花瓷器发展高峰阶段的话，那么永乐、宣德时期就是明代青花瓷器发展的黄金时期。经历了早期明朝政治、经济以及综合国力的发展以及青花釉料的不断提纯，工艺技术的进一步优化，到了明代永乐、宣德时期，青花瓷器在元青花瓷器发展的基础之上，工艺以及艺术表现水平都取得了长足的进展，使得明代的永乐、宣德时期终于成为我国青花瓷器发展史上的黄金时代，以其端庄雅致的风格备受世人追捧。

1. 明代永乐、宣德时期青花瓷器的造型特点

永乐、宣德时期的青花瓷器，除了满足基本的国内需求之外，还主要用以外销以及赏赉，随着中外文化不断交流，与其他艺术门类以及工艺美术种类的不断融合，整体上而言明代永乐、宣德时期的青花瓷器造型清秀、典雅，在继承了中国传统瓷器造型的基础之上也吸收了大量的外来文化元素，制作出很多具有创造性的新颖、美观的器物。我们在造型以及装饰特点上主要从传统的中国青花瓷器以及伊斯兰风格瓷器

两个方面分别进行论述。

（1）明代永乐、宣德时期中国传统青花瓷器造型

虽然永乐时期的青花瓷器以外销为主，但从永乐晚期到宣德时期，青花瓷器逐渐由外销转为御用，进入青花瓷器发展史上的高峰时期，足以见证宣德时期中国青花瓷器的发展之盛。

明代永乐、宣德时期青花瓷器的中国传统造型主要包括：以杯、碗、盘、罐、壶、钵等为代表的实用饮食类器具，其中以碗的造型最为多样，包括敞口碗、敛口碗[1]、鸡心碗（也被称作莲子碗）、骰子碗[2]等；以香炉、豆、青花梵文大勺、青花梵文出戟罐等为代表的祭祀以及宗教类器物，祭祀类器具器型相对来说较大，还是以仿制商周时期青铜器物为主；以青花瓶、玉壶春瓶、梅瓶、花盆、水盂、笔洗、砚滴、调色盘等为代表的陈设类、文房类器具，相较于元时期而言种类更加丰富；还有以鱼缸、鸟食罐、蟋蟀罐等为代表的休闲类器具等，其中尤以鸟食罐造型最为丰富，包括扁圆形、葫芦形、元宝形、瓜式形、竹节形等，姿态各异，精巧别致。

[1] 又称“收口碗”，因碗口内敛而得名，即碗的口沿部分略微向内收敛，敛口又可分为深、浅二类。

[2] 因与旧时赌博用具相似而得名，俗称“骰盏子”，烧制于明宣德时期景德镇。

●明代永乐时期　青花花蝶纹玉壶春瓶

●明代宣德时期　青花缠枝花卉纹豆

（2）明代永乐、宣德时期伊斯兰风格青花瓷器造型

相比于元代时期以民间贸易为主的市场需求，明代永乐、宣德时期是一种政府行为的海外贸易需求，出口瓷器数量更大，因而瓷器面对的消费群体也从元代时期以日用瓷器为主的民间百姓扩大到外销国的王公贵族和当地民众，群体范围更广。因此永乐、宣德时期伊斯兰风格青花瓷器造型也变得更加丰富。

明代永乐、宣德时期的伊斯兰风格青花瓷器造型主要包括大盘、壶、瓶、烛台、尊、镂空香薰炉等二十余种，例如瓶类青花瓷器，就以伊斯兰式的扁瓶和天球瓶[1]为主，存世的天球瓶以宣德时期较多，胎体厚重、器型高大，但又不失秀美和雅致。明代永乐、宣德时期伊斯兰风格青花瓷器造型大多仿制伊斯兰地区的金银器以及玻璃制品等，将其装饰风格与中国传统青花瓷器造型相互融合，具有锦上添花之美感。

2. 明代永乐、宣德时期青花瓷器的釉色特点

明代永乐、宣德时期青花瓷器在青料上多以进口的“苏麻离青”釉料为主，这种青料含铁量较高、含锰量较低，因而减少了青中的红、紫色调，在高温作用下呈现出艳青、蓝宝石般的色泽，但由于其含铁量高的原因也会有黑铁斑点的效果，与之艳丽、晕散的青蓝色相互映衬，颇具美感，而这种自然的“青黑斑点”也使得明代永乐、宣德时期的青花瓷器在明代青花瓷器中独一无二，成为无法超越的永恒经典。明永乐、宣德时期优质的“苏麻离青”制瓷原料为官窑所垄断，相比于元时期民窑的兴盛，明代官窑大放异彩，代表了当时瓷器烧造的最高工艺和水平。

[1] 受西亚文化影响极深的一种瓷器造型，创烧于明代的永乐、宣德年间，因圆球腹部硕大，如天降一般，故名。

●明代永乐时期　青花穿莲龙纹天球瓶

●明代宣德时期　青花花卉纹双耳葫芦扁瓶

3. 明代永乐、宣德时期青花瓷器的装饰特点

（1）明代永乐、宣德时期中国传统青花瓷器装饰特点

明代永乐、宣德时期中国传统青花瓷器装饰纹饰以植物纹饰、动物纹饰以及人物纹饰为主。植物纹饰以牡丹、菊花、瓜果、灵芝、松竹、莲花等为主，以缠枝或者折枝形式出现，在继承了洪武时期青花植物纹饰的基础之上又有所创新，线条粗细相间，更加流畅自然；动物纹饰以传统的象征皇家威严的龙、凤纹饰为主，相比于洪武时期青花瓷器纹饰的动物纹饰，瑞兽、鸟类以及狮子等动物纹饰增多，刻画细致，形态逼真；人物纹饰上，至宣德时期，婴戏纹、仕女纹以及高士纹饰等明显增加，人物刻画线条流畅，构图精巧，技艺娴熟。

（2）明代永乐、宣德时期伊斯兰风格青花瓷器装饰特点

明代永乐、宣德时期伊斯兰风格青花瓷器纹饰大量仿制伊斯兰地区的金银器以及玻璃制品纹饰，多由植物纹饰、几何纹饰以及具有伊斯兰文化特色的其他图案纹饰构成。

植物纹饰受到伊斯兰植物纹饰表现方法影响，以花卉缠枝纹为主，虽然这时期的花卉缠枝纹饰以曲线形式蔓延交错、繁复延伸，但总体上布局疏朗，亦有部分留白作为分割；几何纹饰以伊斯兰地区的三角形、四角形、五角形、星形图案等各种几何图案纹饰单一或者排列布局，当然，几何纹饰亦来源于伊斯兰地区的宗教文化以及寓意特征，具有浓郁的异域风格；其他图案纹饰还包括以阿拉伯地区书法纹以及其他伊斯兰文化因素为代表的图案纹饰等。

●明代永乐时期　青花波涛花卉纹折沿洗

●明代宣德时期　青花庭园仕女图碗

●明代永乐时期　青花山茶花纹如意耳扁壶

●明代永乐时期　青花波斯文花卉纹碗

●明代宣德时期　青花缠枝莲纹三足炉

4. 明代永乐、宣德时期青花瓷器的烧制工艺

明代永乐青花瓷器胎质白而细腻，尤其是圆形器物胎体更加细薄，在瓷胎的成型技术上较洪武时期更加成熟，瓷胎更加纤秀。这个时期青花瓷器器物底部大多已经开始施釉，尤其是盘类器物，开始出现比较细腻的砂底。到宣德时期，官窑青花瓷器开始采用“麻仓土”制作瓷胎，更易成型，制瓷技术已经非常成熟，因而宣德时期青花瓷器又位居明代青花瓷器之首。

（三）过渡时期的正统、景泰时期青花瓷器

明代正统[1]、景泰[2]时期上承青花瓷器发展的黄金时代，下启成化时期，是明代青花瓷器风格的重要转变时期。正统、景泰、天顺[3]三朝由于瓷业发展处于低谷，以及瓷器面貌不尽完备而又被称作我国瓷器发展史中的“空白时期”或者“黑暗时期”。然而随着我国考古工作的不断深入开展，证明了正统、景泰时期承上启下的特殊地位，其作用也显得至关重要。

[1] 明朝第六位皇帝明英宗朱祁镇的年号，起止时间为正统元年（1436）至正统十四年（1449），共计十四年。

[2] 明朝第七位皇帝明代宗朱祁钰的年号，自景泰元年（1450）至景泰八年（1457），共计八年。

[3] 明朝第六位皇帝明英宗朱祁镇经夺门之变第二次登基后使用的年号，共使用八年。

1. 明代正统、景泰时期青花瓷器的造型特点

明代正统、景泰时期青花瓷器在造型方面主要有罐、梅瓶、碗、炉、碟、盘等器物，器物类型较多，以炉为例，又可分为筒式炉以及鼎式炉两类。总体上来说，明代正统、景泰时期在继承宣德时期青花瓷器造型的基础之上又有所创新，出现了一些新的器物类型，如净水瓶等。在瓶、罐类器物造型中，上承宣德，下启成化，显示出青花瓷器在这个时期的过渡性艺术特征。

2. 明代正统、景泰时期青花瓷器的釉色特点

明代正统、景泰时期青花瓷器物底部大多不施釉。这个时期使用的青料与永乐、宣德时期相似，既有灰蓝偏暗的国产青料，也有呈现浓艳深蓝色泽的进口青料。另外由于正统朝官窑的沉寂，以及“南宫复辟”等时局的动荡与影响，导致了瓷器发展的不确定性，不容易找到官窑器物，因此民窑在瓷器工艺技术发展中扮演了重要的角色。例如这一时期民窑器物露胎处多见火石红，呈现出明代瓷器中的普遍特点。[1]

[1] 虽然民窑青花瓷的烧制一直受到官方的诸多严格限制，却几乎未间断，也为后来成化时期的青花瓷器烧制奠定了重要的基础。

3. 明代正统、景泰时期青花瓷器的装饰特点

这个时期青花瓷的纹饰装饰整体上呈现出疏朗的风格，以缠枝、折枝纹的花卉纹饰最为多见，有折枝花卉纹、缠枝莲纹、海水纹、八宝纹、龙纹等主题纹饰，也有蕉叶纹、云纹、弦纹、回纹等辅助纹饰。纹饰构图方式多为两层或者三层的横带式。纹饰描绘除了少数以先勾画轮廓再进行填充色彩之外，其余大多都是以“一笔点画法”完成，线条流畅细腻，画功精湛。另外，这个时期人物纹饰中的圣贤人物、仕女以及历史故事画等内容也较为常见，动物纹饰则以龙、凤、狮子、麒麟等较常见。

4. 明代正统、景泰时期青花瓷器的烧制工艺

明代正统、景泰时期的青花瓷器烧制工艺继承了明代早期（洪武、永乐、宣德时期）的传统制作工艺，并未有较明显变化。

（四）玲珑精巧的成化时期青花瓷器

经历了明代瓷器发展史上的“空白时期”之后，

明代成化时期的青花瓷器得以进入快速发展时期。在青花瓷器的制作工艺、胎釉着色、釉料选择，以及造型装饰等方面都发生了重要的变化，完成了明代青花瓷器的大蜕变，具有里程碑式的纪念意义。成化时期青花瓷器的发展，在经历了正统、景泰、天顺时期的低谷之后，再度扬帆起航，成化斗彩瓷的出现，在一定程度上也推动了成化青花瓷的种类以及技法。

1. 明代成化时期青花瓷器的造型特点

成化时期社会发展稳定，经济发达，从成化青花的造型上看，“永乐尚厚，成化尚薄”[1]，说明了成化青花瓷的瓷胎细薄纤细。明成化时期青花瓷器受到成化帝艺术风格影响较大，这个时期整个社会上层阶级极力追求精致儒雅的生活，因此成化青花瓷器在造型上与之前相比，大型器物明显减少，从宣德时期的厚重雄浑向秀美清灵转变，玲珑精巧成为成化青花瓷器在造型上的总体表现。这些小型器物造型种类主要有碗、高足杯、碟、洗、盘、瓶等，尤其以碗和高足杯数量居多，胎骨较薄，且造型设计以满足日常生活所需为主。

2. 明代成化时期青花瓷器的釉色特点

成化时期，官窑恢复正常生产。这时期青花瓷器在总体上追求典雅精致的效果，分为早期以及典型期两个阶段。早期在青料选择上以进口的“苏麻离青”原料为主，其发色浓艳的效果与明宣德时期青花瓷器的釉色特点相似。到了典型时期，成化青花瓷已不再使用“苏麻离青”釉料，而主要使用江西乐平市所产的陂塘青[2]。成化时期的制瓷工匠们在技法上不断精

[1] 周思中：《中国陶瓷名著校读》，武汉大学出版社，2016，第 195 页。

[2] 陂塘青又被称作“平等青”，发色稳定，蓝中泛青灰，呈现出柔和、淡雅、清秀的蓝色效果，在高温作用下不会产生黑铁色斑点。

益求精，胎质的细腻与用料的润泽纯净形成了成化时期青花瓷器细腻精巧的总体风格。

3. 明代成化时期青花瓷器的装饰特点

由于成化青花瓷在器型上多以小巧精致著称，因此在其纹饰装饰风格上也逐渐转向纤细典雅、轻盈灵巧，以使纹饰与器型相互协调。成化青花瓷在改用国产青料平等青之后，其柔和淡雅的呈色效果以及无铁斑的流动现象更易于绘制工细的线条。这一时期的瓷器装饰技法在绘画方法上开始创造“青花分水”画法，“青花分水”工艺是青花纹饰绘制的一种技法形式，其绘制方法主要是根据画面所需青花料调配出浓淡不一的料水，在青花坯胎上直接作画，继而形成浓淡各异的色彩感受。分水工艺根据产生立体感的强弱又有“平水”以及“阴阳水”之分，“平水”工艺中虽然会出现浓淡不同的色调，但无立体感；“阴阳水”工艺中同一笔通过在瓷器坯胎上停留的时间长短，即“长则显深色，短则显浅色”表现不同的浓淡变化，最终形成层次丰富、立体感强的视觉效果。清代朱琰在其著作《陶说》中就曾赞叹成化画彩“点染生动，有出于丹青家之上者”[1]。以上种种形成了成化青花瓷器细腻精巧的装饰风格。

明代成化时期纹饰内容大多来源于中国传统题材，纹饰以植物纹、动物纹以及人物纹为主，器物纹饰装饰饱满且纹样相较于明初时期更加繁缛。其中缠枝纹居多，且缠枝纹装饰中佛教题材大量出现，缠枝纹骨架以“S”形构成。在盘、碗等器物中，除器物外部与底心，其外口沿及内壁也有装饰纹样。值得注

[1] 周思中：《中国陶瓷经典名著选读》，武汉大学出版社，2013，第 194 页。

意的是，卷草状的龙身造型在成化官窑以及民窑瓷器中较为常见，民间青花瓷器中的“画飞龙”纹饰也始于明成化时期。

4. 明代成化时期青花瓷器的烧制工艺

明代成化时期，官窑在青花瓷器的烧制以及原料加工工艺上更加细致，烧制流程完备，工匠们分工明确精细，对于青花瓷器的生产有着非常严格的遴选制度以及程式规范。另外这个时期的胎土的淘炼细致严格，相对于明代初期而言，成化时期制坯技术以及烧制工艺均已达到了成熟阶段，因此这个时期的胎质在明代的青花瓷器中都是表现最为优异的。

（五）急剧变化的明代万历时期青花瓷器

中国社会发展至明代万历[1]时期，商品经济进一步发展，资本主义经济萌芽出现，加之这一时期禁海令的废除，瓷器的对外贸易空前繁荣。另外万历初期官窑的停烧使得景德镇瓷器烧造一部分转向民间，一系列的政策及举措使得万历时期官窑、民窑竞相发展。青花瓷器在经历明代永乐、宣德时期的第一次发展高峰之后，万历时期又以其多变的形制、明艳的色调成为继永乐、宣德之后明代青花瓷器的第二个发展高峰时期。万历时期的青花瓷器，不论是在配料的精细、瓷釉的选择、坯胎成型还是烧制技术方面都已达到青花瓷器制作的完美阶段，因此万历时期是我国青花瓷器烧制的又一个高峰。

[1] 明朝第十三位皇帝明神宗朱翊钧的年号，此年号共使用四十八年，为明朝使用时间最长的年号。

●明代成化时期　青花花鸟杯

●明代成化时期　青花菊花碗

●明代成化时期　青花婴戏图洗

●明代成化时期　青花龙凤纹碗

1. 明代万历时期青花瓷器的造型特点

万历青花瓷的造型在嘉靖、隆庆时期青花瓷器造型发展的基础之上有了更大的提高与丰富，加之这一时期青花瓷器的外销，世界市场日益开拓，使得万历青花瓷种类繁多，产品数量剧增。万历时期的官窑、民窑青花瓷器按照其用途大致分为专门为皇家定制的官窑御用瓷器、为皇家举行祭祀以及宗教活动而制的祭祀瓷器、用以流通的商品瓷，以及外销瓷四类，品种齐全，造型丰富。从总体上来说，万历青花瓷在造型方面的成就主要表现在大型瓶器数量的增加，以及在继承前代瓷器形制、式样的基础之上对器物的创新。以瓶类器物为例，就有环耳瓶、六棱瓶、直口瓶、撇口瓶，以及各种变形葫芦瓶等不同类别，在规格上更有高达 100 厘米以上的大瓶，造型多样。另外万历时期制瓷技艺的进步使得长六尺、宽三尺的大屏风，建筑栏板，围棋棋盘，以及文房类的笔船、笔盒、镇纸、笔架等器物也被烧制成功。

2. 明代万历时期青花瓷器的釉色特点

明万历时期的青花瓷器色泽比较丰富，与万历时期各阶段青花瓷器所使用青料的差别有关。万历早期［万历元年至万历二十四年（1573—1596）］的青花瓷器使用的青料主要是“回青”[1]，釉色清亮浓艳，蓝中泛紫。万历中期［万历二十四年至万历三十四年（1596—1606）］以“回青”加“石青”绘制，万历中期的青花瓷釉色相较于早期而言更加润泽，釉色蓝中泛灰色，整体色调庄重沉静，颇具美感。万历三十四年（1606）以后，由于“回青”釉料的缺乏，

[1]“回青”是一种外来青料，又被称为“西域大青”，在万历时期较为名贵。《陶书》：“陶用回青，本外国贡也。”

这一时期青花瓷器釉料多以浙江所产的“浙料”（又被称作“浙青”）为主，釉色幽蓝光亮，加之工艺从传统的水选到火煅的提升，使得青花的发色质量得以提高，色调颇具宁静之美感。另外，在以“浙料”绘制的民窑青花瓷器中，花纹釉色多呈现浅淡色。

3. 明代万历时期青花瓷器的装饰特点

明代万历时期青花瓷器的新兴纹饰相较于明代其他时期都更为丰富。首先，在青花瓷器的纹饰布局上，或将植物纹饰、动物纹饰以及人物纹饰等不同的纹饰题材组合，这些纹饰分别装饰于器物的不同位置，构图方法主从不同，较为少见；或在元代多层装饰技法的基础之上，从五层至八层、九层不等，每层饰以不同的装饰内容，给人以繁缛之感；或纹饰布局有简繁之分，简到以单种纹饰布满器物全身，繁至多达二十余种。在上述三大类纹饰装饰中，纹饰技法多样，有以线描为主的“分水”方式渲染，有在器物空白处以单线描绘主题的“预留空白”画法，更有在白地蓝花瓷器表面加绘蓝地白花的“蓝白互映”技法等，使得这一时期的青花瓷器装饰呈现多样化的审美。

另外万历时期青花瓷器的纹饰除了传统的植物纹饰、动物纹饰以及人物类纹饰之外，以禃、禄、寿等谐音组成的象征吉祥寓意的图案以及以佛教文化为主题的纹饰图案居多。例如以蝴蝶纹为主题的“百蝶罐”寓意子孙昌盛，百鸟百禄主题瓷器寓意百鸟朝凤、高官厚禄等，纹饰繁缛而不乱，布局合理。

●明代万历时期 青花龙纹方盒

●明代万历时期 青花高士图六棱提梁茶壶

●明代万历时期　青花花卉纹杯

●明代万历时期　青花龙纹执壶

4. 明代万历时期青花瓷器的烧制工艺

明代万历时期，随着制瓷原料以及工艺的不断发展，这一时期的烧制技术也趋于成熟。万历前期主要继承嘉靖[1]、隆庆烧制技术传统，对釉料的提纯加工以及配比技术明显提升，开始采用不同的胎泥制胎，一定程度上提高了制瓷工艺。万历后期，随着“官搭民烧”的进一步影响，民窑发展迅速，对于釉料的提炼经历了从水选到火煅的技术变革而日益成熟，也为以后清初时期青花瓷器的烧造奠定了重要的基础。

[1] 明朝第十一位皇帝明世宗朱厚熜的年号，使用时间为嘉靖元年（1522）至嘉靖四十五年（1566），共计四十五年，是明朝年号使用时间仅次于万历的年号。

二、明代五彩瓷器的发展概况以及艺术风格

五彩瓷器，以铜、铁、钴、锰等金属盐类为着色剂，以红、黄、蓝、绿、紫等彩料为基本色调，所谓五彩并非必须要有五种色彩同时出现，五彩意为“多种色彩”，但必须要有红色才能被算作五彩。五彩瓷器主要分为釉上五彩和青花五彩两类，“釉上五彩”是将彩料绘制于已烧制完成的白釉瓷器釉面之上，再以 770℃至 800℃的温度于窑炉之中进行二次烧制而成。“青花五彩”主要是指釉下青花与釉上彩结合的瓷器品种。明代嘉靖、万历时期的五彩瓷器主要指的就是青花五彩，万历时期的官窑以及民窑都大力生产。五彩又被称作“古彩”“硬彩”，许之衡在《饮流斋说瓷》中曾经说道：“硬彩者，谓彩色甚浓，釉傅其上，微微凸起也。”[1]

[1] 许之衡，杜斌：《饮流斋说瓷》，中华书局，2012，第 90 页。

五彩瓷器创烧于我国明代宣德时期，发展至嘉靖、万历时期，无论在质量还是数量上，都已发展较为完备，以色彩的浓艳开创了我国瓷器发展的新局面，对后世瓷器的发展有着重要的影响。另外明代嘉靖、万历时期的五彩瓷器与永乐、宣德年间的青花瓷器以及成化时期的斗彩瓷器一样均为明代时期我国瓷器发展的重要代表。

（一）五彩瓷器与斗彩、粉彩瓷器的区别

斗彩瓷器与嘉靖、万历时期的青花五彩都属于釉下青花与釉上彩相结合的装饰种类。它们的区别在于，首先从绘制方法上来说，斗彩瓷器是在以釉下青花颜料在瓷胎上勾勒图案轮廓，罩以透明釉后烧制成淡描

青花瓷器的基础上，再按照青花轮廓用釉上五彩进行加彩、填色之后烧制而成，在这个过程中青花是瓷器画面的主色，而釉上的其他彩色仅仅作为画面的点缀而已；而五彩瓷器并不以青花作为主要颜色，五彩上的青花仅仅作为釉上彩中的一种颜色，并不居于主要位置。其次在整体风格上，五彩瓷器以颜色浓艳、图案纹饰密集为主要特征，而斗彩瓷器则以疏淡清雅著称。

粉彩瓷器创烧于清代康熙时期，本书第六章中会论述到，主要是在玻璃白粉底的基础之上，以彩色釉采用“没骨”画法自然过渡色阶。相比于五彩瓷器，粉彩瓷器在色彩上更加丰富，色彩过渡更加柔和，因而又被称作“软彩”。

（二）五彩瓷器在明代的发展

1. 宣德时期的五彩瓷器

明人高濂所撰《燕闲清赏笺》中云：“又若坐墩之美，如漏空花纹，填以五色，华若云锦；有以五彩实填花纹，绚艳恍目。”[1]记载了明宣德时期五彩瓷器的烧制技术，而 20 世纪 80 年代，在西藏日喀则萨迦寺发现的一件书有“大明宣德年制”款的五彩鸳鸯莲池纹碗也向我们展现了明代宣德时期五彩瓷器的工艺水平。五彩鸳鸯莲池纹碗内壁口沿以青花纹装饰，碗外口沿以青花云龙纹装饰，其腹部为常见的青花五彩莲池鸳鸯纹饰，以平涂技法施以彩绘，画功细腻，色彩浓艳，青花与五彩的结合已较为成熟。

宣德五彩瓷器色彩丰富，在颜色上除青花外也有

[1]（明）高濂：《遵生八笺》，浙江古籍出版社，2017，第 548 页。

红色、绿色、紫色、黄色、白色、黑色等其他颜色，每种色彩又有深浅之差异，这也是宣德时期五彩瓷器有别于后来的嘉靖、万历时期五彩瓷器的一个重要方面。因宣德时期遗留下来的器物较少，因此我们对这个时期五彩瓷器的发现也较为有限，正因为如此，随着考古工作的开展，我们的探索也仍会继续。

2. 嘉靖、万历时期的五彩瓷器

五彩瓷器发展至嘉靖、万历时期盛极一时，这个时期的统治者对奢华生活的追求也在一定程度上刺激了明代手工业尤其是瓷器的发展，这个时期统治者对于道教的推行也使得大量与道教有关的图案以及纹样出现在瓷器装饰当中。因此在这个时期产生了大量精致华丽的瓷器，五彩瓷便是其中的代表之一。青花五彩瓷器在明代嘉靖、万历时期快速发展，在瓷器胎质以及釉色上都呈现出明显的时代风貌。红艳浓翠的色彩、与道教有关的图案纹饰是这一时期五彩瓷器的整体风格。

（1）明代嘉靖、万历时期五彩瓷器的造型特点

统治者的爱好、民窑的发展以及海外市场的巨大需求使得明代嘉靖、万历时期五彩瓷器造型极为多样和丰富[1]，除了日常常见的实用性器皿之外，还包括大量的陈设类器具、祭祀宗教类器具以及文房类器具等。由于这个时期的统治者沉迷于道教，因此在器物造型上出现了葫芦瓶等与道教文化相关的器物，并且造型多变，有四方形状的、六方形状的、上圆下方形状的等。另外，由于五彩瓷器烧制技艺的成熟，到了万历时期，青花五彩瓷器的制作质量高，生产数量多，

[1]《景德镇陶录》中曾记载，这个时期的器物形制“制作益考，无物不有”。

造型丰富、生动美观，堪称明代青花瓷器制作之巅峰阶段，可谓空前绝后。

（2）明代嘉靖、万历时期五彩瓷器的釉色特点

明代嘉靖、万历时期五彩瓷器釉色大多白中泛青，在瓷器底部施以亮青色釉。嘉靖时期的官窑五彩瓷器以及民窑中器型较小者釉面莹润、肥厚，且呈现灰白色以及青白色；万历时期五彩瓷器早期大多呈乳白色，后期釉面变薄，呈现青白色，明显不如嘉靖时期釉面。

嘉靖、万历时期五彩瓷器盛极一时，所用彩料多为红色、绿色、蓝色、黄色以及紫色等，釉上五彩中的红色常以黄彩烘托，色彩对比强烈。嘉靖时期所用红彩为铜红釉，万历时期所用红彩为矾红[1]，釉下青花与釉上矾红结合颜色鲜明，具有强烈的视觉冲击效果。五彩纹饰中的绿彩，常用来表现枝叶、树木；“黄上红”的黄彩，先用黄色涂成图案，然后以红彩进行勾画，常被用来表现花果等；还有釉下青花的蓝彩，嘉靖时期以“回青”为主，到了万历时期则以国产钴料代替，另外蓝彩还经常被用以装饰瓷器边沿部分；其余还包括赭紫以及金彩、黑彩等色。嘉靖时期的五彩瓷器刻意突出大红、大绿、大紫、大蓝、大黄的视觉效果，加之满密的花纹图案，呈现出红艳浓翠之感，色彩对比强烈，这也是嘉靖、万历时期五彩瓷器的总体时代特征。

釉下青花和五彩斑斓的釉上彩在五彩瓷器中的组合，使得作品具有鲜艳明亮、华丽斑斓的美感，集华丽与明艳于一身，雅俗共赏。

[1] 铜红釉以铜为着色剂，矾红以铁为着色剂。

明代万历时期 五彩龙纹蒜头瓶

明代嘉靖时期 青花五彩花卉纹瓶

明代嘉靖时期 五彩天马纹盖罐

明代万历时期 五彩花卉六瓣口瓷碟

（3）明代嘉靖、万历时期五彩瓷器的装饰特点

明代嘉靖、万历时期的五彩瓷器装饰除了前文提到的对五彩的运用，以及凸显道教色彩的描金、涂金装饰之外，在纹饰技法上，主要采用先勾勒图案轮廓，再进行单线填涂的方法，线条流畅、挺拔有力。

嘉靖、万历时期，五彩瓷器的纹饰装饰内容丰富，变化无穷。这个时期纹饰的内容主要有龙凤、八仙、八宝、莲池鸳鸯、百鹿、百蝠、灯笼、婴戏图案、花草图案、人物故事图案等，并配以缠枝纹等辅助纹饰。我们会发现与道教有关的纹饰题材在这一时期的纹饰中出现较为频繁，包括仙鹤纹、云纹、仙草纹、灵芝纹、葫芦纹、八卦纹以及八仙过海、福禄寿三星等道教人物故事纹饰，主题突出、寓意鲜明，具有强烈的时代特点。嘉靖、万历五彩瓷器纹饰既体现了帝王的特殊审美需求，又立足现实生活，展现了明代五彩瓷器在成熟以及巅峰时期的时代风貌和风格特点。

●明代万历时期　五彩百鹿图尊

（4）明代嘉靖、万历时期五彩瓷器的烧制情况

明代嘉靖、万历时期的五彩瓷器由于瓷土材料淘洗不够精细而显得较为粗糙，另外五彩瓷器的瓷胎略显厚重，并有歪斜现象。器型较大的器物底足部分多为砂底，处理较为粗糙。由于当时五彩瓷器的需求量较大，烧制任务重，使得“官搭民烧”较为盛行，一些民窑在烧制技术上达不到所要求的标准，加之麻仓土的告竭等因素，因此容易出现一些质量上的问题。

三、明代成化斗彩瓷器的发展概况以及艺术风格

斗彩瓷器是一种釉上彩与釉下彩相结合，高温烧制与低温烧制相辅助，工笔与写意相互呼应的集多种装饰艺术于一体的瓷器。其制作方法是，在经1300℃高温烧制而成的釉下青花瓷器基础之上，用矿物质颜料对其二次施彩，以涂染青花绘制的轮廓线以内空间或者其他空白部分，最后再以800℃左右低温烘烤而成。最早使用“斗彩”这个名称的，约见于公元18世纪清人所著的《南窑笔记》[1]，我们一般以“青花间装五彩”或“五彩”瓷器来对其进行命名。

1. 明代成化时期斗彩瓷器的发展概况

根据已有资料记载，斗彩瓷器创烧于明代宣德时期，遗憾的是宣德时期遗留下来的实物有限，也让我们的研究受到限制。至成化时期，斗彩瓷器取得辉煌的发展成就。我们知道明代官窑代表了明代瓷器烧制的最高技术与发展水平，古人在对明代官窑瓷器的评价中曾说“首成（成化时期），次宣（宣德时期），次永（永乐时期），次嘉（嘉靖时期）”[2]，而在明

[1] 《南窑笔记》：“成、正、嘉、万俱有斗彩、五彩、填彩三种。先于坯上用青料画花鸟半体，复入彩料，凑其全体，名曰斗彩。”

[2] 叶喆民：《中国陶瓷史：增订版》，生活·读书·新知三联书店，2011，第515页。

代成化瓷器的发展中又以“五彩”瓷器为上。所谓“五彩”瓷器即我们今日所称之“斗彩”瓷器，直到成化时期，才真正走向历史舞台，并且对于清代斗彩瓷器的发展起到了巨大的推动作用。

在明代成化瓷器发展早期，斗彩瓷器的制作技艺以及烧制技法还并未达到十分成熟的地步。斗彩瓷器在一定程度上仍是在仿照前代发展的基础之上进行烧制，因此这个时期的斗彩瓷器并未有过多的发展以及创新。至成化中后期，在斗彩瓷器的装饰技法上逐渐出现了青花双线勾勒的绘制方法，在这一技法的基础之上，斗彩瓷器呈现出色彩鲜亮、造型秀美、轻巧灵动的整体风格，成为明代御窑瓷器的巅峰之作，以至于后来成化斗彩瓷器“值十万钱”[1]，让人们趋之若鹜。

[1] 出自明朝刘侗、于奕正所著的《帝京景物略》，书中提到“成杯一双，值十万钱”。

明代成化时期　斗彩花卉龙纹尊

2. 明代成化时期斗彩瓷器的艺术风格

明代成化时期斗彩瓷器以其秀美轻巧、精致淡雅的风格独步一时，在艺术表现以及审美风格上都达到了明代瓷器艺术的顶峰，成为明代瓷器艺术中价值与评价最高的一颗璀璨明珠。收藏界中“明看成化、清看雍正”的一句评价也说明了这一点。

（1）明代成化时期斗彩瓷器的造型特征

明代成化时期的斗彩瓷器均为小件器物。从现有的藏品来看，最高的成化斗彩宝相花纹盖罐高度也不超过 20 厘米，相比于之前明代同时期的青花瓷器和五彩瓷器等，成化斗彩瓷器更加小巧玲珑。正因其小巧精致的器物造型,因此在器型种类上主要集中在碗、杯、罐、瓶、盒、碟、盘等。成化斗彩瓷器胎质细腻，胎体偏薄，整体造型上呈现出一种端庄温润、秀雅精致的风格，线条轮廓曲直相倚，表现出雅致不凡的时代审美风尚。

●明代成化时期　青花斗彩鸳鸯卧莲碗

（2）明代成化时期斗彩瓷器的用彩特征

明代成化时期斗彩瓷器的设色十分丰富，其用彩的多样化甚至可以用空前绝后来形容，它运用青花元素以及多元化的色彩种类表达，表现出贴近生活的浓烈氛围。成化时期的斗彩瓷器在釉下青花的用料选择上，以江西省乐平市所产的平等青釉料[1]为主，因此釉下青花的色彩比较柔和淡雅；成化斗彩瓷器在釉上色彩的用料以及种类上，主要采用了厚重不透明的褐色、以铁为主要呈色剂的矾红、以铜为主要呈色剂的绿彩、颜色通透且有玻璃质感的黄彩、以葡萄紫以及赭紫色为主的紫彩等；在釉上色彩的使用频率上，以红色、黄色以及绿色三种颜色为最高。每件斗彩瓷器根据其整体特点用色不等。淡雅柔和的釉下青花加之浓烈的釉上色彩，使得成化斗彩瓷器异常清新脱俗。

●明代成化时期　斗彩莲塘鸳鸯纹盘

[1] 又被称为“陂塘青”，明朝的成化至嘉靖中期，景德镇官窑所烧制的青花瓷器一直在使用这种青料。

（3）明代成化时期斗彩瓷器的装饰特征

成化斗彩瓷器的绘画方法主要是在釉下青花的双勾纹饰轮廓线以内以釉上色彩的用料进行填色，也有一些纹饰是以釉下青花和釉上彩分别绘制的，另外还有釉上点彩、复彩以及染彩等技法。

成化时期斗彩瓷器的装饰纹饰题材广泛，主要包括以高士、仕女、婴童等为主的人物纹饰，以鸡、鸳鸯、鸟、水兽、蝴蝶、蜜蜂、灵兽、草虫、飞象等为主的动物纹饰，以莲花、葵花、菊花、兰花、石榴、牡丹、灵芝、西番莲[1]、卷草、梅花、松树等为主的植物纹饰，以梵文、藏文为主的文字类纹饰等。其装饰题材大多表现的是生活日常以及自然现象等，尤其是成化斗彩瓷器中比较常见的子母鸡、婴戏图等纹饰，通过画匠们高超的技艺描绘，将世俗生活与秀雅的文人韵味巧妙结合，凸显出了成化斗彩瓷器优雅别致的风格韵味。

[1] 西番莲是西洋地区生长的一种植物，又被称为“西洋菊”“西洋莲”等，西番莲纹在西洋纹饰中具有特殊的地位，类似于中国的牡丹纹饰，象征着平安、富贵、吉祥等。

明代成化时期　斗彩八卦海兽碗

明代成化时期　斗彩鸡缸杯

3. 明代成化时期斗彩瓷器的地位以及影响

《博物要览》一书中以“古瓷画彩，成窑为最。画手高，画料精，其点染生动，有出于丹青家之上者”[1]评价成化斗彩瓷器，可见其胎体紧致洁净、胎料纯净细腻、釉彩娇艳浓烈和绘画技艺高超精妙的特征。成化斗彩瓷器是在继承了永乐、宣德青花五彩瓷器的基础之上发展起来的，同时也为清代康熙、雍正、乾隆时期的彩瓷发展奠定了重要的基础。成化斗彩瓷器的兴盛代表了明代成化时期官窑制瓷技术的最高成就，在中国古代瓷器发展史上具有重要地位。

明代成化时期斗彩瓷器堪称我国瓷器艺术史上的精妙之作，随着我国瓷器工艺技术的不断发展与革新以及新材料新种类的不断出现，斗彩瓷器的表现形式也有了更多的发展与创新。无论是传统的青花斗彩，还是刻花斗彩、色釉斗彩以及玲珑斗彩等形式，都表明了明代成化时期斗彩瓷器所产生的深远影响。

四、明代德化窑白瓷的发展概况以及艺术风格

中国瓷器中白瓷的烧制开始于魏晋南北朝时期，到隋唐时期逐渐发展成熟，至明代时期，福建的德化窑将我国白瓷的生产推至巅峰时期。德化位于福建省中部地区，依山傍水的环境、丰厚的瓷土以及燃料资源储备，以及便利的交通运输条件使其成为绝佳的建窑场地。而德化窑所烧制的白瓷无论是从原料、烧制技术，还是装饰方法上均达到了全面成熟，还出现了何朝宗等一大批烧制白瓷的名家，他们所烧制的白瓷作品造型极其精美、釉色温润如脂，大量外销，因此

[1] 周思中：《中国陶瓷经典名著选读》，武汉大学出版社，2013，第 194 页。

德化窑白瓷获得了“中国白”“国际瓷坛的明珠”等诸多赞誉。德化也因此成为“中国白的故乡”。

（一）明代德化窑白瓷的造型特征

明代德化窑所烧制出的白瓷产品胎体细腻且洁白，产品造型丰富多样，既有以碗、盘、碟、杯、执壶、盏、匙等为主的饮食用器皿，以尊、炉、瓶、花盆、水盂、匜等为主的陈设类器皿，以水注、洗、砚滴、笔筒、案屏等为主的文房类用器；也有以墓志铭、棺垫等为主的墓葬类用器；还有以如来像、观音像、达摩像、弥勒像、罗汉像等佛教人物为主的惟妙惟肖的各种人物雕塑造像等。以德化窑白瓷和合二仙为例，和合二仙的故事取自我国唐代时期拾得和寒山两位僧人。据传说这两位僧人是天台山的得道高僧，两人不仅是至交好友，且胸怀大度，不为世俗名利荣华所累，洒脱超然。由此二人也备受后世推崇，用以表达吉祥、美满以及祝寿的美好愿望，是“和合文化”的象征，也寓意“和谐社会”。德化窑白瓷和合二仙雕塑并肩而行，其中一人持荷叶、一人持宝盒，袖口、衣扣处有自然褶皱，形象栩栩如生。雕塑通体施以白釉，釉面微微泛青色，也有微黄色调。

●明代时期　德化窑白瓷和合二仙

尤其值得说明的是，明代是德化窑白瓷史上雕塑工艺最为兴盛和发达的时期，尤以佛像最为出名。明代宋应星曾在《天工开物》中说道：“德化窑惟以烧造瓷仙、精巧人物、玩器，不适实用。”[1]可见当时德化窑白瓷瓷塑的知名度。当时出现了何朝宗、林朝景、陈伟、张寿山等一大批著名的制作德化窑白瓷的能工巧匠，他们在吸收民间泥塑、木雕等传统工艺技术的基础之上，对人物的造型、神情甚至衣纹等细节精雕细刻，达到了形神兼备的效果，把德化窑白瓷的瓷塑艺术也推上了发展高峰。

[1] 周思中：《中国陶瓷名著校读》，武汉大学出版社，2016，第38页。

（二）明代德化窑白瓷的釉色特征

明代德化窑的白瓷胎质细腻洁白，釉色以乳白色为大宗，还有纯白、闪灰以及白釉泛青等。德化窑白瓷所用瓷石原料含铁量较低，适宜制作高质量白瓷，白瓷以1230℃左右较强的还原焰烧制而成，因此烧制出来的色泽如凝脂般明亮光润，釉色更纯净。另外德化窑白瓷在烧制过程中由于原料构成以及烧制温度的影响，瓷色会有不同差异。例如我们常说的德化窑白瓷中的“猪油白”“象牙白”“孩儿红”等类别就是由这种差异造成的。作为明代德化窑白瓷珍品代表之一的“猪油白”瓷器，瓷胎白净细腻，釉质莹润厚重且润如油脂，就像凝固的猪油一般，因此而得名；明代德化窑白瓷另一类珍品“象牙白”瓷器，瓷质莹厚温润，瓷色白中蕴黄，如象牙色泽一般，故而被称为“象牙瓷”或“象牙白”瓷器；而明代德化窑白瓷中的极品代表“孩儿红”白瓷，则是通过窑变产生的

艺术效果，由于白瓷在烧制过程中因窑内温度以及所放置位置的差异，在莹润光亮器物中产生了白中蕴红的现象。

●明代时期　德化窑莹白蟠螭把壶

（三）明代德化窑白瓷的装饰特征

明代德化窑白瓷在装饰方法上主要包括刻划工艺、浮雕工艺、堆贴工艺以及透雕工艺等，尤其是何朝宗等德化匠人在借鉴木刻、泥塑、石雕等工艺技法的基础之上对捏、刻、刮、削、贴、塑等技法的灵活运用，更进一步丰富了德化窑白瓷的装饰技法。明代德化窑白瓷装饰纹样以弦纹、叶纹、梅花纹、蟹纹、回纹，以及各式各样的小动物纹饰为主，在贴近百姓日常生活的基础之上结合瓷器外销的背景融入异域元素，工艺精巧，制作精良。

（四）明代德化窑白瓷的烧制技术

明代德化窑白瓷在瓷土加工技术上，要求“淘去石渣，飞澄数过”[1]，工艺繁琐，对工艺要求极为严格。在烧制过程中，明代时期窑炉已改为阶级窑，这种窑炉结合了之前龙窑以及馒头窑的优点，设有通火孔以及防火墙，从而更有利于温度的升高以及保温，适合德化窑白瓷这一类氧化钾含量较高的瓷器的烧制，也更易掌握烧制过程中氧化焰的烧成技术。烧制技术的提高保证了德化窑白瓷瓷器的烧制质量，在装烧过程中也大量使用匣钵工艺保证了白瓷的烧制效果。

[1] 宋建忠：《水下考古》，上海古籍出版社，2017，第 142 页。

五、明代颜色釉瓷的发展概况以及艺术风格

所谓颜色釉瓷指的是有颜色的陶瓷釉，中国开创的颜色釉瓷器烧制历史最长、数量最大、种类最多。对颜色釉瓷器的分类主要依据三个方面，其一，我们可以按照烧制温度的高低来进来分类，烧制温度高于 1300℃的称为高温颜色釉瓷器，烧制温度高于 1200℃的称为中温颜色釉瓷器，烧制温度处于 1040℃左右时称为低温颜色釉瓷器；其二，我们可以从烧制完成以后的颜色釉外观特点进行分析，可分为单色釉、花釉以及裂纹陶瓷釉瓷器等；其三，我们可以依据烧制过程中火焰的性质对其进行分类，可分为氧化火焰颜色釉以及还原火焰颜色釉瓷器。下面我们以高温和低温的单色釉瓷器为代表，对这一时期的颜色釉瓷器发展进行叙述。

明代单色釉瓷器品类繁多且工艺精良，从传世的瓷器制品以及相关文物来看，明代永乐年间创烧的红釉、甜白釉瓷器，宣德年间创烧的洒蓝釉[1]、孔雀绿釉、瓜皮绿釉、天蓝釉、紫金釉瓷器等，都集中地展现了明代各种颜色釉瓷的烧制工艺和水平。

[1] 又被称为“雪花蓝釉”“雪盖蓝釉”，是以钴为着色剂经高温烧制而成。

●明代宣德时期　天蓝釉撇口碗

●明代嘉靖时期　紫金釉碗

（一）明代红釉瓷器

明代的红釉瓷器属于高温石灰碱釉，是以铜为呈色剂的颜色釉瓷，在高温还原气氛中烧制而成，创烧于明代洪武时期，但洪武时期的红釉瓷器较为少见。到了永乐时期，红釉瓷器的数量明显有所增加，其颜色鲜艳纯正，因此红釉瓷器又被称为“宝石红”“鲜红”“祭红”“积红”等，是明代景德镇窑中较为珍贵的色釉品种之一。永乐时期的红釉瓷器造型较为轻巧，胎质细腻，釉层透亮莹润，至宣德时期，红釉瓷器数量增多，瓷胎以及瓷釉相较于永乐时期更加厚重，色泽也更加深沉。明宣德以后，红釉瓷器数量逐渐减少。

●明代宣德时期　宝石红釉僧帽壶

（二）明代甜白釉瓷器

明代永乐时期，国力昌盛、政局稳定，景德镇官窑在元代枢府白瓷的基础之上开创了新纪元并且成功烧制出甜白釉这一颜色釉。甜白釉瓷器选用了含铁量较低的瓷土和釉料，因此釉面更加纯净洁白，胎质更加致密。据说永乐帝曾赞叹甜白釉瓷器“洁素莹然，甚适于心”[1]。甜白釉瓷器的釉面如白糖一般细腻，釉色莹润如玉，仔细观察给人一种甜美之感，因此也被称为“甜白”或“填白”，有“白如凝脂，素犹积雪”之美誉。

明代的甜白釉瓷器透明度高，釉层偏薄而釉面细润，同时明永乐时期的甜白釉瓷器因受西亚文化影响较大，因此部分瓷器还具有浓郁的西域风情。在器型上主要包括碗、高足杯、盘等实用类器物，以爵为代表的祭祀类礼器类器物，以及具有西域特点的高足深腹大碗、折沿盆、花浇等器型。关于瓷器款识，由于明代景德镇官窑瓷器于永乐时期首次以皇帝年号进行署名，所以这一时期的甜白釉瓷器款识多是“永乐年制”阴阳刻印篆书形式。

[1]《明太宗实录》记载：“结牙思进玉碗，上不受，命礼部赐钞遣归。谓尚书郑赐曰：‘朕朝夕所用中国瓷器，洁素莹然，甚适于心，不必此也。况此物今府库亦有之，但朕自不用。’”可见永乐帝对甜白釉瓷器的喜爱。

●明代成化时期　甜白釉双龙纹杯

●明代永乐时期　甜白莲花纹梅瓶

（三）明代洒蓝釉瓷器

洒蓝釉瓷器是以铜和钴为呈色剂的颜色釉瓷器，创烧于明宣德时期。洒蓝釉瓷器的烧制过程需要先以1250℃左右的高温烧制白釉，然后再以1100℃左右的低温烧制洒蓝釉。洒蓝釉瓷器因为其独特的施釉工艺，又被称为“吹青釉”。根据《陶冶图说》记载，要以一根长七寸、直径过寸的竹筒，一段蒙以纱，然后蘸釉向上吹，吹的次数少则三四遍、多则十七八遍。中国著名的陶瓷鉴定专家冯先铭先生在《中国陶瓷》中写道：“由于吹青的效果不可能和浸釉或刷釉那样均匀，而必然有厚薄、深浅不同，呈如雪花的斑片，因此又有‘雪花蓝’之称。”[1] 因此洒蓝釉瓷器表面常凹凸不平，就是由于其独特的吹釉工艺所致。

[1] 冯先铭：《中国陶瓷》，上海古籍出版社，2001，第497页。

●明代宣德时期 洒蓝刻花莲塘鱼藻纹碗

（四）明代霁蓝釉瓷器

霁蓝釉瓷器创烧于元代，又有“霁青”“蓝釉”“祭蓝”等称谓，霁蓝釉瓷器以青料作为呈色剂与石灰碱釉混合而成，以高温一次烧制，最高烧制温度为1280℃到1300℃。根据《大明会典》规定：“四郊各陵瓷器，圆丘青色，方丘黄色，日坛赤色，月坛白色。行江西饶州府如式烧解。”[1] 圆丘就是我们所说的天坛，由于古人在祭祀时所用器物往往要与所祭拜的对象在颜色上保持一致，因此祭天所用的青色瓷器“霁蓝釉”瓷器又被称为“祭蓝釉”瓷器。霁蓝釉瓷器施釉工艺为浸釉，明代霁蓝釉瓷器釉面平整莹润，表面平滑，以宣德朝的霁蓝釉瓷器最具代表性。在器型上以碗、盘最为常见，多为单一色釉。

●明代嘉靖时期　霁青暗龙纹渣斗

[1]《中国陶瓷大系 13 明（下）》，上海人民美术出版社，2019，第 34 页。

（五）明代孔雀绿釉瓷器

孔雀绿釉又被称作“吉翠”“法翠”，孔雀绿釉瓷器是以氧化铜为着色剂的低温颜色釉瓷器，以950～1050℃的低温还原焰烧制而成。由于其蓝绿色颜色亮丽鲜艳，如同孔雀的羽毛一般，因此被称为孔雀绿釉瓷器。孔雀绿釉瓷器最早始于宋代磁州窑[1]，元代时期景德镇窑开始烧制。到了明代永乐时期，随着单色釉瓷器烧制技术的不断成熟与发展，这个时期的孔雀绿釉瓷器色泽明快淡雅，釉面匀净，釉面多为单一的孔雀绿色泽，也出现了以孔雀绿釉为地在暗刻龙纹上绘制赭紫色的孔雀绿地紫彩的彩瓷釉新品种。至明宣德时期，孔雀绿地青花瓷釉开始创烧，到了明成化时期，孔雀绿釉又有了一定创新，明末时期孔雀绿釉瓷器开始逐渐减少。

明代宣德时期　孔雀绿釉弦纹三足炉

[1] 宋代磁州窑是北方民间著名窑厂之一，因其产品花色、种类繁多，作品风格、题材自由而受到人们喜爱，成为当时北方民用瓷器的主流，形成磁州窑系。

（六）明代瓜皮绿釉瓷器

瓜皮绿釉瓷器也被称作“浇绿釉”瓷器，是以金属铜为着色剂的低温釉瓷器，因其釉色接近西瓜皮色泽，因此被称为瓜皮绿釉瓷器。其制作工艺是：先烧制素胎瓷器，然后在素胎瓷器上浇以金属铜为着色剂的釉浆，最后以800℃左右的低温二次入窑烧制。瓜皮绿釉瓷器创烧于明代嘉靖时期，并且在这一时期迅速流行，当然这也和明代嘉靖皇帝对道教的崇尚有着必然的关系。嘉靖时期明代官窑对瓜皮绿釉瓷器器型有着严格的限制，以碗、盘等小件的圆器为主。这一时期的瓜皮绿釉瓷器釉色纯正，颜色深沉，绿中闪黑。明代瓜皮绿釉瓷器仅在嘉靖时期迅速流行，之后便断烧，后直至清代康熙时期才恢复烧制。

（七）明代黄釉瓷器

黄与“皇”同音，黄色在中国古代因象征着帝王之色，所以有着崇高的地位。至明代开始，黄釉瓷器便从中国的单色釉瓷器中脱颖而出，成为专供帝王御用的瓷器，禁止民间烧造。黄釉瓷器根据釉料成分以及烧制温度的不同可分为高温黄釉瓷器与低温黄釉瓷器。从现有的资料来看，景德镇窑黄釉瓷器的产生时间应当就是明代洪武时期，相较于之后永乐、宣德时期的黄釉瓷器而言，施釉较厚重，色泽也较深，且这一时期的黄釉瓷器有外黄釉内青白釉和内外黄釉这两种类型，以盘、碗等基本器型为主。关于明代黄釉瓷器的发展，冯先铭先生在《中国陶瓷》一书中曾说道：“黄釉是弘治颜色釉最负盛名的品种，也是整个明代

❶冯先铭：《中国陶瓷》，上海古籍出版社，2001，第512页。

黄釉烧制最成功之作。”[1]到了明代弘治时期，低温黄釉瓷器的烧制已达到历史最高烧制水平，颜色浅淡；正德时期的黄釉瓷器颜色更加深沉，胎体较厚重，工艺在弘治时期发展的基础之上有了更多创新，出现了黄地绿彩、黄地紫彩等品种。

●明代嘉靖时期　娇黄牡丹小碟

●明代宣德时期　娇黄釉盘

第三节　明代瓷器“空白期”瓷器的发展

明代瓷器的“空白期”指的是明代正统、景泰、天顺三朝，即公元1436年至1464年。在相当长的一段时间中，由于“夺门之变”“土木之变”等政治环境影响以及自然灾害等原因，导致这个时期的制瓷产业发展滞后。因极少有署正规年款的瓷器器物传世，瓷器发展情况不为人所知，这一时期被中国的古陶瓷研究者称为“空白期”，也被称作“空白的三十年”或者“黑暗期”。近年来，随着我国陶瓷考古文物以及相关文献的发掘，我们了解到，虽然这个时期我国瓷器的烧制断断续续，却从未停烧，且这个时期民窑烧制数量惊人，因此明代瓷器发展的“空白期”并不空白，这一时期的瓷器烧制上承明代宣德时期，下启明代成化时期，是明代两个瓷器发展高峰之间的重要衔接与过渡，在明代瓷器发展过程中具有重要地位及意义。

一、明代瓷器“空白期”的瓷业生产状况

明代景德镇瓷器的生产包括“官窑”“民窑”两种类型。从时代背景来看，正统、景泰、天顺三朝时局动荡、自然灾害严重、经济发展相对滞后，一定程度上影响了官窑瓷器的生产。官窑的没落以及特定时期的停烧在一定程度上也打破了明代官窑生产的封闭性，使得这一时期官窑瓷器与民窑瓷器生产的交流日益增加。

（一）明代瓷器“空白期”官窑瓷器的生产状况

在明代正统、景泰、天顺三朝的政治、经济背景之下，官窑瓷器发展滞后，且出现偶尔断烧的情况。

明宣德十年（1435），明宣宗朱瞻基逝世，朱祁镇即位，年号正统。英宗的《即位诏》中记载：“各处买纻丝纱罗缎匹，及一应物件，并续造缎匹、抄造纸札、铸造铜钱、烧造饶器、煽炼钢铁、采办梨木板，及各处烧造器皿、买办物料颜料等项悉皆停罢，其差去内外官员人等，即便回京，违者罪之。”[1]由此可见官窑瓷器在明正统元年（1436）便已“禁烧”。之后正统三年（1438）朝廷再下禁烧令，不仅官窑禁烧，甚至连民窑也开始禁烧“官样瓷器”。不过《明史》记载，正统六年（1441），朝廷“命造九龙九凤膳案诸器，既又造青龙白地花缸。王振以为有璺，遣锦衣指挥杖提督官，敕中官往督更造”[2]。说明官窑瓷器的禁烧不是突然中断，而是在那期间断断续续地进行。景泰时期，《大明会典·卷一九四》中记载：“景泰五年奏准，光禄寺日进、月进内库，并赏内外官瓶、坛，俱令尽数送寺备用，量减岁造三分之一。”[3]官窑瓷器烧制数量日益减少，并且御窑厂烧制瓷器的任务也在相应减少。至天顺时期，根据《浮梁县志》记载：“天顺丁丑，仍委中官烧造。”[4]《江西大志》记述：“光禄寺奏请于江西饶州府烧造瓷器共十三万三千有余，工部以饶州民艰难，奏减八万，从之。”[5]可见，这一时期的官窑瓷器烧制虽然日益减少，却并未停止。

21 世纪以来，结合 2014 年在景德镇御窑厂珠山北麓的考古发掘、2018 年景德镇考古研究所和北京

[1] 王光尧：《明代宫廷陶瓷史》，紫禁城出版社，2010，第 181 页。

[2]（韩）朴元熇：《〈明史·食货志〉校注》，天津古籍出版社，2014，第 224 页。

[3] 朱裕平：《明代青花瓷》，上海科学技术出版社，2010，第 330 页。

[4] 李一平：《景德镇明清官窑》，江西美术出版社，2016，第 60 页。

[5] 中国硅酸盐学会：《中国陶瓷史》，文物出版社，1982，第 366 页。

大学考古文博学院等单位在景德镇珠山南麓的考古发掘，以及对正统、景泰、天顺三朝瓷器发展的考古研究，可以证实明代正统、景泰、天顺三朝不乏官窑瓷器以及“官搭民烧”形式的瓷器碎片出土。这一时期的官窑瓷器烧制上承宣德，下启成化，是中国瓷器发展过程中重要的继承以及延续时期。

（二）明代瓷器“空白期”民窑瓷器的生产状况

明代正统、景泰、天顺三朝官窑生产的不稳定与低迷对当时的民窑生产也有一定影响。例如明正统初年，御窑厂“禁烧”使得这一时期的民窑烧制有所减缓。明代《明英宗实录》中记载，正统三年（1438）朝廷“命都察院出榜，禁江西瓷器窑场烧造官样青花白地瓷器于各处货卖及馈送官员之家。违者正犯处死，全家谪戍口外”[1]。正统十二年（1447），“禁江西饶州府私造黄、紫、红、绿、青蓝、白地青花等瓷器。命都察院榜喻其处，有敢仍冒前禁者，首犯凌迟处死，籍其家赀，丁男充军边卫，知而不以告者连坐”[2]。这一系列禁令，反映了这一时期存在民窑违反禁令烧制“官样瓷器”的情况，民窑生产受到限制。由于禁令和种种因素的影响，民窑制瓷业的产品种类在这个时期较为单一。虽然民窑发展的连续性相比于官窑来说更为明显，但由于大环境的影响，民窑生产也只能是夹缝中求生存。

[1][2] 熊寥，熊微：《中国陶瓷古籍集成》，上海文化出版社，2006，第15-17页。

但是景德镇作为明代瓷器生产的主要地点，民间窑厂的瓷器烧造不可能在短时间内发生巨大的改变。据《明英宗实录》记载：“正统元年九月乙卯，江西

浮梁民陆子顺，进磁器五万余件，上令送光禄寺充用，赐钞偿其直。”[1] 说明从明代宣德末年至正统初年，景德镇的民窑生产不但没有出现如官窑般“烧造饶器、煽炼刚铁、采办梨木板，及各处烧造器皿、买办物料颜料等项悉皆停罢”[2] 的情况，反而其瓷器生产并未停止。另外值得注意的是，正统元年（1436）浮梁县民陆子顺所进的五万余件瓷器并非平常百姓所用之民用瓷器，至少应该是“精品瓷器”，甚至是“仿官窑瓷器类型”。这一情况一方面表明了当时民窑的生产能力，且官府对民窑烧制的默许态度；另一方面也说明当时在民窑中出现了“御窑工开烧民窑的情况”，从而使得官窑的瓷器制作以及烧制技法外传，一定程度上反而促进了民窑的发展。

总之明代“空白期”官府对于民窑瓷器生产的规范和限制，虽然未严重打击民窑生产，却也在一定程度上使得民间制瓷业呈现衰微趋势。

二、明代瓷器“空白期”的瓷器特征

明代“空白期”瓷器是在永乐、宣德时期瓷器发展基础之上向成化时期瓷器转变的关键时期，因此正统时期的瓷器有宣德之风，天顺瓷器的风格更倾向于成化瓷器。

（一）明代瓷器“空白期”瓷器的器物造型特征

这一时期，瓷器器型有所减少，以碗、盘、瓶、罐、碟等居多，且各个类型器物有大小之异，在功能上有生活类器物、陈设类器物、祭祀类器物。值得注意的

[1] 熊寥，熊微：《中国陶瓷古籍集成》，上海文化出版社，2006，第15-17页。

[2] 王光尧：《明代宫廷陶瓷史》，紫禁城出版社，2010，第181页。

是，明代“空白期”瓷器中诸如明代宣德时期的以蛐蛐罐等为代表的玩赏类瓷器器物大量减少，且用于外贸的具有浓重伊斯兰风格的三足器、抱月瓶[1]等器物也很难见到。这个时期器物类型以传统的生活、陈设以及祭祀类器物为主，以青花瓷器、青白釉器以及白釉器居多。

整体上而言，这一时期的器物造型与宣德瓷器雄放厚重的风格相比，逐渐在向着精细化的方向发展，器物胎体尺寸适中，细致纤薄，是成化瓷器艺术风格发展的萌芽阶段。

（二）明代瓷器“空白期”瓷器的装饰纹饰特征

正统、景泰、天顺三朝瓷器的装饰纹饰继承了宣德时期“官样”装饰纹样的艺术风格，在绘制方法上既有粗犷、简练的宣德遗风，又有细腻、俊秀的表现风格。在装饰纹样上主要有缠枝花卉、牡丹纹、回纹、云纹、弦纹、水波纹以及兰花纹等，主题花纹有缠枝牡丹、八宝纹、喜鹊登枝、水藻游鱼、琴棋书画等。纹饰大多贴近生活以及自然，表现民间风俗的内容增多。景德镇“空白期”的瓷器绘画既受画院艺术影响，也具有民间绘画的特征，自然生动。

（三）明代瓷器“空白期”的釉料特征

明代永乐、宣德时期使用的青料多为进口的“苏麻离青”，至正统、景泰、天顺年间，“苏麻离青”原料较为匮乏，因此将“苏麻离青”与国产青料混合使用。国产青料缺失铁元素，使得青花不易晕散，因

[1] 又称“宝月瓶”，因其瓶腹部分形似圆月而得名，小口，直颈，颈侧有双耳。

此在呈色效果上更显淡雅。这个时期官窑出土器物多使用“苏麻离青”，青花颜色较为浓艳，民窑出土器物多使用国产釉料，青花颜色较淡雅，有发灰色泽。

另外明永乐、宣德时期青花瓷器青花发色多浓艳，而成化时期的青花发色多淡雅，因此正统、景泰、天顺三朝是一个分水岭，符合瓷器过渡时期釉色发色特征，实现了青花瓷器釉色风格由浓艳向淡雅过渡的转变，具有重要意义。

第四节　因地制宜的明代民窑瓷器的发展

中国瓷器史上严格的官窑、民窑区分始于宋代，发展至明代时期，官窑逐渐衰退，民窑日益蓬勃发展。民窑与官窑瓷器在艺术风格以及审美追求上有着极大的差异。与官窑瓷器相比，民窑瓷器表现方式更加多样，艺术风格更加质朴简洁、自然生动，因更贴近生活而显得更加自由灵动。明代民窑瓷器发展迅速，日益扩大的市场需求使得民窑瓷器的生产更加灵活，且得到进一步发展，本节以民窑青花瓷器的发展来论述明代的民窑瓷器的发展过程。

一、明代民窑瓷器生产的概况

明代民窑瓷器是在元代瓷器的基础之上发展而来的。明代初期御窑厂建立，官窑、民窑产品特征鲜明，且由于明代官窑阶段性的“禁烧”，以及受“官搭民烧”制度的影响，使得明代民窑在生产技术上不断提高，所产瓷器质量甚至可以与官窑媲美。关于明代民窑瓷器发展的概况，我们主要从以下四种类型的瓷器来进行论述。

（一）以日常实用为主的瓷器用品以及殉葬品

以日常实用为主的生活类瓷器用品以盘、罐、瓶、炉等为主，造型简朴，纹饰装饰自由灵活。由于大多是民间百姓日常用品，因此除了一些少数吉言款之外，多无朝代款识。随着我国明代瓷器考古工作的不断深入，在江西、江苏、四川、吉林、安徽、广西、广东等地区均有相关器物出土。通过对瓷器的对照分析，发现明代中期以前的民窑青花瓷器胎质较为粗糙、瓷器足底部分一般为砂底并且无釉，色调偏向于灰暗；明代中期以后出土的民窑青花瓷器，胎质相对来说更细腻，纹饰装饰更为合理，釉色淡雅清新。另外明代民间墓葬中出土了大量青花瓷器，说明当时以瓷器作为殉葬品的风俗已较为普遍和盛行。

●明代时期　景德镇民窑青花罗汉图提梁方盘

（二）以供奉为主的宗教祭祀类瓷器

寺庙中的供奉瓷器主要作为祭器进行使用。明代民窑所产的这一类瓷器多为青花瓷器，在制作工艺上相比官窑宗教祭祀类瓷器明显粗糙很多。产品主要有供盘[1]、香炉等种类。器物胎体大都比较粗糙，纹饰主要包括花卉、松树、仙鹤、鹿、竹子、人物等，色调淡雅、布局疏朗。

[1] 摆在供桌之上的盛装供品的盘子。

（三）以私人定烧为主的瓷器

私人定烧的瓷器在明代民窑瓷器中比较多见，这类器物的底部多有烧制者姓名、堂号或者干支款等款识内容。相比于民间百姓的以实用为主的日用类器具，这一类瓷器在制作上更为细致，没有官窑对器物的各种限制，民窑的这一类器物在烧制技艺上有了更多创新和发展。

（四）以宫内侍从使用为主的生活类瓷器

这一类器物的青花色调大多偏灰暗，具有明显的使用痕迹。这类器物在工艺制作上虽然没有官窑器物那般精致，胎质也并不细腻，但相对于官窑器物严饬规整的纹饰以及装饰图案，这类器物反而显得更加自由灵动，趣味盎然。

二、明代民窑瓷器的发展

明代的民窑瓷器是在宋代、元代生活用瓷以及商品用瓷发展的基础之上产生的，是为广大人民的日常生活服务的。相对于明代官窑瓷器很大程度上受到宫

廷的限制以及规定，明代的民窑瓷器在造型以及纹饰装饰上更加自由与灵活。明代民窑瓷器主要用于民间百姓的日常生活，瓷器造型、纹饰装饰和制作技巧方面都更加自由灵活，艺术风格简练、生动而质朴，散发着浓郁的民间艺术气息，显示出独特的美感。

明代前期，统治者对制瓷工匠们主要采取匠籍制度，后来随着宫廷用瓷数量的急剧增加，明代官窑在产量上很难满足需求，因此明代“官搭民烧”制度逐渐盛行。这个制度的盛行也说明了明代民窑制瓷技术的进步与发展，是对明代民窑制瓷生产水平的认可。相应地，明代民窑也由于发展的需要，不断提高自身的烧制技术以及制瓷水平，因此“官搭民烧”制度在一定程度上使得我国的民窑烧制技术与生产水平在明代时期取得了突破性的发展。

明代洪武年间，民窑瓷器以青花粗瓷为主，底部一般无釉，在继承元代瓷器发展的基础之上有了一定创新。成化时期，民窑青花瓷器的制作技术不断发展，一定程度上甚至可以与官窑瓷器相媲美。至明代晚期，随着资本主义萌芽的发展，景德镇青花瓷产量增加，嘉靖时期，景德镇制瓷产业中制瓷分工已十分明确。嘉靖、隆庆、万历三朝景德镇民窑青花瓷的艺术成就迅猛发展，这个时期的民窑产品表现出的总体风格与面貌更加成熟，造型形制更加新颖奇巧，具有创新性，装饰纹饰的内容与布局更加繁复，开创了明代民窑发展的辉煌。天启[1]、崇祯时期，随着官窑的停烧，民窑瓷器大量生产，数量进一步增多，没有了官窑的压制与束缚，这一时期的青花瓷器无论在造型还是装饰

[1] 明朝第十五位皇帝明熹宗朱由校在位时的年号，明朝使用该年号共计七年。

特点上，都表现出一种更加自由、奔放的艺术面貌，也为后来清代瓷器的发展奠定了坚实的基础。

从生产方面来看，明代民窑生产的瓷器具有商品性质。瓷器生产普遍追求高产量、低成本与高利润，是为大众而生产，更多是满足下层百姓的日常生活所需，在一定程度上受世俗文化以及生活的影响，没有严格的等级限制以及要求。

从瓷器造型来看，明代民窑瓷器相较于官窑瓷器而言，器型较为厚重，瓷胎较为粗糙，器物形制以碗、盘、罐、瓶、碟、杯等为主，功能以实用为主。明代民窑瓷器的纹饰装饰极为丰富，现实生活以及自然当中所有能够赋予人们美感的事物、景象都可以作为创作的题材。在装饰纹饰图案上打破了官窑程式化、固定化的创作要求，内容更加广泛化和多样化。装饰图案有鸟虫、树木、山水、牡丹、莲花等自然景物，有麒麟、龙、凤、狮子、老虎、猫、兔等动物纹饰，有宝花、宝螺、宝伞、宝轮、宝鱼等佛教类纹饰[1]，更有桃、鹿、蝙蝠等寓意吉祥的图案，还有人物图案等其他图案，反映了明代民间百姓的社会生活、伦理道德、宗教信仰，具有浓厚的民间风格。在装饰风格上，用笔以简胜繁、以少胜多，纹饰线条奔放粗犷，简练率性，体现了制瓷匠人们对制瓷成本与艺术追求的完美结合。

[1] 属于八吉祥纹，在元、明和清代瓷器上较为常见，分别为轮、螺、盖、伞、花、瓶、鱼、结等八种纹饰。

总体来说，民窑瓷器在明代是一个大发展时期。明代官窑萎缩、衰退，民窑迅速发展、崛起，成就了景德镇民窑生产的辉煌时代。

第六章

中国瓷器由盛转衰——清代瓷器

中国瓷器发展至清代，其表现方法以及烧制技术均已完备，在瓷器装饰上更是登峰造极。清代作为中国瓷器历史上最后一个高峰时期，在总结中国历代制瓷工匠技术以及经验的基础之上日趋完备，成为中国瓷器长河里面的最后绝唱。但令我们感到遗憾的是，在清代康熙、乾隆时期的盛世之后，中国瓷器的光芒日渐衰微，以至于成为中国这一“瓷器帝国”的落日。但清朝作为传承我国瓷器文化的重要时期，对于中国瓷器发展的意义重大。

第一节　清代瓷器的发展概况与艺术风格

清代瓷器在传承中国瓷器文化精髓的基础之上形成了独有的时代与艺术风格。清代瓷器种类丰富，囊括了釉上彩瓷器、釉中彩瓷器以及釉下彩瓷器在内的所有瓷器类别，其中以青花瓷器、斗彩瓷器、创烧于清代的粉彩瓷器、珐琅彩瓷器、五彩瓷器以及单色釉瓷器最具代表性。本节就以清代以上六种主要瓷器的发展以及艺术特点来论述清代瓷器的发展概况。

一、清代青花瓷器的发展概况与艺术风格

从明末崇祯时期至清代康熙初期，战乱给瓷器的生产与发展带来极大的阻碍，导致这一时期中国瓷器发展缓慢。这一时期，前代的一些瓷器种类曾出现停烧的局面，但青花瓷器作为瓷器主流，中间偶有停顿，大体上却从未间断。青花瓷器在清代的发展经历了由顺治时期的缓慢恢复，到康熙、雍正、乾隆时期的繁荣昌盛，至嘉庆时期的逐渐衰落，虽然至同治时期出现了一定程度的“回光返照”，但仍难逃没落的命运。

（一）顺治时期青花瓷器的发展概况以及艺术风格

1. 顺治时期青花瓷器的发展概况

顺治青花瓷器处于明末青花瓷器衰落与康熙青花瓷器复兴的过渡时期，在瓷器发展史中具有承上启下的作用。清初时期，政权初步建立，社会经济的发展遭到严重破坏。在瓷器制造方面，清政府采用的是明末的“有命则供，无命则止”[1]的烧制规定，因此清初时期青花瓷器烧造也是时断时续。顺治十一年（1654），清朝政府恢复官窑，然而依旧是时停时产。

与官窑不同，这一时期的民窑瓷器开始进行大规模生产。政权动荡、社会不稳定等因素，使得顺治朝大量的官窑制瓷工匠流入民间。顺治二年（1645），“官搭民烧”制度的推行对民窑生产也起到一定的促进作用。在这样的背景下，民窑制瓷工匠的积极性得到提高，民窑的规模和青花瓷器的制作技艺也得到了提升，这在一定程度上刺激了青花瓷器的发展。

[1] 出自《万历江西省大志•陶书》卷7“建置条”：宋以奉御董造，元泰定本路总管监陶，皆有命则供，否，则止。（熊寥，熊微编注，中国陶瓷古籍集成，上海文化出版社，2006.08，第47页）

市场需求的不断增强、民窑生产的发展使得顺治青花瓷器不断结合版画、西方绘画等艺术领域，呈现出独特的艺术风格。这种新风格的民窑青花瓷器被学术界誉为“转变期青花”，对清代后来青花瓷器的发展产生了重要影响。

2. 顺治时期青花瓷器的艺术风格

顺治青花瓷器在造型上具有非常明显的明代遗风，在器物造型上主要有象腿瓶、将军罐、筒花觚、钵式香炉等类型。值得一提的是顺治象腿瓶[1]。象腿瓶广口外撇、直腹短颈、瓶肩部宽度与瓶口部相若，身如直筒状，造型就如粗壮的象腿一般，因此被称为“象腿瓶”。象腿瓶底部为细砂底且无釉，在器物口沿部分施酱釉。施酱釉自明代晚期在青花瓷器中开始出现，盛行于清顺治朝、康熙朝初期，釉面多为青白色，具有明显的明代遗风。

顺治青花瓷器的纹饰线条粗犷，怪石和怪兽图案大量增加，风格鲜明独特。顺治时期的民窑青花瓷纹饰质朴自然，风格朴实明快。纹饰内容丰富多样，有仕女图、婴戏图、罗汉图、高士图、诵书图、竹林七贤、太白醉酒等人物纹饰，也有独角兽、麒麟、天马、虎、云鹤瑞兽等动物纹饰，还有植物纹饰等。此外，还有各种纹饰的组合，例如植物纹和动物纹组合的“山石瑞兽图”等。顺治青花瓷器的款识多为干支纪年款，官窑款“大清顺治年制”“顺治年制”等多为楷书书写，也有篆书、隶书等字体。

[1] 象腿瓶也被称作筒瓶，自明代万历时期就已经出现，因“筒”与“统”同音，故象腿瓶有“天下一统”之寓意。之后在明代天启、崇祯朝和清代顺治、康熙朝都比较盛行，尤其在顺治时期最为流行。

（二）康熙时期青花瓷器的发展概况以及艺术风格

1. 康熙时期青花瓷器发展的背景

顺治时期由于政权更替、社会动荡等原因导致瓷器烧制时断时续，相比明代，清代瓷器生产呈现一定的衰退局势。至康熙时期，生产力逐渐发展，社会趋于稳定，官窑厂逐渐恢复生产，瓷器制造业开始复兴。康熙时期瓷器的生产相较于顺治时期有了明显的进步。

康熙时期，在政治上加强中央集权，平定三藩，收复台湾；清政府两次出兵西藏平定叛乱，为笼络边疆少数民族，多次赏赐御窑瓷器用于安抚少数民族领袖；在农业上发布禁止圈地、兴修水利、垦荒屯田等一系列政策；在外交上主张开海贸易。在这些措施的作用之下，全国局势趋于稳定，为经济生产提供了稳定的社会环境，农业生产得以逐渐恢复和发展，加快了社会的经济发展。生产力的提高，也为手工业的发展奠定了重要的物质基础。另外自康熙中期开始，朝廷广开科举，奉行儒学，因此这一时期的瓷器装饰内容多样，出现了“东坡题诗”“状元过街”等题材。综上所述，康熙时期政治、经济和文化的发展，为制瓷业创造了良好的条件与基础，制瓷业迅速崛起。

相较于顺治时期，清康熙时期的制瓷技术得到了极大的发展，出现了刘源、臧应选、郎廷极、魏氏等一大批制瓷工匠。技术上的进步也使得清代景德镇形成“工匠八方来，器成天下走”的繁盛局面。

2. 康熙时期青花瓷器的发展概况

康熙时期，景德镇官窑烧制已完全恢复，盛况足以媲美明代的永乐、宣德时期。现在很多学者在论述到清代瓷器发展之时，都将清代瓷器的发展从康熙时期开始计算，可见当时的瓷器发展之盛。

清代康熙时期 青花人物图瓶

清康熙时期青花瓷器空前发展，官窑仍以景德镇为主。这一时期所烧制的青花瓷器品类极为丰富，御窑厂规模宏大，生产设施与设备完善，内部分工明确细致，制作流程规范，已经完全具备官方经营的手工业制作工厂的基本特征。

这一时期政府陆续派出督陶官来到景德镇，并以督陶官姓氏称呼官窑。由于督陶官侧重各有不同，表现在青花瓷器的烧制风格上，其创新品种也各不相同，这为康熙时期青花瓷器的发展奠定了重要的基础。康熙时期，官窑逐渐废除自明代以来的窑工编役制度，以至于到清代末年出现“清代无编役，故各作人数不定，雇佣工匠的人数，视工作繁紧而临时雇请”[1]的情况。并且这个时期生产青花瓷器的工匠因分工不同而分别在御窑厂的二十三作，各司其职，一定程度上加快了封建制度下劳役制度的瓦解，提高了制瓷工匠们的积极性与生产力。

康熙时期官窑青花瓷器博采众长，工艺精良，在中国传统绘画的基础之上不断吸取西洋画法的技巧，以新的“分水”工艺使得青花呈色层次丰富，更加具有立体感，代表了康熙青花瓷器工艺制作的最高水平。

社会的稳定发展加之政府“官搭民烧”制度的影响，官窑青花瓷器制作工艺的空前发展也带动了民窑，因此清康熙时期民窑青花瓷器的发展也取得了重大进展。

清康时期景德镇民窑青花瓷器的发展以食用类

[1] 江西省轻工业厅陶瓷研究所：《景德镇陶瓷史稿》，生活·读书·新知三联书店，1959，第107页。

生活瓷器为主，造型多样、种类丰富，民窑青花瓷器烧制技术空前提高，以青花大件器最为突出，这个时期民窑青花瓷器的发展也到了繁盛时期。相比于这个时期的官窑青花瓷器，康熙时期的民窑青花瓷器在艺术表现上更为灵活、自由，尤其是在纹饰方面，突破了官窑青花瓷器程式化、规格化的束缚，生活气息更加浓重，表现形式也更加多样。

3. 康熙时期青花瓷器的艺术风格

康熙时期青花瓷器造型典雅优美，绘画工细精丽。在造型上以凤尾尊、棒锤瓶、油锤瓶、观音尊、莲子罐、双鹿尊、将军罐、斗笠碗等为主，瓷器胎质紧致细白。自康熙时期开始，青花瓷器在装饰技法上有了更大的创新和发展，以不同的浓淡变化体现出青花瓷器色调的多层次性。

官窑的青花瓷器在制作过程中采用高档原料精细制作，每一件青花瓷器都力求做到精益求精，纹饰对称平衡，主题突出，体现了当时青花瓷器制作工艺的最高水平。

康熙朝早期的青花瓷胎体较为厚重，造型相对来说也略显笨拙，对于瓷器底部的处理较为草率且伴有细砂，釉面肥厚，釉色青白，青花釉色较为灰暗，装饰画法简单粗犷，与中晚期的青花瓷器差距较大。至康熙中晚期，青花瓷器胎体逐渐偏向于薄胎，在装饰手法上除了对前代的继承之外还出现了“渲染”技法[1]。并且这个时期的青花釉色由灰暗逐渐转变为富有浓淡变化的青翠色泽，制作工艺也更加精细，代表了康熙青花瓷器制作的最高水平。

[1]“渲染”技法使得青花瓷的装饰更具有中国水墨画意味。

●清代康熙时期　青花瓷山水人物四方花盆

●清代康熙时期　青花山水人物图六方盖罐

●清代康熙时期　青花岁寒三友图罐

●清代康熙时期　青花夔龙纹盖罐

康熙青花瓷器在纹饰内容上更加丰富。早期多以平涂、题字与纹饰相结合；中期以后纹饰表现日益多样化，绘画用笔纤细。官窑瓷器纹饰以龙凤纹为主，并辅以花卉翎毛、楼阁山川、飞禽走兽等图案。清康熙民窑青花瓷器制作水平已经达到高峰，民窑青花瓷器的纹饰形式更加多样，充满了生活气息。康熙中前期的民窑青花瓷器纹饰上出现了诸如“岁寒三友”“王羲之以书换鹅”“米芾拜石”[1]等大量的人物故事画内容。康熙晚期的民窑青花瓷器纹饰艺术表现更为生动自然、笔触流畅，装饰内容多以瑞兽图、八骏图、植物纹饰、四季风光等为主。

康熙朝早期的青花瓷器大多无款识，年款青花瓷器主要为楷书款；中期以后多为六字双行双圈款、花押款以及堂名款。款识一般在器物底部书写，未见在器身书写者。

（三）雍正时期青花瓷器的发展概况以及艺术风格

1. 雍正时期青花瓷器的发展概况

雍正青花瓷虽然发展时间比较短暂，但制作工艺突飞猛进，取得了历史性进展。由于雍正帝本人酷爱瓷器，当时官窑瓷器的外形、装饰图案以及烧制方面的要求都是经由雍正帝亲自审定。根据清宫造办处相关文献记载，雍正帝曾经多次亲自参与对瓷器尺寸、造型以及装饰图案等的设计。再者当时官方指派的督陶官年希尧、唐英在全国范围内聚集了最优秀的制瓷工匠，进一步提高了制瓷水平。可以说雍正帝本人的

[1] 叶梦得《石林燕语》记载：“（米芾）知无为军，初入州廨，见立石颇奇，喜曰：‘此足以当吾拜。’遂命左右取袍笏拜之，每呼曰‘石丈’。言事者闻而论之，朝廷亦传以为笑。”

审美意趣对于这个时期青花瓷器的发展起到了决定性的作用，雍正时期的官窑青花瓷无论是在数量上还是在品质上都远远高于康熙时期。雍正青花瓷的用料选择更加考究与精细，瓷胎紧致，胎质洁白，瓷釉发色青翠，色调浓重，造型轻巧俊秀。雍正青花瓷既有继承也有发展，继承了康熙时期青花瓷器发展的基础，同时大力仿烧明代永乐、宣德、成化时期的青花瓷器，形成了朴实而高雅的艺术风格，也为乾隆时期青花瓷器的发展奠定了重要条件。

2. 雍正时期青花瓷器的艺术风格

雍正青花瓷的总体风格比较俊秀。在瓷器造型特点上，雍正青花瓷常见赏瓶[1]、葫芦瓶、如意尊、灯笼尊、四联瓶等器型。其中赏瓶多以缠枝莲纹装饰，以青花绘制，寓意“清廉”。与明代嘉靖时期葫芦瓶造型不同，雍正时期葫芦瓶下部矮扁，在造型上具有一定创新性。雍正青花瓷胎质洁白细致，胎体轻薄，因此整体上更显俊秀，器物圈足较深，底部多仿明宣德时期器物。

[1] 清雍正时期所创，《清档·雍正记事杂录》记载“雍正八年十月奉命再将赏用瓷瓶烧造些来”。这些专门用来作为赏赐之用的瓶被称为“赏瓶”。

●清代雍正时期　青花花卉纹罐

雍正青花瓷装饰题材丰富，造型俊秀轻巧，因此显得更加秀美高雅。装饰内容主要包括植物纹饰、动物纹饰以及人物纹饰等，其中以花鸟纹饰最为丰富，也有部分仿明时期装饰者。雍正朝的民窑青花瓷器装饰内容多见仿明代的云鹤纹饰、云龙纹饰、云凤纹饰、缠枝勾莲纹饰、花托八宝纹饰、梵文纹饰等，还有以麒麟送子图、福禄寿三星图、渔樵耕读图等为主的人物纹饰，人物图案表现传神、衣物线条自然流畅、面部清秀、身材修长。山水纹饰表现相较于康熙时期设色浅淡，描绘更加细腻，以王时敏、王鉴、王原祁、王翚“四王”[1]的山水画为宗。

[1]“四王”注重对先贤笔墨的临摹，在笔墨技巧上极为精致，重技巧、追求形式美，但程式化的绘画方式束缚了他们艺术语言的表达。

●清代雍正时期　青花盖罐

雍正青花瓷的款识，以楷书和篆书为主，楷书以六字三行横排为主。雍正时期的堂名款、花押款以及仿前朝款比康熙时期更多，仿前朝款多为明代永乐、宣德、成化、弘治、正德、嘉靖以及万历时期等。

（四）乾隆时期青花瓷器的发展概况以及艺术风格

1. 乾隆时期青花瓷器的发展概况

乾隆时期的瓷器生产在数量、种类以及制作工艺上均取得了空前的繁荣，整体呈上升趋势。乾隆一朝聚集了大量的制瓷高手，在督陶官的管理之下，景德镇御窑厂每年烧制瓷器的数量均在十万件以上。此外，乾隆时期不仅官窑成就显著，民窑也蓬勃发展。

乾隆时期的制瓷工艺更加精致工巧，制作出了种类繁多的精巧无比的瓷器。许之衡在《饮流斋说瓷》中曾说：“至乾隆，则华缛极矣，精巧之至，几于鬼斧神工。”[1]可见当时制瓷工艺之高。

从青花釉料来看，乾隆朝直接沿袭雍正朝的青花用料，因此乾隆早期青花瓷在呈色上与雍正朝并无过多差别。至乾隆朝中后期，虽然瓷器制作工艺不断创新，工艺细致精巧，但与雍正青花瓷紧致洁白的胎质相比，反而有所倒退。

2. 乾隆时期青花瓷器的艺术风格

乾隆青花瓷的形制在继承前朝式样的基础上，也有仿古铜器式样和外销式样，造型多样，装饰图案严谨细致，整体上讲究统一对称，具有图案化的效果。乾隆青花瓷在工艺上追求创意与精巧细致，工艺技巧胜于康熙、雍正时期，但在整体风格上不如康熙青花瓷的古拙浑厚，也不似雍正青花瓷那般秀美典雅。

[1] 许之衡，杜斌：《饮流斋说瓷》，中华书局，2012，第17页。

❶ 一种瓶式样，仿自青铜蒜头壶，长颈、圈足，因瓶口部分形似蒜头而得名。

乾隆青花瓷在造型上以天球瓶、贯耳瓶、蒜头瓶[1]、葫芦瓶、铺首衔环灯笼尊等器型为主，其中以双耳器居多。从胎质来看，与康熙、雍正朝青花瓷相比，虽然工艺技术有所提升，胎质细腻洁白，但不如康熙青花瓷胎质紧致，亦不如雍正青花瓷光滑。但乾隆青花瓷胎体薄厚均匀，对于大件器物的成型工艺更加成熟，并且在乾隆晚期的青花瓷器釉面上开始出现波浪釉。

乾隆青花瓷在装饰上总体风格华丽纤巧，画本多出自宫廷画师之手，每件青花瓷器都由多层图案装饰，画工严谨，图案纹饰排列齐整，官窑瓷器程式化特点明显。相比于官窑瓷器装饰，乾隆时期民窑青花瓷装饰图案纹样丰富多样，除了常见的携琴访友、岁寒三友、山水风光、渔家乐图案纹饰等，还出现了大量喜鹊登梅、五福捧寿、八仙庆寿等“有图必有意，有意必吉祥”的吉祥图案纹饰。这一时期所绘山水大多以“披麻皴”表现，其中人物多以简笔勾勒外部轮廓，民间纹饰大多有寓意且通俗易懂。

●清代乾隆时期　青花折枝花果纹蒜头瓶

●清代乾隆时期　青花双螭耳瓶

（五）嘉庆至咸丰时期青花瓷器的发展概况以及艺术风格

清代嘉庆到咸丰时期（1796—1861），青花瓷的发展逐渐衰退。

1. 嘉庆至咸丰时期青花瓷器的发展概况

自嘉庆时期开始，朝廷不再设置督陶官，景德镇御窑厂开始由地方官员监管。这个时期的御窑厂不论是从规模上，还是从生产数量和种类上，都大为缩减。这个时期的瓷器生产大多沿袭旧制，由于管理上的局限以及其他因素的影响，这一时期御窑厂在生产技术上并无过多创新，许多高成本的青花瓷器也不得不停止烧造。嘉庆早期的青花瓷器基本上是沿袭乾隆时期的风格，一度出现“乾嘉不分”之窘况。至嘉庆后期，社会经济衰退，人们的商品购买力降低，使得这一时期的青花瓷器以日用瓷器和粗瓷为主，陈设用瓷器逐渐减少。官窑的衰退直接影响了民窑发展，嘉庆时期的民窑青花瓷器更为粗糙，在制瓷过程中为了节约成本甚至直接将瓷器放置于粗砂上烧制，出现了圈足沾砂的现象。

青花瓷器发展至道光时期，由于道光帝崇尚节俭，对于瓷器的要求也是力求简朴，因此道光时期的青花瓷器仅有少量官窑瓷器精品。至咸丰时期，政治弊病丛生，社会动荡，加之受英法联军入侵和太平天国运动的影响，而景德镇又恰好处于交战区，因此御窑厂于咸丰五年（1855）处于基本停烧状态，整个咸丰朝在青花瓷器烧制上几乎无创新，都是沿袭道光风格。

2. 清代嘉庆至咸丰时期青花瓷器的艺术风格

嘉庆时期青花瓷器在风格上基本沿袭乾隆时期，因此在造型上大多厚重笨拙，琢器多以双耳为装饰。胎质上较为粗松，制作工艺较为粗糙，器物露胎较为普遍。无论从瓷器制作的工艺还是艺术风格上来看，从嘉庆时期开始都出现大幅度的衰败。清人寂园叟在《陶雅》中言：“嘉道而降，画工、彩料，直愈趋愈下。”[1] 嘉庆青花瓷的装饰纹饰与乾隆时期并无二致，图案程式化明显，且吉祥图案占据主要部分。民窑青花瓷器大多做工粗糙，纹饰较为简单，纹饰以吉祥图案、花卉、博古图案以及婴戏图案等为主。这一时期

[1] 童书业，史学通：《中国瓷器史论丛》，上海人民出版社，1958，第35页。

的青花瓷器款识主要为篆书，大多为六字三行横款，楷书款识较为少见。

道光青花瓷器以生活类用器为主，器物种类减少，器物多厚拙，整体风格较为生硬。器型多为绶带葫芦瓶、嫁妆瓶[1]、玉壶春瓶、将军罐、赏瓶、鱼缸、烛台等。胎釉制作粗糙，胎质疏松。在纹饰上与乾隆、嘉庆时期繁缛风格截然不同，构图较为简单，图案缺少层次上的变化，用笔纤细。在装饰纹样上以仕女纹饰、博古纹饰、《无双谱》人物为主，值得一提的是道光时期的官窑青花瓷装饰出现了蝈蝈、蟋蟀、猫、狗等题材，为官窑青花瓷纹样的程式化内容增加了一些灵动与清新。这一时期的民窑青花瓷器装饰更趋于简单化，以喜庆、祝寿或者动植物的谐音吉祥寓意图案最为多见。款识上以六字三行横款篆书为主，还有干支年款、堂名款等。

[1] 清中期以后最为流行的瓶式，北方多称为嫁妆瓶，是婚嫁的必须之物，有立耳和铺首耳两式，烧造量大，存世数量颇丰。又名“耳瓶”“掸瓶”。

●清代道光时期　青花番莲八宝万寿无疆碗

●清代道光时期　青花花卉纹渣斗

咸丰时期青花瓷器在造型上与道光时期基本相似，并未出现新的器型，以常见的玉壶春瓶、赏瓶、嫁妆瓶、花口瓶、渣斗、大盘等器物为主，胎体厚重粗松。装饰纹饰以吉祥纹饰图案以及人物纹饰图案等为主，款识多为楷书款、堂名款等。这个时期的民窑瓷器纹饰绘制方法简约，描绘技法粗糙，画工呆板，山水纹饰层次不清晰，整体装饰风格相较于前朝而言有所退步。民窑青花瓷器款识大多较为草率，不易辨认。

（六）同治至宣统时期青花瓷器的发展概况以及艺术风格

1. 同治至宣统时期青花瓷器的发展概况

从清同治元年至宣统三年（1862—1911），在这期间出现了资本主义第二次萌芽，景德镇青花瓷器发展出现一定的复苏，有“回光返照”的趋势。

同治时期，制瓷业趋于衰退。制瓷工艺粗糙，瓷器烧制也呈现衰败趋势。清咸丰五年（1855）景德镇御窑厂被太平军烧毁，直至同治五年（1866），清政府在景德镇原御窑厂旧址重建恢复。可惜景德镇官窑瓷器虽然得以恢复生产，却鲜见精品传世。[1] 同治七年（1868），御窑厂集中一切财力为同治帝大婚烧制一批大婚用瓷，同治九年（1870），为慈禧烧制“体和殿”用瓷。可见，这一时期专门为同治皇帝大婚和慈禧太后专用的瓷器最为精细，代表了同治时期瓷器生产的最高水平。

光绪皇帝登基以后，对景德镇加强管理并且投以经费支持，因此景德镇官窑瓷器在数量和质量上都有

[1] 关于同治时期景德镇瓷器质量低下的问题，江西巡抚刘坤一在奏折中解释道：“因兵燹之后，从前名匠类皆流亡，现在工匠俱后学新手，造作法度诸多失传。”

了比较大的提高。光绪时期官窑青花瓷器主要仿制康熙与乾隆时期青花瓷器，工艺技术的提高使得青花瓷器的烧制水平大幅度提升。这个时期的民窑青花瓷器发展也较为迅速，不仅数量得以增加，并且器型种类丰富，包含了自清代以来几乎所有的器型，水平参差不齐。

宣统皇帝在位三年，国家动荡，景德镇官窑瓷器烧制几乎处于停滞状态，青花瓷器数量、质量以及器型种类都大量减少。不过由于科学技术的进一步发展，宣统时期的青花瓷器已经有了现代瓷器的特征，并且开始尝试机器制瓷技术以及煤窑烧瓷，不过由于政局的混乱以及经费的缺失最终以失败告终。相比于官窑，这个时期的民窑青花瓷器生产还是主要沿用传统技法，需求量的增大使得民窑粗瓷生产大幅提升。这一时期的民窑青花瓷器大多厚重笨拙，技术粗糙，并且在瓷器足底部分沾有窑砂。

2. 同治至宣统时期青花瓷器的艺术风格

同治青花瓷大多以传统造型为主，器型包括赏瓶、玉壶春瓶、盘、花盆、嫁妆瓶、渣斗等，琢器[1]大多以双耳进行装饰。瓷器胎体较粗松，与咸丰时期较为接近。器物纹饰装饰题材以有吉祥寓意的图案纹饰居多，多数以工笔技法绘制而成，装饰图案多以官样程式化表现。款识以楷书和草书为主。民窑青花瓷器在纹饰装饰题材上比官窑更加丰富，包括花鸟纹饰、人物纹饰、山水纹饰、走兽纹饰、博古纹饰以及文字等。装饰表现技法以写意为主，画工粗糙，显得比较呆板，缺少生气。

[1] 一切大小花瓶、缸、盆圆式者，俱名琢器。

光绪青花瓷在器型上基本沿袭同治时期风格，器型类别更加丰富，主要包括玉壶春瓶、嫁妆瓶、赏瓶、茶壶、大罐、盖罐、大盘等器型。瓷器胎体与同治时期相比较在制作工艺上有了一定提高，胎体更加坚细与紧致，大多为纯白色釉面，比较接近现代瓷器。装饰纹饰上仍以有吉祥寓意的图案纹饰居多，画工更为精细细致，相较于前朝有明显提高。民窑青花瓷器大多仿制康熙时期青花纹饰，纹饰大量采用了自清代中期以来的缠枝纹、云龙纹、竹石蕉叶纹、山水人物纹、八宝勾莲纹等传统纹饰。绘画技艺高超，运笔流畅自如，还是以有吉祥寓意的图案纹饰为主，纹饰处理较为随意。

宣统时期，由于皇帝在位时间较短，因此青花瓷器传世数量较少，青花瓷器造型大多为天球瓶、赏瓶、玉壶春瓶、嫁妆瓶、盘、杯、碗等传统器型。胎体较薄，釉面纯净，普遍施釉较薄，具有现代瓷器的一些特征。这一时期青花瓷器的纹饰装饰以传统图案居多，以凤纹、海水异兽纹饰等为主，绘画工艺精美。这个时期的民窑青花瓷器纹饰大多比较随意，纹饰内容相对来说没有光绪时期丰富，且这一时期的民窑青花瓷器大多为粗瓷制品，整体风格比较厚重笨拙。

二、清代斗彩瓷的发展概况与艺术风格

我国的斗彩瓷创烧于明代宣德年间，到成化时期才真正得以大力发展。但“斗彩”一词一直到清代雍正、乾隆时期才出现在《南窑笔记》[1]中，其中写道：“成、正、嘉、万俱有斗彩、五彩、填彩三种。先于

[1] 清代有关景德镇窑制瓷的札记著作，约成书于乾隆年间，作者佚名，现仅存抄本。

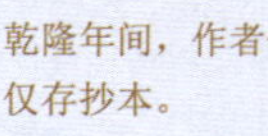

坯上用青料画花鸟半体，复入彩料，凑其全体，名曰斗彩。填者，青花双勾花鸟、人物之类于坯胎，成后，复入彩炉，填入五色，名曰填彩。五彩，则素瓷纯用彩料画填出者是也。”[1]从色料构成与技术构成两个角度对斗彩、五彩以及填彩进行了区分。斗彩瓷的色彩是根据景泰蓝器物本身花纹图案形式所烧制的。斗彩瓷发展至清代，产量明显大于明成化时期。尤其是康熙、雍正、乾隆时期，斗彩瓷技术的发展堪与成化时期比肩。此外，清代还出现了较大器型的斗彩瓷。乾隆以后，斗彩瓷发展日渐衰退。

[1]《中国陶瓷大系13 明（下）》，上海人民美术出版社，2019，第40页。

（一）康熙时期斗彩瓷的发展概况与艺术风格

清康熙斗彩瓷是在明成化斗彩瓷的基础之上发展而来的，但又有所创新。成化斗彩瓷在器物上所占用的面积与使用的色彩都较少，有的仅使用三种颜色，且画面相对简单。而康熙斗彩瓷，在器物上所占用的面积以及使用颜色与明成化时期相比都更多，并且画面复杂，色彩艳丽，颜色也有深浅不同的变化。

清代建立以来，顺治朝由于受战乱以及社会不稳定等因素影响，官窑生产基本上处于停滞状态。康熙初年以后，社会矛盾缓和，经济逐渐发展，社会安定，使得官窑生产逐渐恢复元气。康熙十九年（1680），景德镇制瓷业得以恢复并逐渐发展，康熙斗彩瓷就是在这样的背景之下发展起来的。

康熙时期的斗彩瓷制作工艺精良，颜色处理别具匠心，尤其是在对釉下青花色彩浓淡深浅的处理上，色阶变化更为丰富，釉上色彩浓烈鲜艳。康熙斗彩瓷

釉下青花线条粗犷，青花内所填色彩浓烈艳丽。由于彩料纯度的原因，在传世作品当中有的色彩表面会有小黑点。这个时期的斗彩瓷装饰纹饰以云龙纹饰、云凤纹饰、鸳鸯纹饰、狮子绣球纹饰、游鱼纹饰、婴戏纹、仕女纹等为主，纹饰题材丰富，笔画流畅纤细，画面疏朗。

（二）雍正时期斗彩瓷的发展概况与艺术风格

继成化时期之后，雍正时期是斗彩瓷发展的第二个高峰期。雍正时期的斗彩瓷不论是从填彩的工整程度、色彩的搭配，还是烧制技术上来说，都比康熙时期有着明显的进步和发展。雍正斗彩瓷取得如此大的成就与雍正帝本人有直接联系。前面我们说到雍正帝在位期间，不仅对景德镇御窑厂投入大量的资金支持，并且他本人对于御窑厂的制瓷情况也亲自过问，可以说帝王的喜好加速了瓷器生产技艺的提高，也加快了斗彩瓷的发展。

●清代雍正时期　青花斗彩团花纹碗

雍正时期斗彩瓷的传世量要多于康熙时期。雍正斗彩瓷主要有两种类别：一种是传统斗彩瓷器，即釉下青花与釉上五彩的结合，这一类斗彩瓷器大多仿明代成化时期，并且清代御窑厂注重技术，因此在工艺上远超明代；另一种为釉下青花与釉上粉彩的结合，粉彩技术以及渲染烘托画法的加入，不仅使斗彩瓷的色彩更为突出，也突破了明代斗彩瓷以平涂方式绘制图案的界限，装饰意味更加明显。雍正时期的斗彩瓷胎体精细，花纹与釉上彩的结合相得益彰，装饰纹样丰富多样，既有仿成化时期的莲池鸳鸯、子母鸡[1]等内容，也有花卉、瓜果、祥云、龙凤、缠枝花卉、雏鸡牡丹、团花等纹饰。

[1] 鸡缸杯上绘有子母鸡纹饰，代表着中国人望子成龙的祈望。

雍正时期斗彩瓷的成就主要体现在两个方面，一是绘制工艺更加精细，釉上的各种材料填入均准确细致；二是雍正斗彩瓷在传统的斗彩呈色中加入了金红与粉彩的渲染技法，使得这一时期的斗彩瓷色彩更为鲜明。

（三）乾隆时期斗彩瓷的发展概况与艺术风格

乾隆时期的斗彩瓷基本上继承了雍正时期的装饰方法以及种类，在造型和制作工艺上精益求精。这一时期减少了对成化斗彩瓷风格器型的仿制，在总体风格上出现了青花、粉彩、斗彩合绘于一器的新变化。在色彩运用上，乾隆斗彩瓷增加了金彩与粉彩的装饰方法，以金彩描绘花卉轮廓，或者以金彩文字进行表现，使得纹饰的艺术效果增强，成为乾隆斗彩瓷鲜明的用色特征。

清代雍正时期　斗彩花卉纹瓶

乾隆斗彩瓷器物造型变化多端，装饰更为繁缛与华丽，色彩也更加绚丽，器型以碗、瓶、盘、罐、花觚[1]、高足碗、盒等为主。在传世的斗彩瓷中，各种器型均有，还出现了大型陈设品，器型比较大的斗彩瓷主要有鱼缸、天球瓶、大盘等器物，尤以高度为50厘米到70厘米的大型器物最为盛行。在绘画以及纹饰方面，这一时期的斗彩瓷更趋于图案化，多以多方连续装饰方法绘制，纹饰繁缛，风格浓郁。乾隆时期的官窑斗彩瓷纹样以有吉祥寓意的图案较为多见，如双鱼纹、灵芝纹、云蝠纹、双凤纹、八吉祥纹、缠枝莲花纹，以及各种吉语纹样等，另外还有婴戏图、岁寒三友、团花等纹饰。整体画面效果鲜艳夺目。

[1] 明清时期景德镇窑所烧制的一种陈设类器具，侈口、长颈、腹部微鼓、广底，种类有青花以及五彩等。该器型仿自古青铜器式样，又有所不同。

●清代乾隆时期　斗彩团花纹盖罐

乾隆朝以后，斗彩瓷发展日渐衰微，不论是数量上还是质量上，与康熙、雍正、乾隆三朝都不能同日而语。虽然斗彩瓷在乾隆朝以后的发展仍在持续，但大多继承前朝，很少有较大创新。至民国时期，斗彩瓷器的延续仅靠烧制仿制品作为唯一途径。

三、清代粉彩瓷器的发展概况与艺术风格

粉彩[1]又称作“洋彩”，我国的粉彩瓷最早出现于清代康熙晚期，盛行于雍正时期。关于中国粉彩瓷器的制作技法，20 世纪 90 年代，冯先铭在《中国古陶瓷图典》一书中做了介绍，其基本步骤为：先在经过高温烧制的白瓷上以墨线起稿，接下来在所起稿的图案内以玻璃白进行填充，而后将所需彩料施于玻璃白之上，再以画、填、洗、扒、吹、点等技法晕染开，使得纹饰有深浅不同的层次变化，最后经由 720 ～ 750℃的低温烘烤而成。粉彩的颜色由于铅粉的加入而呈现柔和感，故得名“粉彩”。烧制完成后，

[1] 粉彩一词，最早见于清人寂园叟所著的《陶雅》一书，其中写道：“软彩者，粉彩也。彩之有粉者，红为淡红，绿为淡绿，故曰软也。惟蓝、黄亦然。”

粉彩瓷釉面颜色整体上光泽柔和，浓淡相宜，具有一定的立体感。

（一）康熙时期粉彩瓷的发展概况与艺术风格

由于粉彩瓷器在康熙时期为初创阶段，因此这一时期的粉彩瓷传世量较少，器型主要包括盘、水呈以及钟馗造像等。康熙粉彩瓷的装饰内容多为植物纹饰，留白较多，构图疏朗，纹饰图案较为简单。装饰方法为先以红彩或墨彩勾勒图案轮廓，然后填充色彩。初创阶段的粉彩瓷画法简单，多采用平涂方法，施彩较为厚重，相比于雍正粉彩瓷色彩较为单调，具有明显的初创期特征。

（二）雍正时期粉彩瓷的发展概况与艺术风格

雍正粉彩瓷是清代陶瓷彩绘的高峰，《陶雅》曾以“前无古人，后无来者，鲜妍夺目，工致殊常”[1]来形容这一时期的粉彩瓷。雍正时期粉彩瓷器在官窑、民窑中均有生产。雍正粉彩瓷的装饰内容以花卉居多，除此之外还有山水、人物故事以及其他图案等，另外还有珊瑚红地、酱色地、绿色地、墨地等各种色地加彩绘。

雍正粉彩瓷在瓷胎以及瓷釉的工艺上都有了进一步提高。中国近代著名的陶瓷专家陈万里曾说：“雍正白釉之进一步的提高，正合于釉上施加软彩的要求，因而收到相互为用、相得益彰的效果。”[2]雍正时期粉彩瓷比康熙时期的颜色更加丰富。

雍正粉彩瓷的特点主要表现在以下几个方面：

[1] 杜斌：《中国陶瓷“四书”》，齐鲁书社，2015，第341页。

[2] 陈万里：《陈万里陶瓷考古文集》，紫禁城出版社，1997，第305-306页。

首先，大多以白地粉彩瓷为主，其他颜色的色釉地粉彩瓷相对来说数量较少。其胎釉细腻，釉面光滑莹润，制作工艺极其考究，就连瓷器底足部分的制作都相当精细。

其次，从瓷器本身造型上来说，雍正粉彩瓷整体造型秀雅优美，器壁纤薄，外形线条优美，呈现出一定的曲线特征，器型淡雅，具有文人气息。

最后，从瓷器的装饰技法上来看，雍正粉彩瓷多采用渲染[1]方法处理，以颜料的浓淡变化表现所描绘对象的真实形态。装饰题材、绘画风格以及技法等方面受中国绘画影响，尤其受到著名画家、书法家恽寿平的绘画影响。画工精湛，笔意流畅，线条运用自如，色彩多而不乱，构图层次分明，大量的留白使得主题表现更加鲜明，充满文人画意蕴，意境深远，形成了独特的艺术风格。同时，这一时期的民窑粉彩瓷在制作工艺以及装饰技法上亦有较大发展，绘画生动自然，充满意趣。

[1] 一般是指在中国画中用水墨以及颜色烘染物象，以加强立体感，分出阴阳向背的表现技法。

●清代雍正时期　粉彩菊花纹盘

（三）乾隆时期粉彩瓷的发展概况与艺术风格

粉彩瓷发展至乾隆时期，在制作技艺上达到顶峰。乾隆时期的粉彩瓷虽不如雍正时期那般秀美柔丽，但在装饰技法上更趋向于精细化。传世的乾隆时期粉彩瓷数量较多，主要分为两大类：一是继承雍正时期粉彩瓷白地彩绘恬静淡雅风格的瓷器；二是色地彩绘并辅以开光的富丽堂皇风格的瓷器。

●清代乾隆时期　粉彩鸡缸杯

●清代乾隆时期　粉彩福禄葫芦瓶

乾隆粉彩瓷在器型上造型丰富，主要有盘、碗、瓶、杯、盒、壶、带钩、香插、印盒[1]等种类，也创造出很多新的器型，所有器型中尤以碗居多，并且大器型粉彩瓷相对增加。这一时期的粉彩瓷装饰纹饰布局繁缛，纹饰繁多复杂，比雍正时期的图案纹饰更加丰富。粉彩的纹饰采用了开光、色地彩绘、“绿里绿底”等新的装饰手法，色彩富丽。官窑瓷器的图案纹饰严格遵循规定图案纹样进行设计，大量采用八宝图案、蝙蝠图案、缠枝宝相花等具有吉祥寓意的纹饰用以表现清朝盛世，图案化较强，与雍正时期粉彩瓷器相比，整体风格显得繁缛浮华。总体而言，乾隆粉彩瓷综合了康熙与雍正时期的制瓷工艺与技术，形成了特有的风格。

[1] 又被称为印奁、印泥盒等，是一种用于存放印泥的文房类用具。

清代乾隆时期 粉彩金地花卉纹戟耳瓶

清代乾隆时期 黄地粉彩福寿活环双耳瓶

乾隆时期以后，粉彩瓷器的装饰技法逐渐趋向于烦琐，由于瓷器制作大环境的影响，粉彩瓷已逐渐走向衰败。虽然在嘉庆以及道光时期偶尔有精品的出现，但大多都是继承前朝，在工艺与装饰手法上并无太多创新。至咸丰、同治、光绪时期，基本已无过多发展，作品大多仿照前朝粉彩瓷，多为平庸之作，发展趋于停滞。

四、清代珐琅彩瓷器的发展概况与艺术风格

珐琅彩瓷器始于康熙时期，至雍正、乾隆时期还在继续烧造并有所发展。所谓的珐琅彩瓷器主要由仿制当时工艺美术的铜胎画珐琅技法发展而来，因此被称为“珐琅彩”瓷器，也被称为“瓷胎画珐琅”，后人又称之为“古月轩”。珐琅彩瓷器大多以黄、红、蓝、绛紫以及豆绿等颜色作地，然后在上面绘制各种花卉纹饰。以下图中的康熙时期的珐琅彩黄地花卉浅碗为例，其制作方法便是先以黄色为地，然后在黄地上绘以浅绿色、粉红色等颜色的花卉纹饰，以这样的方法绘制的珐琅彩瓷器相比于铜胎画珐琅在颜色上更为醒目艳丽。

●清代同治时期　粉彩紫地花鸟纹盒

●清代康熙时期　珐琅彩黄地花卉浅碗

●清代康熙时期　珐琅彩蓝地四季花卉碗

珐琅彩瓷器技法是康熙时期彩瓷发展的一个重要成就。康熙时期，珐琅彩瓷器的烧制主要是在宜兴紫砂胎和素烧过的瓷胎上，以红、黄、蓝、豆绿、绛紫等颜色作地，以彩料绘制花卉图案，由于彩料较厚，有凸起的感觉，烧制完成后往往有细小的冰裂纹等。

至清雍正时期，珐琅彩瓷器进一步发展，出现了更为精致的珐琅彩瓷器制品。[1]这一时期康熙珐琅彩的无釉素地添画技术逐渐消失，以白釉瓷加珐琅的技法逐渐盛行。雍正时期的珐琅彩瓷器制作多和五彩瓷器技法结合，瓷胎更加细薄洁白，瓷胎薄度甚至达到“薄如蛋壳”的程度。瓷器做工精细，在白瓷上的彩绘画工精致。

[1] 雍正帝酷爱珐琅彩瓷器，尤爱水墨山水和青绿山水，曾多次亲自过问珐琅彩瓷器的烧造。雍正十年（1732）八月十五日……上谕：“法郎盘、碗、茶圆、酒圆俱烧造的甚好。嗣后将画水墨的多烧造些，钦此。”

清代雍正时期　珐琅彩锦地开光青山水把壶

乾隆时期的珐琅彩瓷器更加精巧细致，在绘制方法上仿照西洋油画技法，因此这一时期的人物装饰题材增多。

清代珐琅彩瓷器的发展，是中国瓷器与其他工艺美术种类结合的典范，也体现了当时制瓷工匠们高超的技艺以及智慧。

五、清代五彩瓷器的发展概况与艺术风格

我国的五彩瓷器[1]创烧于明代宣德时期，盛行于明代嘉靖、万历时期，至清代康熙时期又发展至新的高峰。

[1] 为釉上彩瓷器品种之一，又被称为硬彩瓷器、古彩瓷器等，以铜、铁、锰等金属盐类为着色剂，其烧制如《陶说》所载："五彩，用烧过纯白瓷器，绩彩，过炉火烧成。"

所谓五彩，并非仅仅指"五色"，而是多种颜色的意思。五彩瓷器的制作方法与斗彩瓷器相似，主要是在烧制好的瓷器上加各种色料，然后入窑烘烧而成。不同的是，斗彩瓷器多在釉下青花勾画图案的轮廓线内涂以色料，而五彩瓷器虽然有釉下青花，但釉下青花仅仅作为五彩瓷器诸多颜色中的一种而存在。

清代的五彩瓷器在明代五彩瓷器的基础之上发展而来，又有所创新。清代的五彩瓷器以康熙时期成就最为突出，康熙五彩瓷在色彩上除了常见的红色、绿色、褐色、黄色、紫色等彩釉之外，还增加了釉上蓝彩、黑彩以及金彩等。釉上蓝彩在色彩上比青花颜色更为艳丽突出，其浓艳程度超越了青花，加强了整体色彩表现的浓重感，使得整体色彩表现既统一协调又对比明显。而黑彩的加入使得其漆黑的光泽在一定程度上更衬托了五彩的效果，因此清代康熙时期的五彩瓷器相较于明代而言，更加具有装饰效果。以下图中的康熙时期五彩花鸟纹花盆为例，整体纹饰表现以花鸟为主，图案描绘主要为鸟栖身于枝干，周围环境以花卉等物衬托，画面生动，笔意流畅。在色彩表达上较多运用黑彩元素，再搭配以红、绿等颜色，使得这一五彩瓷器的装饰效果更加富丽，画面绚烂多彩。

●清代康熙时期　五彩花鸟纹花盆

●清代康熙时期　五彩开光花鸟尊

●清代康熙时期　五彩水浒人物图盘

康熙时期的五彩瓷器造型丰富，有杯、碗、瓶、罐、尊、盘、盆等器型。民窑也有五彩瓷器的烧制，且部分器物造型精美。在装饰题材与内容上更具多样性，有花卉、戏曲和小说中的人物，以及仕女等题材，人物描绘受到明代画家陈洪绶绘画风格的影响，线条简练，画面明朗。

六、清代单色釉瓷器的发展概况与艺术风格

所谓单色釉瓷器，是指瓷器上只有一种釉色的瓷器，也被称为“一色釉”或“纯色釉”等。单色釉瓷器的釉色呈现主要是由于在瓷器烧制过程中，釉料中加入了铜、铁、锰、钴等金属着色剂，因此釉面会产生红色、蓝色、青色、褐色等不同色泽。单色釉瓷器在我国的烧制由来已久，发展至清代达到高峰，尤以康熙、雍正与乾隆时期的单色釉瓷器最具代表性。康熙、雍正、乾隆时期，随着景德镇官窑瓷器烧制技术的不断提高，单色釉瓷器烧制工艺更加成熟，以至于这一时期的单色釉瓷器不仅种类丰富，制瓷工艺与瓷器质量也达到了最高水准。关于这个时期单色釉瓷器的发展，清代著名的陶瓷艺术家，雍正、乾隆朝督陶官唐英曾在《陶成纪事碑记》中写道：“厂内所造各种釉水、款项甚多，不能备载。兹举其仿古采今，宜于大小盘、杯、盅、碟、瓶、罍、尊、彝，岁例贡御者五十七种，开列于后，以志大概。”[1]可见当时烧制之盛况，其工艺水平之盛，釉色之美，令人叹为观止。

[1] 王奇：《中国陶瓷实录》，浙江古籍出版社，2017，第420页。

（一）康熙时期单色釉瓷器的发展以及艺术风格

清代景德镇单色釉瓷器的烧制发展极为迅速。康熙时期，单色釉瓷器为当时官窑烧制的主要瓷器种类。当时的单色釉包括绿釉、红釉、青釉、蓝釉等几大种类，具体可细分为郎窑红、豇豆红、霁红、珊瑚红、孔雀蓝、天蓝、洒蓝等。其中郎窑红、豇豆红等名贵品种，属于铜红釉的不同变种。多种红釉的出现，结束了明代中期以后红釉瓷器衰退的局势。

郎窑红釉瓷器是以当时督陶官郎廷极的名字而命名的。当时郎窑红釉瓷器的烧制水平极高，最初主要是仿照明代永乐、宣德时期红釉瓷器，康熙时期为了烧制红釉瓷器进行了多次尝试以及大量努力，因此红釉瓷器非常名贵。郎窑红釉瓷器的色泽与宣德时期的宝石红釉瓷器相比，颜色更加鲜艳浓重，有“牛血红”之称。[1] 郎窑红釉瓷器釉层厚重，釉面有开片，外壁均施满红釉，釉面玻璃质感强烈，胎质坚硬洁白，琢器里面釉层为白色、米黄色或微微泛青，器物底部流淌的垂釉接近足部，但均不超过足部，又加之口沿处釉层较薄，易出现轮状白线，所以后世称之为“脱口垂足郎不流”。郎窑红单色釉瓷器造型丰富，大小器型均有，康熙时期的郎窑红釉瓷器以观音尊、笠式碗以及油锤瓶等器型较为盛行。

[1] 郎窑红釉瓷器的釉色特征可总结为：“明如镜、润如玉、赤如血。”

清代康熙时期　宝石红釉瓶

豇豆红釉瓷器与郎窑红釉瓷器相比釉色较淡，色调淡雅柔和，造型秀美轻灵，釉质莹润。豇豆红釉瓷器在烧制过程中以吹釉法进行上釉，因此釉面会出现水渍状纹理。同时豇豆红釉中的铜元素在烧制过程中会因氧化而产生些许绿点，与红色釉彩相映成趣。[1]豇豆红单色釉瓷器多产于康熙年间，烧制难度极大，器型一般以小件器物为主。雍正时期虽也有一些仿品，但大多烧制工艺低下。因此豇豆红单色釉瓷器传世数量极少，有着很高的艺术价值。

[1] 后人对豇豆红釉瓷器的描述是：“绿如春水初生日，红似朝霞欲上时。”

康熙时期的霁红单色釉瓷器主要仿制的是明代永乐、宣德时期的红釉瓷器，属于高温铜红釉瓷器的一种。明中晚期这种单色釉瓷器的烧制工艺曾一度失传，至清代才得以恢复。霁红釉瓷器胎体细致坚硬，色泽既不同于郎窑红釉瓷器的浓烈鲜艳，也有别于豇豆红釉瓷器的柔和淡雅，更偏向于深沉和肃穆。霁红单色釉瓷器与郎窑红、豇豆红釉瓷器一样，烧制难度极高，都是通过在生坯上施釉，然后入窑以1260℃至1300℃的还原气氛烧制而成，瓷器对于烧制过程中的温度变化极其敏感，因此烧制成品率极低。[2]

[2] 清人龚轼曾在《景德镇陶歌》中记载：“官古窑成重霁红，最难全美费良工。霜天晴昼精心合，一样抟烧百不同。”

天蓝釉瓷器为康熙时期初创，因为釉色酷似天蓝而得名。康熙时期天蓝釉单色瓷器的烧制水平极高，烧制难度与豇豆红单色釉瓷器相比略低，因此产量相对较高，深受当时宫廷贵族的喜爱。

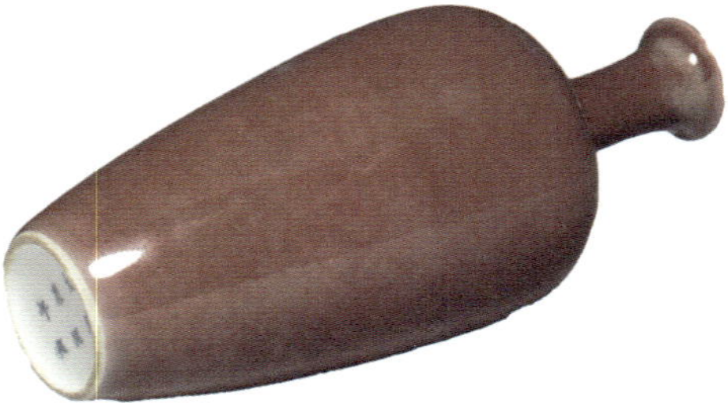

●清代康熙时期　豇豆红釉莱菔瓶

●清代康熙时期　霁红釉柳叶瓶

●清代康熙时期　天蓝釉瓷尊

孔雀蓝釉瓷器是一种以钴为呈色剂的低温颜色釉瓷器，因其翠绿透亮的色泽犹如孔雀羽毛中的蓝色而得名。孔雀蓝釉在明代成化、弘治以及正德时期均有烧制。其烧制过程为在制作好的素坯之上直接挂釉，或于烧制好的白釉瓷器之上二次挂釉，最后低温烘烧。其中以素坯直接挂釉烧制者因胎釉结合度不高，故会出现新釉层剥落的情形。康熙时期孔雀蓝釉瓷器生产的种类不多，有时也会仿照明代宣德时期官窑的孔雀绿釉瓷器烧造。

洒蓝釉瓷器施釉技法与其他颜色釉瓷器相比较为特殊，其制作方法为在制作好的素坯以及白釉瓷器上以竹管蘸取蓝釉料，吹于器物表面，因此器物表面会呈现出深浅不一、薄厚不均匀的小斑点，然后再入窑烧制，烧制好的瓷器釉面上犹如洒落的蓝色水滴一般，因此被称为“洒蓝釉”瓷器。康熙时期的洒蓝釉瓷器工艺精美且呈色较稳定，其中多以金彩装饰，有的以五彩或釉里红技法进行装饰。康熙时期的洒蓝釉瓷器烧制工艺复杂并且成品率极低，因此在当时较为珍贵。

茄皮紫釉瓷器是一种以锰为呈色剂的高温颜色釉瓷器，又被称为“毡泡青釉”瓷器，创烧于明代。经高温烧制以后，釉面会呈现出一种茄子皮一般的深紫色，因此得名“茄皮紫”。清康熙时期茄皮紫单色釉瓷器的工艺水平与成品质量都是最高的，以胆式瓶、盘口瓶等器型居多，釉面厚重且无开片，数量较少。[1]

[1]《饮流斋说瓷》：“自雍正至乾隆，虽间有茄紫，然已不甚多见，盖其色甚难摹拟故也。”

●清代康熙时期　黄釉索耳弦纹瓷罐（附金属胆）

●清代雍正时期　霁红釉碗

●清代雍正时期　霁蓝釉渣斗

黄釉瓷器是以铅为助溶剂、以氧化铁为着色剂的一种低温颜色釉瓷器，创烧于唐代。康熙时期的黄釉瓷器以仿制明代的娇黄釉瓷为主，釉质晶莹细腻。此外，还出现了釉色如蛋黄的“蛋黄釉”瓷器，并且在装饰技法上出现了加刻各种花纹的制作工艺，器型较为丰富，并且有所创新。

（二）雍正时期单色釉瓷器的发展以及艺术风格

清代雍正一朝虽仅有 13 年，但其制瓷工艺与整体水平在清代是最高的，因此这一时期的单色釉瓷器不管是在工艺水平还是器型种类上均有较大发展。雍正朝时期的单色釉瓷器以霁红釉瓷器、霁蓝釉瓷器、青釉瓷器、白釉瓷器以及黄釉瓷器等为主，很好地传承了前朝瓷器的精华并有所创新。单色釉瓷器也是雍正时期经典瓷器的代表。

康熙时期著名的郎窑红釉瓷器以及豇豆红釉瓷器至雍正时期已逐渐没落，但霁红单色釉瓷器仍在持续烧制。并且这一时期的霁红釉瓷器在色泽上更为艳丽，釉面也更加莹润。雍正一朝的霁红釉瓷器造型以盘、碗、高足碗等为代表，通常外红内白，也有里外全红的，色调深沉，釉色更显纯正。

霁蓝釉瓷器是以钴作为呈色剂烧制而成的高温蓝色釉瓷器。其烧制工艺为先在素坯上施釉，然后于 1200 ～ 1300℃的高温下一次性烧制。霁蓝釉瓷器釉色深沉古朴，匀净浓艳，由于其颜色深沉，所以经常被用作朝廷与官方的祭器，因此也被称作“祭蓝釉”瓷器。霁蓝釉瓷器创烧于元代，在明代永乐、宣德时

期发展迅速而同当时的甜白釉、霁红釉等瓷器共同被列为瓷器中的上品。霁蓝釉瓷器发展至清代雍正时期，由唐英任景德镇御窑厂的督陶官，他对于颜色釉瓷器的烧制精益求精。这个时期的霁蓝釉瓷器造型丰富多样，盘、洗、壶、钵、盆、罐、缸、玉壶春瓶、梅瓶、高足碗、渣斗等器型应有尽有，釉色均匀润泽，造型典雅优美，达到了清代霁蓝釉瓷器发展的巅峰。

青釉瓷器的釉面为青绿色，该釉色是我国最早的颜色釉种类。青釉瓷器是以铁为主要着色剂、以氧化钙为主要助溶剂的高温颜色釉瓷器。雍正时期的青釉瓷器颜色深浅有别，有冬青、豆青、粉青等类别，此外还衍生出了虾青、淡青、蟹甲青[1]、橄榄青等颜色。雍正时期青釉瓷器造型多样，以尊、瓶等器型最为常见。

[1] 因釉色晶莹明澈泛青绿，犹如刚钻出水面的螃蟹、甲鱼背壳所呈现的颜色而得名。

白釉瓷器是指白色釉面的瓷器，在白瓷的烧制过程中需使瓷土和所用釉料的铁含量都在 1% 以下才能保证烧制成功。制作方法为在瓷胎上施以透明釉，然后以高温烧制。白瓷的烧制开始于魏晋南北朝时期。雍正时期白瓷器型以茶壶、大碗、小碗、三足炉、酒盅为主，胎质细腻，优美典雅。

雍正时期在黄釉瓷器方面，最具代表性的成就便是创烧了“柠檬黄釉”瓷器。这一时期的黄釉瓷器大多是在烧制完成的白瓷之上施以低温黄釉，因此整个釉面更加洁净莹润。雍正时期的黄釉瓷器造型丰富，工艺制作精美考究，瓷器胎体纤薄，胎质与前朝相比更加细腻，器型典雅优美，在清康熙至乾隆三朝中瓷器发展最快、制瓷工艺水平最高。

●清代雍正时期　冬青釉盖罐

●清代雍正时期　白釉直口匙箸瓶

（三）乾隆时期单色釉瓷器的发展以及艺术风格

清代乾隆时期的单色釉瓷器以工艺精美而取胜，这个时期的单色釉瓷器不论是在制作水平还是细节要求上都比较高。

霁红单色釉瓷器成为这一时期红釉瓷器的主要代表，器物造型主要有碗、盘、尊、玉壶春瓶等。自清代乾隆时期开始，霁红釉瓷器上常常绘制有粉彩纹饰。乾隆之后，霁红釉瓷器的烧制逐渐衰落，器型多承袭前代，且工艺粗糙。

乾隆时期的霁蓝釉瓷器器型丰富，器身线条圆润优美，工艺大多采用描金地加彩绘，工艺流程复杂，色泽与雍正时期霁蓝釉瓷器相比不如其艳丽，设色华丽，纹饰繁缛。

松石绿釉又被称为“秋葵绿釉”，釉色凝厚沉稳，由于釉色青绿，色泽酷似绿松石而得名。松石绿釉瓷器在乾隆时期较为盛行，是以铜为着色剂烧制而成的低温釉瓷器，在雍正时期已经创烧，发展至乾隆时期工艺更为多样与精美。乾隆时期的松石绿釉瓷器釉色均匀厚重，瓷胎细腻，在器型上以小件居多，大件器型较为少见。

●清代乾隆时期　霁红釉盘

●清代乾隆时期 霁青釉兽耳琮式瓶

茶叶末釉瓷器又被称为“厂官窑釉”瓷器，是一种由高温一次烧制而成的乳浊釉瓷器。清代《陶雅》中描述“茶叶末，黄杂绿色，娇娆而不俗，艳于花，美如玉，范为瓶，最养目”[1]，可见其精美。茶叶末釉瓷器创烧于唐代，在乾隆时期烧制最盛，是乾隆时期著名的颜色釉瓷器种类。乾隆时期的茶叶末釉瓷器在器型上以天球瓶、石榴尊、洗、炉、绶带葫芦瓶等为主，釉面大多呈黄绿色或者青褐色，釉中散布有不规则的丝纹状或点状黄色，如茶叶末一般，因而得名。根据茶叶末釉颜色的细微差别，有的釉面似鳝鱼皮，有的似蟹壳，因此清代雍正、乾隆时期茶叶末釉瓷器的传世作品中又有“鳝鱼黄釉”“蟹甲青釉”等瓷器。乾隆时期茶叶末单色釉瓷器制作最为精巧，在数量与种类上都处于领先地位，大多被作为贡品，民间较为少见。

[1] 叶喆民:《中国陶瓷史:增订版》，生活·读书·新知三联书店，2011，第596页。

清乾隆时期黄釉瓷器与康熙、雍正时期相比，器型与种类明显减少，传统的低温黄釉瓷器基本上沿袭前代，器型主要包括碗、盘、尊、簋、杯等，釉层偏薄，釉色均匀。值得注意的是，这一时期的黄釉瓷器在制作上多与其他彩绘形式结合，黄釉粉彩瓷器、黄釉青花瓷器以及黄釉珐琅彩瓷器等出现较为频繁。乾隆时期的黄釉瓷器与其他工艺相结合而烧制的官窑瓷器产品也代表了这一时期制瓷技术的创新。

●清代乾隆时期　茶叶末釉双耳尊

●清代乾隆时期　茶叶末釉六联瓶

第二节　清代官窑的发展以及“官搭民烧”制度

清代官窑的烧制技术基本上沿袭明代，但也有所创新。中国瓷器发展至清代，“官搭民烧”制度的实行相较于明代更为深入，基本上完成了由“官搭民烧”至“尽搭民烧”制度的转变，为清代瓷器的发展提供了重要的条件。

一、清代官窑的发展

（一）清代御窑厂的建立

清朝建立后，行政以及典章制度等基本沿袭明代旧制，瓷器的生产也大多承袭明代旧制。不过关于清代御窑厂具体建立的时间，文献记载则较为含糊，我们只能依据相关记述来进行考证。从文献资料上来分析，清顺治时期已有御器烧造，不过其烧制时间应该具有间断性。《饮流斋说瓷》中记载：“顺治仅一度开窑烧瓷，故顺治瓷品极少。有之，则楷书也。”[1]乾隆时期的《文献通考》中这样记述，顺治八年（1651）“江西进额造龙碗，奉旨：朕方思节用，与民休息。烧造龙碗，自江西解京，动用人夫，苦累驿递，造此何益。以后永行停止”[2]。因此一些学者推断，清代官窑瓷器的烧制时间应该不晚于顺治八年，但是否以“御用”之目的进行烧造，我们便不得而知了。

另外《景德镇陶录·卷二》中还记载：“国朝建厂造陶，始于顺治十一年奉造龙缸，面径三尺五寸，

[1] 许之衡，杜斌：《饮流斋说瓷》，中华书局，2012，第 168 页。

[2] 耿宝昌，故宫博物院古陶瓷研究中心：《清代御窑瓷器》，紫禁城出版社，2005，第 49 页。

墙厚三寸，底厚五寸，高二尺五寸，经饶守道董显忠、王天眷、王锳等督造未成。十六年奉造栏板，阔二尺五寸，高三尺，厚五寸，经守道张思明、工部理事官噶巴、工部郎中王日藻等督造，亦未成。十七年巡抚张朝璘疏请停止。康熙十年奉造祭器等项，陶成，始分限解京。十九年九月，始奉烧造御器，差广储司郎中徐廷弼、主事李廷禧来镇驻厂监督。”[1] 由此可见清代御窑厂于顺治十一年因烧制“龙缸”而建立，其目的是烧制宫廷以及官府需要的大型琢器等。在这之前，不能保证官窑是延续明代的“官搭民烧”制度，以满足政府以及官府用瓷的。从顺治十一年开始，由于民窑不能满足烧造“龙缸”等大型琢器的条件，因此由清政府建窑以烧制大型瓷器，从而满足了官窑烧制瓷器的“御用”目的。因此我们可以初步推断，从顺治十一年开始，由官府负责并且出资烧制诸如“龙缸”等大型瓷器，并且开始形成清代的官窑制度。

遗憾的是景德镇御窑厂的建筑早已不复存在，根据已有文献以及实地考古证实，清代御窑厂是在明代御窑厂原址的基础之上重建的，大约在现在江西省景德镇市中心老城区附近。

（二）清代官窑的发展

清代与明代一样，景德镇代表了整个时代的瓷器生产情况。清代官窑自顺治时期建立，随着宣统时期清政府灭亡而退出历史舞台，历经二百多年，经历了恢复期、兴盛期、衰退期以及没落期四个时期，表现出清代每个时期制瓷水平的发展与变化。

[1] 杜斌：《中国陶瓷“四书”》，齐鲁书社，2015，第 191 页。

1. 清代官窑的恢复期

清顺治元年到康熙十九年（1644—1680），是清代官窑发展的恢复期。

顺治帝作为清军入关后的第一个皇帝，在其统治初期社会矛盾尖锐，各种抗清武装斗争此起彼伏，直至顺治八年才形成“天下初定”的局势。基于这样的社会背景，这一时期官窑瓷器的烧制数量不大，并且大多为仿制明代官窑的瓷器，烧造的瓷器种类以祭器和日常生活用器为主。从技术角度来讲，这一时期的官窑瓷器烧制在很多方面仍不算完备，加之传世的瓷器数量有限，给我们研究顺治时期官窑瓷器器型以及艺术特点带来诸多疑难。但可以肯定的是，清代官窑虽然在顺治时期已得以恢复，但处于恢复生产过程中的官窑，在瓷器烧制方面还没有形成自己的特色，并无显著成就。

从康熙帝即位至康熙十九年（1661—1680），康熙帝平定了三藩之乱，社会趋于稳定，基本无战事发生，这一时期成了清代官窑瓷器发展的恢复期，也是康熙官窑发展的早期阶段。自此以后，清代政权日益稳固，而朝廷也开始派遣内务府官员至景德镇“督陶”。因此我们可以说清康熙十九年是康熙朝官窑瓷器发展的“分水岭”。从康熙帝即位到康熙十九年，官窑烧制瓷器的数量相较顺治朝有所增加，但仍以仿制明代官窑瓷器为主。从康熙十九年开始，景德镇制瓷业逐步走上正轨，开始出现真正意义上的清代特色官窑瓷器。

2. 清代官窑的兴盛期

清康熙十九年至乾隆六十年（1680—1795），是清代官窑发展的兴盛期。清代官窑风格的真正形成是从康熙中晚期建立的，历经雍正时期“内庭恭造之式”[1]理念推动，烧制出独具特色的官窑御用瓷器，加上乾隆时期对官窑瓷器种类的积极研发，使这一时期成为官窑瓷器烧制的巅峰。

自康熙十九年开始由内务府官员“督陶”，这改变了自晚明以来的以地方官员“督陶”的形式，这种制度一直延续到乾隆五十一年（1786）。加之这一时期官窑支付相关制度的改革，御窑厂的瓷器烧造财政资金有了固定渠道，使得康熙十九年之后官窑瓷器的烧制以及特征才发生真正变革，不仅品种多样化，不同时期的官窑瓷器在装饰手法和内容上也各具特色。康熙朝的官窑瓷器有着“求新”“求变”的创作理念，丰富了康熙时期的瓷器种类以及创作方法等。传世的康熙时期官窑瓷器中，颜色釉瓷器以郎窑红釉、豇豆红釉以及天蓝釉等瓷器为主；釉下彩瓷器以釉里红、青花釉里红、青花以及釉下三彩等瓷器为主；釉上彩瓷器以五彩、素三彩、珐琅彩、粉彩以及斗彩瓷器等种类为主。相较于顺治时期，此时官窑发展迅速。

清代官窑瓷器发展至雍正时期进入了一个新的阶段。雍正时期（1723—1735）虽仅有短短的十余年，但这一时期官窑制度更加完善，瓷器造型严谨优美，工艺精致，这也得益于雍正帝本人在官窑御用瓷器造型、纹样以及色彩上对“内庭恭造之式”理念的秉持。雍正时期瓷器品类之多，制作工艺之精巧，堪称清代

[1] 见《清档》3310号：雍正五年（1727）闰三月初三日，胤禛回顾了自他御极以来四年有余的时间里，养心殿造办处各作活计的做工优劣、品格高下。并谕示郎中海望：“……朕看从前造办处所造的活计好的虽少，还是内庭恭造样式。近来虽其巧妙，大有外造之气。尔等再做时不要失其内庭恭造之式。钦此。”所谓“内庭恭造之式”即指宫廷艺术品所特有的皇家气质。

官窑瓷器的巅峰。这一时期的颜色釉瓷器以仿烧宋代的哥窑、汝窑、定窑、钧窑以及官窑“五大名窑”最为知名，而作为釉下彩瓷器的釉里红瓷器的色泽表现更是登峰造极。釉上彩瓷器中，粉彩瓷器技法日益成熟，在雍正时期获得突飞猛进的发展，成为这一时期釉上彩瓷器的主流产品，色彩艳丽清逸。另外雍正时期的珐琅彩瓷器也迅速发展，且工艺精美，具有很高的艺术价值。雍正朝官窑瓷器迅速发展受诸多因素的影响：其一，社会稳定与经济发展为瓷器的发展提供了良好的制瓷环境和物质基础。其二，雍正时期“督陶官”制度的定型，如年希尧、唐英、赵元等督陶官对制瓷技术的推动，造就了雍正“年窑”[1]的巨大影响力。其三，雍正帝本人对于制瓷业的关注和推动，一定意义上影响了瓷器烧制技术，令官窑瓷器达到至臻的程度。

到了乾隆时期，国家财政宽松，社会经济空前发展，为瓷器的发展提供了重要的物质基础。由于承袭了雍正时期的制瓷技术，再加上乾隆帝对瓷器艺术的酷爱，这一时期的官窑瓷器生产规模浩大，烧造种类不断增多，瓷器工艺繁杂，景德镇御窑厂的制瓷技术达到了空前的水平。乾隆时期的官窑瓷器以种类齐全和器型创新而著名，也为后来制瓷业的创新提供了思路。从传世作品来看，乾隆时期官窑瓷器的器物造型尤为丰富，胎质细腻，胎体纤薄，虽整体造型不及雍正时期典雅隽永，但造型多样且以奇特著称。另外这一时期的瓷器釉色丰富，据统计多达四五十种，尽显奢华之风。乾隆晚期，“官搭民烧”制度逐渐普及，

[1]“其后御窑兴工，每命工部或内务府司官往，专任其事。年希尧曾奉使造器甚伙，世称‘年窑’。”（《清史稿》）

再加上督陶官唐英等人先后离世，官窑瓷器逐渐衰落。

3. 清代官窑的衰退期

嘉庆元年到咸丰五年（1796—1855），是清代官窑的衰退期。

从乾隆晚期开始，官窑瓷器已然没落，从嘉庆元年至咸丰五年的六十年间，瓷器发展停滞不前，究其原因主要有两个方面。一方面，嘉庆、道光时期国力已大不如前，国库空虚，在这种情况下用于瓷器烧造的银钱大幅度减少。根据《清宫瓷器档案全集》记载，乾隆晚期的大运和传办瓷器的烧造数量极大，每年都接近万件，而从嘉庆元年至嘉庆三年（1798）共三年时间烧造的瓷器数量才近万件，到了嘉庆晚期，对官窑瓷器的数量需求以及投入资金日益减少，御窑厂甚至处于停烧阶段。另一方面，嘉庆、道光时期，社会因素的影响使得帝王崇尚节俭，因此御用瓷器的数量与种类日益减少，后来的停烧也就是情理之中了。

嘉庆时期的官窑瓷器，除了年款、种类与规模相应减少之外，几乎都沿袭了乾隆时期。嘉庆早期官窑瓷器的烧制技术精湛，器物类别仍旧以沿袭乾隆时期为主。釉彩与装饰相较于乾隆时期而言也无较大变化，只是装饰种类明显减少。到了嘉庆晚期，瓷器种类以及烧制质量均出现明显下降，瓷器装饰的纹样也较为单一，多局限于吉祥图案等。究其主要原因，除了上述的国库空虚以及帝王崇尚节俭之外，也与这一时期的官窑划归地方管辖，从而按照“岁例贡御”有着重要关系。到了道光、咸丰两朝，官窑瓷器的“粗劣”更加显露无遗。

至清咸丰朝，国家内忧外患，这一朝官窑瓷器的烧造时间仅有四年，即从咸丰元年至咸丰四年（1851—1854）。这一时期虽有战乱，但御窑厂还能维持每年的正常烧造。但咸丰时期官窑瓷器基本承袭前朝，已无创新可言。到了咸丰五年（1855），太平军烧毁景德镇，官窑烧制趋于衰退。

4. 清代官窑的没落期

咸丰六年至清宣统三年（1856—1911），是清代官窑的没落期。

自咸丰五年景德镇御窑厂被毁之后，官窑瓷器也遭受了相应的“动荡”。从咸丰六年开始，经同治、光绪以及宣统时期，政权大多被慈禧太后控制。这一时期官窑瓷器虽有烧制，且烧制数量仅次于康熙、雍正、乾隆三代，但质量却大大降低。同治、光绪时期的官窑瓷器大多为满足慈禧太后的个人需求而烧制，器物造型大多仿烧前代，虽然烧造较为成功，不过不管是从瓷器胎体的细腻紧致程度、釉色表现，还是装饰上来看，均不可与清代全盛时期同日而语。至宣统时期，官窑瓷器也大多是沿袭光绪时期的特点。到了1911年宣统皇帝[1]退位，清代官窑瓷器也伴随着清王朝的覆灭而走向灭亡。

清代官窑真正没落的原因在于其作为封建君主制社会的产物，必将与腐朽的政治制度一般，随着封建社会的没落而最终衰亡，这是历史的必然。

（三）清代官窑瓷器装饰的基本工艺

清代官窑瓷器装饰的基本工艺主要包括两个方

[1] 即清朝的最后一个皇帝，醇亲王载沣的儿子，爱新觉罗 · 溥仪。

面，即瓷器本身的造型工艺以及彩绘工艺。

在瓷器本身的造型工艺上，清代早期的官窑瓷器造型大多仿照宋代以及明代，从康熙后期开始在器型上有了一些创新，出现了一些新的器型。清代官窑瓷器有着严格的“官样”程式化规定，瓷器从最初的制样到后面的烧制成器都有着一定的生产制度制约规范，有时候甚至需要统治者本人的亲自把关以及确定。因此在清代官窑瓷器生产过程中，瓷器的造型以及尺寸大小等因素都有严格的规定，不可随意更改。虽然清代官窑瓷器在造型工艺上遵循一定的程式化规范，但在其瓷胎装饰上却能通过刻花、剔花、镂空、印花、贴花等技法进行多样化的表达。清代官窑瓷器本身在造型上就呈现出多样化的特征，加之瓷胎装饰的运用，更使得清代瓷器造型体现出不同的时代特征。例如乾隆时期的瓷胎装饰工艺最具特色，常见的有以镂空技法而制的玲珑瓷[1]，以及以针、锥剔胎工艺而形成的“轧道”装饰等。

清代官窑瓷器的彩绘工艺包括釉彩装饰以及色彩装饰等方面。清代官窑瓷器的釉彩装饰主要是以控制釉料中呈色金属元素的比例来呈现不同的釉色变化。清代官窑的釉色装饰种类多样，其中以郎窑红釉瓷器、豇豆红釉瓷器、霁蓝釉瓷器、天蓝釉瓷器、霁红釉瓷器、孔雀蓝釉瓷器、洒蓝釉瓷器、松石绿釉瓷器、珊瑚红釉瓷器、茶叶末釉瓷器等为代表，突出显示了清代官窑瓷器在釉彩装饰上的丰富多样。清代官窑瓷器的色彩装饰以各种颜色的彩料描绘各种装饰纹样为手段，以清代官窑瓷器的釉里红瓷器、青花瓷器、

[1] 玲珑瓷的镂空工艺属于镂花的一种，指在瓷器的坯胎之上镂雕出米粒大小、具有一定图案的孔洞，经填釉烧制完成后，在瓷器的镂空处会呈现明澈透亮的效果，但不洞不漏，这种透光的米粒状孔眼，也被称为“米花”，在日本被叫作“米通”。许之衡《饮流斋说瓷》记载：“素瓷甚薄，雕花纹而映出青色者谓之影青，镂花而两面洞透者谓之玲珑瓷。”

粉彩瓷器、五彩瓷器、斗彩瓷器、珐琅彩瓷器、素三彩瓷器、绿彩瓷器、红彩瓷器等为代表，体现了清代官窑瓷器在色彩装饰技术上的高超。

二、清代的“官搭民烧”制度

清代的“官搭民烧”与明晚期在制度上并无太大区别。在制瓷工序上，清代的制坯工序仍然是由御窑厂完成制作。明清时期的御窑厂之所以将制坯工艺进行垄断与控制而不肯交付于民窑完成，其根本原因在于对封建等级制度以及皇权的维护。若交付于民窑，恐民间仿烧僭越。并且清代的御窑厂基本上还是维持明晚期的规制，只是随着时代的变迁和发展而有所改进。清代的御窑厂在设置上仍保留有二十三作，不同的是在明代的大碗作、盘作、碟作、酒钟作、钟作五作的基础之上，把瓷器制作性质相似的圆器各作合并为了大器作与小器作，另外在大器作与小器作之外又增加了仿古作、创新作以及雕镶作三作[1]。

清代的“官搭民烧”制度，相较于前代而言更为深入与彻底。根据清代陶瓷艺术家唐英的《陶成纪事碑记》记载，当时唐英管辖的御窑厂仅仅负责瓷器基本的制坯、成型以及器物表面装饰，而后面的瓷器烧制则由民窑负责完成。与明代官窑相比，清代前期景德镇御窑厂规模较小，到了后期更是日益缩小，另外清代还废除了窑工的匠籍以及编役等制度而采用雇佣民匠制度，这在一定程度上也优化了御窑厂的人员管理机制，提高了生产率。随着“官搭民烧”制度的不断推行以及搭烧数量的不断增加，御窑厂内的自设窑

[1] 李一平，李子嵬：《景德镇明清官窑》，江西美术出版社，2016，第14页。

的数量也不断减少，完成了由“官搭民烧”到“尽搭民烧”的转变，因而御窑厂规模的逐渐缩小也是自然而然了。

清代官窑与民窑之间的联系也日益紧密，并且相互影响。在这种情况之下，“官搭民烧”制度为民窑制瓷艺术的发展注入了新的养分。民窑瓷器虽在造型等方面不能“僭越”，但在整个瓷器生产过程中，官窑瓷器优雅华丽的艺术特点、丰富的装饰题材与纹样以及高超的技法等也会让民窑争相效仿。在此基础之上，大量的民间优秀工匠能够参与到官窑瓷器的设计、生产以及烧制过程中。得益于“官搭民烧”，这一时期的民窑制瓷技术也得到了质的提升与发展。以雍正、乾隆时期为例，这一阶段民窑瓷器的生产技术快速发展，已然达到我国民窑制瓷技术的高峰。从另一个方面来讲，随着“官搭民烧”向“尽搭民烧”的不断转变，清代的官窑也逐渐呈现出“去生产烧制化”[1]的趋势，而这个时期民窑优秀的制瓷技术甚至反过来向官窑渗透，使得官窑与民窑互为补充，促进了清代整体制瓷技术的发展与进步。

[1] 即从瓷器的成型到烧制过程都由包青户完成，也说明官窑正逐渐成为一个虚拟的存在。

第三节　清代景德镇的制瓷著作

景德镇在制瓷技术上有着悠久的历史，关于景德镇制瓷的史实，在《新唐书》《宋史》《元史》《明史》等史籍中均有记载，而真正关于景德镇制瓷技术发展的专门论著，则是以元代蒋祈的《陶记》为代表。《陶记》是中国历史上最早的一部专门记述景德镇制

瓷技术以及制瓷发展理论的著作。景德镇制瓷技术发展至清代，景德镇官窑与民窑发展都取得丰硕成果，其中尤以康熙、雍正、乾隆三朝最为鼎盛。清代有关景德镇制瓷技术以及发展的著作主要有督陶官唐英所作的《陶冶图说》、清人朱琰的《陶说》、梁同书的《古窑器考》、程哲的《窑器说》、龚轼的《景德镇陶歌》，以及清代景德镇制陶技术的集大成者蓝浦及其学生郑廷桂所撰的《景德镇陶录》等。我们以《陶冶图说》《陶说》《景德镇陶歌》《景德镇陶录》四部著述为例进行说明。

一、《陶冶图说》

《陶冶图说》又名《陶冶图编次》，作者唐英为雍正、乾隆两朝的督陶官，自号陶人，晚号蜗寄老人，也是清代著名的陶瓷艺术家。唐英能文擅画又通晓制瓷工艺，自 1728 年开始担任景德镇督陶官，并先后为雍正、乾隆两朝皇帝服务并烧制瓷器。唐英不仅是清雍正、乾隆时期著名的督陶官，还在中国陶瓷的文献编著上有非凡的成就，包括《陶冶图说》《陶成纪事》《陶人心语》等。

唐英所著的《陶冶图说》不足四千字，以高度的理论性对乾隆时期的制瓷工艺和流程进行了概括，整个著作以图为主，以文字为辅，用图文并茂的形式讲述了陶瓷的制作及其技艺的传承。《陶冶图说》主要为配合宫廷中的《陶冶图》所用。乾隆八年（1743），宫廷将二十幅《陶冶图》交给唐英，并吩咐唐英按照制瓷的顺序进行编排，再根据《陶冶图》中每幅图画

的内容进行简要的文字概述。

《陶冶图说》是我国第一部完整记录景德镇御窑厂制瓷工艺的图文著作，形式有点类似于我们今天所说的连环画。该书主要向我们展示了当时官窑制瓷的主要步骤，即一为采石制泥，二为淘炼泥土，三为炼灰配釉，四为制造匣钵，五为圆器修模，六为圆器拉坯，七为琢器做坯，八为采取青料，九为拣选青料，十为印坯乳料，十一为圆器青花，十二为制画琢器，十三为蘸釉吹釉，十四为旋坯挖足，十五为成坯入窑，十六为烧坯开窑，十七为圆琢洋彩，十八为明炉暗炉，十九为束草装桶，二十为祀神酬愿。

《陶冶图说》由前十九部分的“述技”以及最后一部分的“神技”组成，其中“神技”部分涉及景德镇制瓷业中对“风火仙”[1]窑神的崇拜，不仅反映出唐英对制瓷技术实践性和经验性的高度总结，也表现了“祀神”以及“酬愿”等精神力量，体现出深刻的民俗价值。

《陶冶图说》在成书之后，也被《陶说》《景德镇陶录》等多部陶学艺术经典用以借鉴或摘引，具有较高的文献价值。总体而言，《陶冶图说》展现出清乾隆时期官窑瓷器制作的新技术，也表现出当时官窑制瓷工艺的繁复与精益求精，成为我国古法制瓷的重要教科书之一。

二、《陶说》

《陶说》是中国第一部全面系统论述景德镇瓷器的专业论著，于清乾隆三十九年（1774）初次刻印出

[1] 据《中国民间故事集成·江西卷》描述，风火仙是专门管理窑火的一个神仙，触怒了风火仙就烧制不成瓷器，即使烧成，瓷器也要被雷公劈成碎片而成不了“器”。后来景德镇的工人们便在城内的珠山脚下专门造了一座“风火仙阁”，规定在窑厂生火和开窑取瓷之日，均要摆酒祭祀“风火仙”。

版，作者朱琰为清代浙江人，乾隆朝进士。朱琰在陶瓷工艺方面著作颇丰，且通晓诗文艺术、古文字学等。

清代著名的藏书家、校勘学家朱文藻在《陶说·跋》中云："右《陶记》六卷，吾宗笠亭先生之所著也。先生闻见广博，而著论务裨实用。客游饶州，饶产之巨，莫如景德镇之瓷，而其器尤为日用不可缺，乃以亲见之事，参诸旧闻。其说不诬，洵可传也。"[1]也概括出朱琰编写《陶说》之旨趣。

《陶说》一书内容按照"先今后古"原则共分为六卷，即《说今》、《说古》、《说明》以及《说器》上、中、下各一，分装四册。其主要内容除了对中国古代陶瓷的系统研究，还对当时的制瓷方法进行了详细的论述。其中卷一《说今》主要叙述了清代饶州窑，即现在我们所说的景德镇窑的概况以及生产过程；卷二《说古》主要叙述了窑器的起源以及我国从唐代至元代的名窑发展以及所产瓷器；卷三《说明》主要叙述了我国明代历朝官窑瓷器的发展以及生产技术；卷四《说器（上）》、卷五《说器（中）》以及卷六《说器（下）》则主要叙述了我国唐代至明代时期的窑器发展。

朱琰的《陶说》取材广泛，除了参考江西方志、官府档案以及对当时制瓷艺人、窑器成品的访问和考察之外，还查阅了大量关于十三经、古史、诗文集以及诸子百家等方面文献内容。《陶说》作为全面阐述我国陶瓷发展史的第一部著作，更加难能可贵的是对于实用性的侧重，例如在其卷三《说明》中，朱琰按照历朝历代的次序论述了明代制瓷的制度、烧造工艺、

[1] 陈雨前：《中国古陶瓷文献校注》，岳麓书社，2015，第 387 页。

瓷器特点，以及采料、制料、画染、制匣、装窑等制作方法，并不偏重于对古文献的引用以及考证，更珍视前人的制瓷经验以及实践。

三、《景德镇陶歌》

龚轼的《景德镇陶歌》是一部诗集作品。龚轼，字适父，南昌人，曾于清嘉庆十九年至嘉庆二十二年（1814—1817）在浮梁县衙担任秘书一类的工作。龚轼一生著述丰富，除《景德镇陶歌》以外，还有《欧可杂著》《欧可文钞》《六如集》等作品。

龚轼在任职期间留心陶业，“尔时谒御窑厂，探坯房窑户，看满窑辄经日二三”[1]，常与制瓷工人聊天，并把这些人烧瓷的经历以及要领等写作诗歌，最初多达百余首，后由于诗稿遗失，后又复得并精选其中六十首“题曰《陶歌》，所以志陶业之十一云耳”[2]。该诗集所收录的六十首诗歌内容全部都与景德镇制瓷业有关，其内容涉及当时的政治、经济、艺术、民俗以及历史等领域，具有较高的艺术与文学价值。除此书之外，龚轼还参与了《景德镇陶录》的整理校对工作。

《景德镇陶歌》中的六十首诗歌均为七言绝句，并且在每首诗歌后面都有简短的原注，对于理解诗歌内容有着一定的帮助。其中的大部分诗歌对于清代制瓷艺人们制作瓷器的全过程都有着详细具体的记载。在《景德镇陶歌》中，有关瓷器制作工艺的诗歌共有二十余首，大约占据了整个诗集的三分之一，涉及了制作工艺中的选料、成型、烧制以及上釉等方面，例

[1][2] 陈雨前：《中国古陶瓷文献校注》，岳麓书社，2015，第873页。

如“在山石骨出山泥，水碓舂成自上溪。要是高庄称好不，不船连载任分携”[1]，记述了对制瓷原料的开采、加工以及运输；“几家圆器上车盘，到手坯成宛转看。杯碟循环随两指，都留长柄不雕镘”[2]，记述了制瓷工艺中的“拉坯”技艺；“满窑昼夜火冲天，火眼金精看碧烟。生熟总将时候审，此中丹诀要亲传”[3]，则记述了瓷器的烧造工艺。还有有关制瓷历史的叙述，例如“魏氏家传大结窑，曾经苦役应前朝。可知事业辛勤得，一样儿孙胜珥貂”[4]，讲述了魏姓挛窑的兴衰变化。还有“坯工多事问坯头，首领稽查口类周。三月有钱称发市，年终栈满惰工愁”[5]等与管理制度有关的描写，以及诸如“雕作从来枉作劳，更嗤桃核刻牛毛。圣朝器服惟坚朴，不使矜奇到若曹”[6]等对瓷器审美意识的反馈等内容。

龚轼《景德镇陶歌》中的六十首诗歌形象、真实地记录了景德镇制瓷业发展的历史，对于我们研究中国古代陶瓷史具有重要的意义。现在中国的景德镇以及其他产瓷区在制瓷工艺上已逐渐走向操作机械化道路，但《景德镇陶歌》所记述的有关制瓷的实践与经验却是无可替代的，尤其是以诗歌形式较为系统地反映我国古代陶瓷生产的著述更是罕见。龚轼的《景德镇陶歌》在内容上具有中国工艺学、美学、史学、文学以及鉴藏学等诸多价值，在中国陶瓷诗歌发展史上具有开创性意义，更是我国陶瓷发展史上的著名论述，极大地丰富了我国的陶瓷文献。

[1]-[6] 陈雨前：《中国古陶瓷文献校注》，岳麓书社，2015，第875-896页。

四、《景德镇陶录》

明清时期有关景德镇陶瓷的著述中，以蓝浦所撰，其学生郑廷桂补辑的《景德镇陶录》最为翔实，可以说是中国陶瓷史上第一部较为全面总结景德镇制瓷发展历史的著作，具有重要的研究价值。蓝浦，字滨南，又字耕余，江西景德镇人士，主要活跃于乾隆时期，撰写《景德镇陶录》未成而抱憾以殁。其学生郑廷桂，字问谷，受业于蓝浦。后来郑廷桂对《景德镇陶录》不断整理、补辑以及增广，最终于嘉庆二十年（1815）得以印刷出版。

《景德镇陶录》在内容上主要取材于两个方面。

其一来源于前人关于陶瓷技艺与发展的记述。例如元代蒋祈的《陶记》，明代曹昭的《格古要论》、高濂的《遵生八笺·燕闲清赏笺》等，以及清代谷应泰的《博物要览》、梁同书的《古铜瓷器考》、朱琰的《陶说》、唐英的《陶冶图说》等论著，蓝浦与郑廷桂的《景德镇陶录》正是“博考众家之说，实而验诸当时之制”[1]的结果。

[1] 周思中：《中国陶瓷名著校读》，武汉大学出版社，2016，第256页。

其二来源于蓝浦与郑廷桂长期的走访观察。二人均为景德镇当地人，得天独厚的条件为他们取得第一手的珍贵资料提供了便利。另外蓝浦与郑廷桂对当时制瓷技艺以及制瓷艺人的访问也使得他们记述的真实性以及准确性大大提高。值得一提的是，郑廷桂还在卷末一一记载了被访问者的姓名，可见其撰写是源于现实、基于现实的。

《景德镇陶录》总结了明清时期景德镇制瓷技术的发展历史，全书共有十卷，其中卷一、卷二主要叙

述了明清时期官窑瓷器的规制以及生产过程；卷三主要是对清代前期景德镇制瓷业发展以及分工的介绍，包括瓷窑的分类、工匠的分工明细、窑户的分类，以及瓷器的各种器型等；卷四和卷十主要记述了景德镇瓷器的生产、经营以及贸易概况等；卷五至卷七介绍了中国古代各个名窑的工艺、成就以及特点等；卷八和卷九则主要是相关的文献记述。

《景德镇陶录》作为我国第一部较为完备的景德镇陶瓷史专著，记述了明清时期官窑以及民窑发展的状况以及成就，对于我们了解当时景德镇的经济发展、陶瓷技艺，以及民俗、文化等方面具有重要的价值。

第七章

中国瓷器的外销

中国有着悠久的历史和灿烂的文化，是世界上最早发明和使用陶瓷的国家。中国也是世界陶瓷的开创者和引领者，瓷器烧制历史久远，领先了欧洲一千余年。中国的制瓷技术在隋唐时期已经成熟，自唐代开始中国的对外贸易便迅速发展，中国的瓷器也得以远播至西亚和非洲。到了宋代，中国瓷器不仅以其独有的艺术魅力成为中国文化艺术的代表，也在当时的海外贸易中声名远播、风靡世界。大多数欧洲人直到16世纪才开始知道中国瓷器，此时的明朝也开启了中国瓷器对外贸易的大发展时期。

第一节　宋元时期中国瓷器的对外贸易

中国陶瓷工艺产品的对外输出开始于唐代，到宋元时期，中国瓷器的对外贸易不断发展，达到最兴盛阶段。“海上丝绸之路”[1]也逐渐拓展，船舶运输更为先进，航程拓展更为深远，影响力更为巨大。

[1] 海上丝绸之路是陆上丝绸之路的延伸，主要是由于中国东南沿海地区山多而平原较少，且内部往来不方便，因此就积极向海上发展。

一、宋元时期外销瓷的“海上丝绸之路”

瓷器具有沉重、易碎的特点，在运输方式上以海上船运最为适宜。事实上，从唐代开始，中国瓷器外销就是主要通过“海上丝绸之路”运往海外地区，另外近些年沉船考古的一些资料和成果也逐渐证实了“海上丝绸之路”的存在，以及当时瓷器外销的繁荣局面。

（一）宋代外销瓷的“海上丝绸之路”

宋代制瓷业在唐、五代的基础之上有了飞跃性发展，是我国瓷器史上的繁荣时期，烧制工艺进一步发展，官窑的形式更加多样，瓷器种类与数量急剧上升，五大名窑的瓷器制作更加精良。宋窑的“火照”工艺，以及“覆烧法”“叠烧法”的盛行为宋代瓷器的成瓷率以及烧制产量的提高提供了坚实的基础和保障，宋代烧制的瓷器各具特色，官民齐辉。

宋人赵汝适所著海外地理名著《诸蕃志》记载，宋代瓷器贸易发展快速，宋代朝廷鼓励海外贸易。宋人朱彧撰写的记述有关海上交通贸易等的笔记体著作《萍洲可谈》中说道：“船舶深阔各数十丈，商人分占贮货，人得数尺许，下以贮物，夜卧其上。货多陶器，大小相套，无少隙地。”[1] 可见当时瓷器贸易的发展盛况。宋代曾与当时世界上三十多个国家与地区有瓷器贸易往来，包括现在的印度尼西亚、越南、柬埔寨、印度、斯里兰卡、马来西亚，甚至非洲的坦桑尼亚等地。

海外贸易的兴盛促进了宋代海外交通的进一步

[1]（宋）朱彧，陆游：《萍洲可谈　老学庵笔记》，上海古籍出版社，2012，第 29 页。

发展，开创了我国航海史上的新局面，“海上丝绸之路”的主航线得以延伸得更远，并开辟了一定数量的支线。宋代船只不仅能够在到东南亚、南亚以及波斯湾的航线上顺利航行，并能够横渡印度洋，直达也门的亚丁等地，更能够远航至北非以及东非海岸线，而这些地区所进口的中国货物中瓷器数量遥遥领先。

（二）元代外销瓷的“海上丝绸之路”

元代制瓷窑址增多，制瓷工艺进一步发展，产量也得以提升，元代青花瓷的出现结束了宋代瓷器“类银”“仿玉”的局面，具有中国传统“水墨画”的效果，深受人们喜爱。元代瓷器不仅工艺先进且成本降低，使得这一时期瓷器外销的数量、到达的国家和地区都大大超过了前代。根据元代航海家汪大渊[1]所著的记述有关海外诸国见闻的著作《岛夷志略》中记载，至元代时期，我国的瓷器外销已到达包括东非、北非等地的五十多个国家以及地区，相较于前代而言，瓷器外销的范围进一步扩大。

[1] 元代著名的旅行家和航海家，字焕章，南昌人，青年时期曾两次随商船至东洋、西洋远游，最远到达过非洲东岸。

元统治者一直以来都极为重视贸易活动，并且采取了一系列促进海外贸易的政策和方针，公元 1277 年，元代相继在泉州、杭州、温州、广州四地设立了市舶司，管理对外贸易，发布“罢和买，禁重征”政策，减轻舶商的经济负担，创造了更为宽松的经济贸易环境。当时与中国有经济贸易往来的海外国家以及地区就有二百多个。公元 13 世纪，意大利商人马可•波罗撰写的《马可·波罗游记》也曾赞誉当时的泉州港为世界上最大的港口。再者元代航海技术以及造船业

发达，船舶数量较多，这些都为“海上丝绸之路”提供了有利的发展条件。

二、宋元时期外销瓷的窑口与主要的输出港口

（一）宋代外销瓷的窑口与主要的输出港口

北宋时期，江西景德镇的青瓷与青白瓷、浙江的越窑青瓷与温州窑青瓷、陕西的耀州窑青瓷、河北的定窑白瓷、广东的潮州窑白瓷等均对外输出，一直到北宋末期，福建建窑与浙江龙泉窑青瓷也相继进行对外贸易。

南宋时期，我国越窑青瓷以及广东地区出产的瓷器外销数量逐渐降低，而浙江龙泉窑青瓷、福建建窑瓷器以及江西景德镇青白瓷数量日益增加，尤以通过当时福建的泉州港外销至西亚、东南亚地区的外销瓷数量为最。1987 年在广东阳江海域发现的南宋中期的“南海一号”沉船，以及 1996 年在西沙群岛发现的南宋中期的“华光礁 I 号”沉船[1]，均可以表明福建生产的陶瓷制品种类丰富，主要包括当时仿制的龙泉窑青瓷和景德镇青白瓷等，从打捞的陶瓷器来分析，这些沉船应该是从福建的泉州港出发。从日本出土的数量比较多的我国福建所制瓷器的数量分析，其出发地以福建的福州为主，另外我国南宋时期的瓷器外销，以南宋统治的地区所制瓷器为主要产品。

[1] 中国国家博物馆水下考古研究中心海南省文物保护管理办公室：《西沙水下考古（1998～1999）》，科学出版社，2006.

（二）元代外销瓷的窑口与主要的输出港口

中国的疆域发展至元代广袤且统一，商品经济迅速发展，社会文化水平也得到了很大提高，在瓷器生

产方面元代推行官匠与军匠制度，设立“大都四窑场”[1]以及景德镇“浮梁瓷局”，在此基础之上烧制技术不断成熟，外销瓷数量不断增加。尤其是元代青花瓷的发展，更是对西亚地区的瓷器外销造成了非常重要的影响，至元末，中国与西亚的纹饰技术交流也日渐频繁，在一程度上也促进了中国元代与西亚地区的瓷器贸易发展。

从南宋末期开始，龙泉窑所生产的青瓷数量急剧上升，到了元代，东南亚、西亚以及日本等地区的中国陶瓷消费数据显示，龙泉窑青瓷数量最多，另外还包括部分福建陶瓷以及景德镇陶瓷，除此之外，我国其他窑口的瓷器数量较少，可忽略不计。这些可以从20 世纪 70 年代在朝鲜半岛西南部新安海域发现的新安沉船考古发掘以及日本已有出土瓷器中得到证实，当然这也和当时福建泉州港作为瓷器外销面向东南亚以及西亚地区的最大据点有一定的关联，一般情况下，宋元时期我国瓷器外销至东南亚以及西亚地区的路线以泉州为据点，而外销至日本则以福建福州港与浙江宁波港为出发地。

在我国南宋以及元代时期，中国持续出口了数量极为庞大的龙泉窑青瓷制品，已有考古发掘除了新安沉船以外，印度尼西亚发现的爪哇海沉船以及近年来新的沉船事件调查报告均表明，这些沉船装载了大量的龙泉窑青瓷，当然运输方式上除了以海路形式远距离运送之外，还有河流、陆地等多种运输方式，从瓷器烧制的各个产地运往当时的宁波、泉州等主要港口，然后再以外贸船运送至世界各地。

[1] 根据《元史·百官志》记载，至元十三年曾设置“大都四窑场”。

元代时期，我国的景德镇瓷器也开始进入欧洲市场，满足了欧洲地区瓷器市场的大量需求。同时，我国瓷器大量销往日本等地，对所销往国家的瓷器文化艺术产生了重要影响，可见元代时期我国瓷器贸易的发展之盛。

第二节　明代瓷器的外销

中国瓷器自汉代开始已远销至南洋一带，宋元时期是我国瓷器外销的一个高峰时期，到了明朝，中国瓷器在对外贸易上取得了重要发展，文献中曾记载，明成祖时“锐意通四夷”，当时郑和和他所带领的船队浩浩荡荡走访了亚洲和非洲的三十多个国家以及地区，因此明代时期中国瓷器的外销在继元代以后达到了新的高潮。明代瓷器的外销与明代对外政策的变化息息相关，总体而言明代瓷器外销在数量、瓷器质量以及外销范围上都非之前朝代所能比拟，形成了瓷器销售在海外扩大的新局面。

一、明代的对外政策与瓷器外销

前面我们说到明代的瓷器外销与这个时期的对外政策密切相关。在明代早期，对外政策主要遵循“海禁加朝贡”模式，明政府明确规定“禁濒海民不得私出海”，实行非常严格的“海禁”政策，私人性质的对外贸易被明令禁止，朝贡贸易[1]成为当时对外贸易的唯一合法方式，体现出了官方对于海外贸易的全面垄断。因此这一时期的瓷器外销主要是以赏赐

[1] 即国与国之间的进贡关系，是政治上的从属关系在经济方面的表现。

品、交换品的形式通过以朝廷为主的官方途径进行传输的。而自我国唐代以来，统治阶级都对“朝贡”贸易推崇备至，“朝贡”的不断兴盛，广招来使，扩大了“朝贡”体系的规模，在对待外国使节朝贡问题上，明统治者往往采取“厚往薄来”的方式。据《明史·外国传五》中记载，洪武十六年，“复遣使赐织金文绮三十二、磁器万九千。其（真腊）王遣使来贡。十九年，遣行人刘敏、唐敬偕中官赍瓷器往赐”[1]。由此可见，明朝政府对于海外使节的瓷器赏赐量是非常大的。尤其是在永乐皇帝即位之后，宣布恢复宁波、泉州以及广州三地区的市舶司，主要负责“海外诸番朝贡、市易之事”，并且宣布“自今，诸番国人愿入中国者听”，使得这个时期在对外政策上更加开放，也加速了瓷器的外销。因此在明永乐、宣德时期，郑和七次下西洋，船队规模十分浩大，每次远航均用船一二百艘，遍访了亚非的三十多个国家以及地区，最远甚至到达东非等地区。这一时期对外贸易迅速发展，郑和下西洋进行贸易传播的同时也带来了珍贵的“苏麻离青”瓷器青料，也使得这一时期的青花瓷器在成色、造型以及装饰纹饰上呈现出别具一格的艺术特征，为永乐、宣德时期青花瓷器黄金时代的到来提供了重要的条件。面对瓷器数量急剧增加的需求，这一时期的窑炉结构以及烧制技术也呈现出极大的发展与改进，为这一时期瓷器的大量输出提供了重要支持。明初瓷器贸易的兴盛提高了明时期中国的国际影响力，宣告了这个时期海外贸易大发展时代的到来，中国明代的瓷器外销在这一时期迎来了第一次发展高峰。

[1]（清）张廷玉等：《明史 第6册》，岳麓书社，1996，第4807页。

至明宣德八年（1433），以郑和第七次远航结束为转折点，明代的对外政策开始向保守转变，朝贡贸易“害民亏国”等弊端逐渐显现，使得明统治者开始对“朝贡”政策严格限制，“朝贡”贸易逐渐萎缩。[1]至明代弘治时期，前来“朝贡”的国家仅存日本、暹罗等几个。另外，加之明中期国内政局的动荡，以及日益严重的东南沿海倭患等社会不稳定因素影响，这个时期官方对外贸易日渐衰落，走私等形式的民间海外贸易日益兴盛，导致官方的瓷器对外贸易整体上呈现衰败局面，并最终促进了明代中晚期的“隆庆开关”局面形成。

明代隆庆元年（1567），明穆宗宣布正式解除“海禁”政策，允许以私人形式进行对外贸易，标志着这一时期民间海外贸易的合法性正式开启，这一时间在历史上也被称为“隆庆开关”。另外这一时期葡萄牙人与中国的对外贸易正式合法化。

这一时期明朝政府对外政策的调整对于当时的社会经济产生了重要的影响，使得我国瓷器的对外贸易在与外国商人竞争、合作的基础之上创造了新局面。这一时期民间以及私人形式的对外贸易人数迅速增多，对瓷器外销起到了重要的推动作用。后来随着西方殖民势力的进一步扩张，华人的商业统治地位日益受到葡萄牙、荷兰、西班牙等西方商业势力的威胁，在与外国商人的合作、竞争中艰难生存。中国这个时期的瓷器外销逐渐兴盛，形成了继明代早期之后的第二个高峰期。

[1] 晁中辰：《明代海外贸易研究》，故宫出版社，2012，第 56 页。

二、明代瓷器得以外销的背景分析

相比于宋、元时期，明代的瓷器外销无论是从数量还是销售范围来讲都有所扩大，之所以会出现这样的局面，与明代的贸易政策、制瓷技术的进步与瓷器本身的高额利润都有着重要的联系。

（一）明代的贸易政策

明早期的“海禁”以及“朝贡”政策，促进了官方性质海外贸易的发展与兴盛，明政府对于当时“朝贡”的日期、人数以及船只数量等都有明确的规定，并且对当时的贡使颁发官方身份证明用来对贡使身份进行认证。同时明统治者在宁波、泉州以及广州等地设立市舶司[1]，其中“宁波通日本，泉州通琉球，广州通占城、暹罗、西洋诸国”，对于各个国家的朝贡明政府都给予大量的瓷器等赏赉品。明永乐时期随着“朝贡”制度日益兴盛，明政府主动广招来使，扩大朝贡的规模，更因“郑和下西洋”使得这一时期官方的对外贸易活动达到顶峰。自永乐三年至宣德八年（1405—1433），郑和前后共七次下西洋，其远行足迹包括亚非“凡三十余国”，这一举动使得明统治者的官方对外贸易获得巨大的发展，而官方对外贸易的发展也进一步促进了这一时期的瓷器外销。

[1] 市舶司是明朝时期政府与外国往来的主要职能部门，《明史·职官志》中记载市舶司“掌海外诸蕃朝贡市易之事，辨其使人表文勘合之真伪，禁通番，征私货，平交易，闲其出入而慎馆谷之”。

明代中晚期，是中国古代历史上瓷器外销的巅峰时期，“海禁”的解除使得民间出海对外贸易的合法性得以确立，随着明朝政府对福建漳州海澄月港的解禁，作为“朝贡”管理机构的市舶司被督饷馆取代，代表着以僵化的“朝贡”贸易体系为代表的官方对外

贸易的没落，以私人贸易为代表的民间贸易迅速崛起。加之这一时期葡萄牙取得在中国合法贸易的权利等因素，这一时期成为瓷器对外贸易的又一巅峰阶段。

虽然明代中期由于“朝贡”弊端的日益显现以及东南沿海倭患等因素使得这一时期的对外贸易日益衰退，但明统治者权衡利弊之后，在肃清沿海倭患的基础之上解除“海禁”，允许私人商船出海贸易，此为明代海外贸易的一大重要历史性突破。另外随着西方新兴资产阶级的兴起与壮大，以及西方资本主义与中国“海禁”截然不同的开放态度，他们以中国作为新的资本市场，这也为瓷器外销提供了重要条件。

（二）明代制瓷技术的进一步发展

明代时期，我国的制瓷技术得到进一步的发展并且不断创新，永乐、宣德时期的青花瓷器，嘉靖、万历年间的五彩瓷器，以及成化时期的斗彩瓷器均取得了突破性进展。景德镇作为全国的制瓷中心，在官窑、民窑相互竞争、不断进步的基础之上，为适应激烈的竞争以及瓷器需求量的不断扩大，这一时期的窑炉不断改革发展，烧制技术也逐渐成熟，保证了我国瓷器在对外贸易上销售范围以及销售数量的不断扩大。技术的提高以及海外贸易的不断扩大，使得这一时期的瓷器也给海外人民的生活带来了巨大影响，主要体现在饮食方式、瓷器装饰、财富以及地位象征等方面，满足了海外人民对于瓷器的大量需求。

（三）瓷器外销带来的丰厚的利润回报

明代的对外政策总体而言加速了瓷器对外贸易的开展，其中一个重要原因便是高额利润的驱动。当时景德镇作为全国的制瓷中心，汇聚了各地优秀的制瓷匠人，高额的利润让明代“海禁”时期民间商人们不惜屡屡试险，从事瓷器的走私贩卖活动。在民间贸易合法化之后，葡萄牙人、荷兰人等不惜一切代价争相建立贸易公司，引发中国商人与外国商人之间激烈的贸易搏斗。

据《明史·外国传六》记载，贡物有宝石、玛瑙、水晶、石青、善马、犀牛、龙涎香、沉香、速香、木香、丁香、降真香、刀、弓、锡、锁服、胡椒、苏木、硫黄之属。货舶至，贸易称平。地本瘠，无麦有禾，禾一岁二稔。四方商贾辐辏。华人往者，以地远价高，获利倍他国。[1]丰厚的利润回报也更加有利于当时瓷器对外贸易繁荣局面的形成。

总体而言，明代在对外贸易中占据主导地位，即便是朝贡时期“厚往薄来”，在对物品的定价上明政府也占据主导权。《明会典》记载：“鹤顶每筒一贯。玳瑁盒每个一贯，玳瑁盂每筒一贯。珊瑚枝每斤三十贯，珊瑚珠每两二贯。大玻璃瓶碗每个三贯，小玻璃瓶碗每个二贯，玻璃灯瓯每个二贯。粟米珠每两五贯。象牙每斤五百文（暹罗十贯）。”[2]而同样是明弘治年间所定折还物价为“青花白瓷盘每个五百贯，碗每个三百贯，瓶每个五百贯”，再加之弘治年间规定，“凡蕃国进贡，内国王王妃及使臣人等，附至货物，以十分为率，五分抽分入官，五分给还价值，必以钱

❶（清）张廷玉等：《明史　第6册》，岳麓书社，1996，第4825页。

❷郑鹤声，郑一钧：《郑和下西洋资料汇编：增编本》，海洋出版社，2005，第990-991页。

钞相兼，国王王妃、钱六分、钞四分，使臣人等、钱四分、钞六分，又以物折还、如钞一百贯、铜钱五串、九十五贯折物，以次加增，皆如其数，如奉旨特免抽分者、不为例”[1]。绝对的定价权以及在对外贸易往来中的主导地位，对于我国瓷器的外销，奠定了非常重要的基础。

[1] 孙魏：《明代外交机构研究》，中国书籍出版社，2019，第116页。

三、明代瓷器外销的途径

明代瓷器外销的途径主要包括明代赏赉瓷器、官方的对外瓷器贸易以及“朝贡”形式下的附带贸易、明代沿海地区私人民间贸易以及欧洲国家对瓷器的大量转运等三种形式。

（一）明代赏赉瓷器

自唐代以来，我国的封建统治者们都热衷于营造其“上国”的形象而实行朝贡政策，在此基础之上也满足了统治者们对于奢侈品的需求。前面我们说到过明代的赏赉瓷器就是由明代统治者赏赐给王公大臣以及边邻国家的外国使臣的瓷器种类，属于明时期官窑瓷器的重要组成部分。皇帝赏赐给边邻国家外国使臣的这一类官窑瓷器就成了这个时期以官方形式外销瓷器的一个重要组成部分，根据《明史·外国传四》记载，明代洪武时期，琉球国王的弟弟泰期入朝进贡之时，“命刑部侍郎李浩赍赐文绮、陶铁器，且以陶器七万、铁器千，就其国市马。九年夏，泰期随浩入贡，得马四十匹。浩言其国不贵纨绮，惟贵磁器、铁釜，自是赏赉多用诸物”[2]，说明这个时期瓷器赏赉的数

[2]（清）张廷玉等：《明史　第6册》，岳麓书社，1996，第4787页。

量惊人。永乐、宣德时期，“抚驭万国”的外交政策进一步加强了我国与其他国家之间的贸易往来，《明史》记载：“日落国，永乐中来贡。弘治元年，其王亦思罕答儿鲁密帖里牙复贡。使臣奏求纻丝、夏布、磁器，诏皆予之。”[1]可见用来赏赉外国使臣的瓷器成为中外文化交流中的重要物品。在郑和下西洋之后，随着外国使节“朝贡”数量的增加，作为赏赐外国使臣所用的赏赉瓷器的数量也越来越多。

（二）官方的对外瓷器贸易以及“朝贡”形式下的附带贸易

明初期国家实行“海禁”以及“朝贡”政策的推行，使得这一时期官方对外贸易迅速发展，明政府为了广泛吸引来华使者朝贡采取了各种促进政策，在这种背景之下，官方的对外贸易迅速拓展，而作为“朝贡”形势下的对外贸易也取得了一定进展。

明代永乐、宣德时期，郑和的“七下西洋”极大促进了中国官方商船的贸易往来活动，这个时期中国瓷器也得以被大量输出至海外。根据《瀛涯胜览》中对于爪哇国的记载：“国人最喜中国青花磁器，并麝香、销金纻丝、烧珠之类，则用铜钱买易。”[2]《明史》也记载了当时的文郎马神国“初用蕉叶为食器，后与华人市，渐用磁器”[3]。这均说明中国瓷器在当时受到各个国家人们的喜爱并且逐渐成为当时各国身份、财富等的象征。在此基础上，以郑和带领的中国官方商船与《星槎胜览》中记载的苏门答剌国、暹罗国、满剌加国、龙牙犀角等非洲国家以及地区皆有瓷器贸易。

❶（清）张廷玉等：《明史　第6册》，岳麓书社，1996，第4949页。

❷（明）马欢：《瀛涯胜览校注》，华文出版社，2019，第13页。

❸（清）张廷玉等：《明史（全六册）》，岳麓书社，1996，第4799页。

明代政府采取了一系列有益于“朝贡”政策顺利推行的措施，并且允许外国使节在“朝贡”回程之时可购买一定货物，为了更便于管理，朝廷还设置市舶司等机构进行专门管理。得益于海外市场的不断扩大以及其他国家对于我国瓷器的喜爱，我国的瓷器也成为外国使节购买回本国的重要商品之一，这在一定程度上促进了我国瓷器的对外贸易。

（三）明代沿海地区私人民间贸易以及欧洲国家对瓷器的大量转运

虽然明代初期实行严格的“海禁”政策，只承认官方海外贸易的合法性，但巨大利润驱动下的走私贸易也在悄然进行。后来随着“海禁”的解除，民间形式的对外贸易日渐兴盛，明代沿海地区的私人民间贸易得到极大发展。当时的港口贸易“五方之贾，熙熙水国，刳船艎，分市东西路。其捆载珍奇异物不足述，而所贸金钱，岁无虑数十万”[1]，体现出“隆庆开关”之后中国沿海地区私人民间贸易的繁盛景象。

在公元15世纪末至16世纪初，世界新航路开辟，葡萄牙、荷兰、西班牙等都与我国有着重要的经济贸易往来，其中就包括大量的瓷器贸易。西班牙等国将大量瓷器从中国运出，然后再通过海上贸易转运至美洲，最后到达欧洲等地区，这样一来他们就能从中获得极大的利润。随着欧洲国家的大量运转，我国的瓷器也逐渐开始大量销往欧洲等地，这些因素都从一定程度上加速了明代瓷器对外贸易的发展。

[1] 王奇：《中国陶瓷实录》，浙江古籍出版社，2017，第398页。

第三节　清代瓷器的外销

自明代郑和下西洋与新航路开辟开始，明代的瓷器对外贸易便日益发展。海外交通的不断兴盛也使得中国瓷器的输出范围日益扩大，为清代瓷器外销奠定了重要的基础。

一、清代中国与东南亚地区的瓷器贸易

中国与东南亚地区的瓷器贸易由来已久，发展至清代，贸易更加兴盛。东南亚地区对清代瓷器的对外贸易具有重要的作用与影响。作为清代瓷器外销的主要市场，东南亚地区对当时中国瓷器的艺术风格以及瓷器发展格局都起到了重要的推动作用。

（一）清代时期中国与东南亚地区瓷器贸易概况

清代时期中国与东南亚地区的瓷器贸易得到了更进一步的发展。究其原因，一方面得益于在地理位置上中国与东南亚地区的陆海相连的优势；另一方面基于明代郑和下西洋之后建立的对外贸易基础，以及东南亚地区我国华人数量的迅速增加，为中国与东南亚文化贸易交流打下了良好基础，使得中国瓷器在东南亚地区的外销达到了一定高峰。

清代初期，由于统治者颁布的“海禁”制度以及朝代更迭，瓷器外销处于低谷阶段。自清代康熙二十三年（1684）解除“海禁”，允许东南沿海各省出海贸易之后，清代中前期，我国瓷器主要外销至欧洲地区，东南亚地区所占份额较小；自清代中期以后，

随着我国瓷器在东南亚地区外销的比重逐渐增大，东南亚地区迅速成为中国瓷器外销的主要市场。清代时期外销东南亚地区的瓷器产地主要是景德镇，还包括福建以及广东沿海的德化窑、漳州窑[1]以及广东潮安等地的瓷窑。

（二）清代时期中国与东南亚地区瓷器贸易对瓷器风格的影响

由于东南亚地区经济水平因素的限制，清代外销至东南亚地区的瓷器大部分为粗瓷，因此清代与东南亚地区的瓷器贸易对于当时普通民窑生产粗瓷起到了重要的推动作用。清代初期，外销至东南亚地区的粗瓷制品以闽南一带所生产的青花粗瓷为主，康熙时期以后，外销瓷器中的彩瓷数量急剧增加。彩瓷数量的增加在一定程度上促进了釉上彩瓷制作技术的进步，形成了在清代瓷器生产格局中的主流作用。同时，由于外销至东南亚地区的清代彩瓷以华丽繁缛的装饰为主要特点，因此推动了清代华丽繁缛彩瓷风格的形成。这一时期外销至东南亚地区的福建、广东等瓷窑生产的粗瓷多仿名窑精瓷，因此这一时期外销至东南亚地区的瓷器往往具有突出、鲜明的仿名窑特点。

清代时期的东南亚地区是一个以当地土著居民、华人以及欧洲殖民者为主的多元结构社会，文化的多样化和相互交融使得东南亚地区对于瓷器的需求丰富多样，这在一定程度上也促进了清代各个瓷窑产品生产的丰富性，从而呈现出产品多样化的特点。从瓷器造型上来看，这一时期中国外销至东南亚地区的瓷器

[1] 明清时期福建漳州地区窑业的总称，其窑址分布于平和、云霄、南靖、漳浦、华安等县，其中以平和的五寨、南胜地区的窑址最具代表性。

以盘、碗、碟等普通日用器具为主，除此之外也包括部分适应东南亚地区习惯风俗的特色产品，例如被东南亚地区人民看作财富象征的瓷瓮，以及专供东南亚地区穆斯林使用的大盘、军持瓷器等。

二、清代景德镇与欧美地区的瓷器贸易

（一）清代景德镇瓷器外销欧美的主要港口

清代中国瓷器外销至欧美的外贸港口发生了多次改变。由于清政府1656年的“海禁令”以及1661年的“迁海令”政策影响，瓷器对外贸易大多以“走私”形式出现，瓷器对外贸易受到了重要影响。1684年，海禁解除，次年设立了江、浙、闽、粤四大海关机构，负责包括瓷器在内的各项对外贸易事务，由此可见清代景德镇瓷器外销的港口主要包括福建、浙江以及广东沿海地区。这一时期清政府在福建漳州设立闽海关，1728年，闽海关移至厦门，因此厦门成为这一时期景德镇瓷器外销至欧美地区的主要港口。根据2005年在平潭屿头乡北侧碗礁附近发现的清代康熙年间的“碗礁一号”沉船水下考古发掘，其中出土的包括高足盖杯、雏菊纹瓷盘等一大批富有西方元素的景德镇外销瓷器也展现了当时这一港口的繁荣。另外这一时期宁波地区的浙海关，商船往返于东海、南海各个国家，海外贸易也迅速发展。

从1757年至1842年第一次鸦片战争结束，中国瓷器的对外贸易主要聚集在广州地区。这一时期多数欧美国家在广州设立商馆，为中国瓷器的外销提供

了更为便利的条件，广州也以第一港口的地位垄断了中国与欧美之间的航海贸易。瑞典隆德大学图书馆收藏的一套50幅瓷器烧造图就形象地以水彩画册的形式描绘了从瓷器生产制作到运输外销的整个过程，展现了当时广州港口在瓷器外销过程中的重要中转作用。

（二）清代景德镇瓷器外销欧美的主要地区与国家

关于中国瓷器在欧洲地区的传播，很多学者认为源于葡萄牙著名的航海家与探险家达·伽马[1]，葡萄牙人首次把瓷器从中国贩运到欧洲，之后英国、法国、荷兰、丹麦以及瑞典先后在广州开设贸易机构并设立贸易站，把中国与欧美的瓷器贸易推向了高潮。

清代景德镇瓷器外销至欧洲的葡萄牙、荷兰、英国、法国、瑞典，以及美洲等地区，受到各国人民的喜爱。这些国家与地区视中国瓷器为珍宝，各国的东印度公司也纷纷派出商船贩运中国瓷器以满足当地巨大的社会需求，从而使得欧洲与美洲地区成为景德镇瓷器最大的海外市场。在这种对外贸易因素刺激之下，景德镇瓷器生产的方式也日益创新并且灵活多样，瓷器的种类日益丰富，在装饰技法以及装饰内容上既立足于传统，又广泛吸收与借鉴了欧洲与美洲地区的工艺技术以及文化、审美因素，创造出包括伊万里瓷器、克拉克瓷器以及纹章瓷等在内的具有异域特征的瓷器，形成独特的审美韵味，从而使得清代景德镇瓷器的作用、意义与影响不仅限于外销，而是放眼世界，具有世界意义。

[1] 达·伽马出生在葡萄牙锡尼什的一个贵族家庭，他的父亲也是一位出色的航海家和探险家。达·伽马自青少年时代便受到过专业的航海训练。他是从欧洲绕好望角到印度这一航海路线的开拓者。

（三）清代景德镇瓷器外销欧美的主要品种

清代景德镇瓷器的外销相较于前代而言更加灵活。清代时期，在瓷器的外销中除了一般的成品订货方式以外，还会根据欧美的市场需求来进行制作与设计，对器物的尺寸、图案、形状、器型等提出明确要求，以满足欧美商人的产品要求。例如这一时期出现的有柄的碗、罐、杯，以及啤酒杯、咖啡壶等就是为欧美瓷器市场专门定制的器物。总体而言，这一时期的外销瓷器种类丰富，既有具有中国传统式样的各种类型的杯、罐、碗、碟、盘、壶、瓶等，也有以中国瓷器传统式样为基础，融合了西方文化、审美趣味而制造的在造型、装饰方面有所创新的各类瓷器，例如严格按照订单所提供的图样以及装饰内容所绘制的“订烧瓷”，以及在瓷器较为显眼部位绘制欧美地区贵族、名人、徽章以及团体等特有标志的“纹章瓷”[1]等。

[1] 纹章瓷是中国外销瓷器中十分重要的组成部分，纹章瓷的烧制大约从16世纪开始，纹章是专属于个人、家庭以及团体的标志，并且自欧洲中世纪开始便有了纹章体系。

三、东印度公司与清代瓷器外销

16世纪，拥有瓷器、宝石、丝绸以及香料等的东方国家的富庶以及财富价值已在欧洲声名远扬。自1514年葡萄牙航海家抵达广东沿海开启欧洲国家与中国的第一次贸易，为了达到与东方贸易中的利益最大化，英国、法国、荷兰、丹麦、瑞典、西班牙、奥地利等欧洲国家纷纷建立了专门从事东方贸易的东印度公司。自17世纪开始，荷兰14家从事东印度贸易的公司合并为荷兰东印度公司，成了17世纪新的海上贸易霸主。荷兰东印度公司的出现，成为中国瓷器闻名世界的重要因素，同时也极大地影响了明清时期

的景德镇瓷器产业。

（一）清代瓷器输出与荷兰东印度公司的关系

17 世纪的欧洲，虽然也有瓷器烧造，但大多局限于软瓷，真正由高温烧制而成的瓷器还并未取得成功。当时欧洲大量的瓷器需求，几乎都依赖于中国。中国景德镇的外销瓷器最初是由葡萄牙人通过海运运往亚洲、非洲以及欧洲等地的，最主要的是欧洲地区。瓷器种类包括青花瓷以及少量的五彩瓷器等，这些精美的中国外销青花瓷器被欧洲人称为“克拉克瓷”。在 1605 年至 1661 年，荷兰东印度公司除了把中国瓷器运至荷兰销售之外，还运载了大约 500 万件瓷器至缅甸、波斯、印度以及阿拉伯等地进行销售。另外荷兰东印度公司几乎垄断了印度尼西亚各个岛屿的往来贸易。据数据统计，从 17 世纪初至 1682 年，仅荷兰东印度公司一家就从中国进口瓷器约 1200 万件，与英国东印度公司从 17 世纪至 18 世纪运往英国的 300 万件瓷器数量相比较，可见其数量之大。整个 17 世纪的中欧贸易，使得荷兰的东印度公司聚集了大量的资本而成为世界上最富有的私人公司。当然，中国外销瓷器在给荷兰东印度公司带来高额利润以及价值的同时，外销瓷器所带来的回报也在一定程度上促进了中国景德镇制瓷业的发展。

17 世纪后半叶，荷兰与英国、法国之间爆发了一系列的战争，到了 18 世纪，英国成为东印度海域新的霸主。18 世纪末，随着荷兰与英国第四次战争的爆发，荷兰东印度公司受到严重影响急剧衰落。

1799年，荷兰东印度公司解散，也结束了将近二百年的中荷瓷器贸易。英国赢得了中欧海上贸易的重要地位。19世纪上半叶，欧洲各国的制瓷技术不断发展，德国、荷兰等地逐渐掌握了中国瓷器的生产技术。相较于中国外销瓷器，欧洲本土瓷器在价格以及销售方面更具优势。而这一时期东印度公司向中国输入大量鸦片，引发鸦片战争，再加上受清政府腐败等因素的影响，中国的瓷器外销逐渐走向衰落。

这一时期东印度公司对中国瓷器的大量购销也产生了积极意义，在保证中国政府关税收入的基础之上增加了瓷器生产制作领域的利润收入，从而进一步推动了中国瓷器的生产与发展。另外，随着中国瓷器在欧洲的定销，欧洲的工艺美术种类以及审美趣味对中国瓷器的生产产生了重要影响，出现了为适应欧洲市场而生产的“广彩”瓷器，以及洛可可[1]等艺术风格的瓷器。在这种大背景影响下，中国瓷器的全球化贸易趋势也逐渐形成，为这一时期瓷器工业的发展与创新奠定了重要的基础。

（二）通过东印度公司外销至欧洲地区的中国瓷器的主要种类

从目前欧洲各地能够见到的清代景德镇外销瓷器以及欧洲各国博物馆的收藏情况来看，这一时期的外销瓷器从造型上来说主要有三大类：一为中国传统的瓷器造型，一为中西合璧瓷器造型，还有纯粹的欧洲式样。从装饰纹样来看，主要包括：一、造型为中国传统样式或有欧洲特点样式，但装饰纹样以鲜明的

[1] 洛可可艺术起源于18世纪的法国，洛可可艺术在装饰题材上倾向于自然主义，总体风格华丽、纤巧、精致，色彩柔和。

中国传统花鸟、山水以及人物为主的瓷器，其中“克拉克瓷”便是这一类瓷器中最重要的代表；二、装饰纹样为中西方两种文化艺术的融合，如在瓷器的装饰表现上，主体图案为欧洲的社会生活场景，而辅助装饰则是中国传统纹样，清代康熙时期所生产的“伊万里”瓷器样式便属于这种类型；三、纹样装饰为纯粹的欧洲式样，装饰纹样完全按照欧洲商人或订货人的要求专门定制，迎合欧洲消费者群体，也被称为“订烧瓷器”。

四、清代瓷器对外贸易下的“洋彩瓷器”

关于洋彩瓷器的概念，尚无明确定论。清人蓝浦、郑廷桂在其所著《景德镇陶录》中叙述：“洋器专售外洋者。商多粤东人，贩去与洋鬼子载市。式多奇巧，岁无定样。”[1] 民国刘子芬在《竹园陶说》中记载：“海通之初，西商之来中国者，先至澳门，后则径趋广州。清代中叶，海舶云集，商务繁盛，欧土重华瓷，我国商人投其所好，于景德镇烧造白器，运至粤垣，另雇工匠仿照西洋画法加以彩绘，于珠江南岸之河南开炉烘染，制成彩瓷，然后售之西商。”[2] 从以上两个文献可以得知，洋彩瓷器就是用欧土颜料根据客商所需的图案或者定制要求，在景德镇所产的素色瓷胎之上进行彩绘而于欧洲地区进行销售的外销瓷器。

（一）清代洋彩瓷器的产生与发展

洋彩瓷器的历史可以追溯到清康熙、雍正时期。康熙、雍正时期，瓷器是外贸流通最主要的载体。为

[1] 陈雨前：《中国古陶瓷文献校注》，岳麓书社，2015，第 727 页。

[2] 方志钦，蒋祖缘：《广东通史：古代下册》，广东高等教育出版社，2007，第 948 页。

适应日益扩大的瓷器需求，由景德镇所烧制出来的瓷器素坯会被送往当时重要的贸易港口地区广东，以中国传统彩绘瓷技法融合西洋绘画的方式在素坯上绘制订购所需的各类图案以及色彩，这种瓷器就是洋彩瓷器。洋彩瓷器[1]使用的是中国古典绘画的技法，却呈现出色彩纷呈的韵味，所以我们也可以说洋彩瓷是中西文化与审美趣味相互碰撞、交融的结果。

[1] 唐英曾在《陶冶图说》中说："圆琢白器五彩，绘画摹仿西洋故曰'洋彩'。……所用颜料与珐琅色同。"

17 世纪晚期，随着中国瓷器在世界上影响力的不断增大，许多欧洲的王室贵族大量订购，亚洲、美洲、非洲等地区对中国瓷器的需求增多，这一时期出口外销的中国瓷器既有传统的中国式样，也有中西风格结合的式样，以及专门为欧洲人特别定制的式样，中国的商品经济也飞速发展。

清代康熙时期　洋彩红地四季花卉碗

由于西方人对中国瓷器的喜爱，广州作为当时中国重要的贸易港口，商业繁荣，水上运输发达，因此成为瓷器贸易往来的重要通道。外商大多在广州订货或者加工，因此洋彩瓷器对外贸易在广州地区得到了长足的发展。至 18 世纪，洋彩瓷成为中国瓷器中最具有时代意义的象征。伴随着洋彩瓷器对外贸易的快速发展，中国瓷器更加风靡世界，洋彩瓷器的表现技

法以及内容也得到进一步的发展。到了 19 世纪中晚期，伴随着贸易市场的进一步扩充，我国洋彩瓷器的制作技艺以及烧制工艺已十分成熟，并日趋丰富和多样化，色彩也逐渐由原来的雅致趋向于世俗化的艳丽风格，具有鲜明的时代特征。

●清代乾隆时期　洋彩黄地洋花纹方瓶

（二）中西文化交融下的清代洋彩瓷器的艺术特征

清代洋彩瓷器的艺术表现，受不同地域、文化以及社会生产力的影响。在清代，洋彩瓷器的主要外销地域除了欧洲以外，还有东南亚等地区。这一时期外销洋彩瓷根据使用目的的不同主要分为日用类瓷器、礼品类瓷器以及欣赏陈设类瓷器。由于这些地区与中国在文化以及社会生活方面具有巨大差异，为满足瓷器外销市场的需求，洋彩瓷器在器型、搭配以及用途上与我国传统瓷器截然不同。例如在餐具的配备中，除了常见的碗、盘、碟之外，还有诸如调味瓶、烛台、甜点杯等器型。另外由于欧洲地区与中国的饮食礼仪、文化不同，餐具套件的组合以及搭配序列等也有差异。

●清代乾隆时期 洋彩红锦地诗意烛台

在洋彩瓷器的装饰上主要体现为中西方较为常见的内容及题材，既包含具有中国传统文化特色的内容，又有代表欧洲人生活习俗以及信仰的各类元素，更有体现中西文化交流融合特点的内容。洋彩瓷的装饰内容主要包括人物纹饰、植物纹饰、动物纹饰、山水风景纹饰、吉祥寓意纹饰以及徽章纹饰等。在装饰色彩上，早期的洋彩瓷器色彩较为单一，主要为以白釉矿物色料为主的棕色调，由于其耐酸碱以及耐磨度较好，因此能够保持洋彩瓷器的色泽。后来经过不断的发展，洋彩瓷器的瓷绘色料大都在广东自制或者改配而成，主要有大红、西红[1]、水青、棕色、大

[1] 又被称为“红土”，主要成分为氧化铁，颜色呈深红而略带紫色。

绿、金色、紫色等。随着洋彩瓷器制作技艺的不断发展与成熟，至道光时期，洋彩瓷器的彩料颜色已有二十余种之多，以红色、绿色、黄色、黑色、金色等五种颜色为主色并辅以其他颜色装饰。在构图上，清洋彩瓷器大都饱满、繁缛，并且能够根据不同的器型进行不同的构图布局装饰，有极强的层次感与变化性。从构图形式上来说，主要包括图案式、中国画式、图案式与中国画式结合三种类型。可以说市场的需求以及发展推动了洋彩瓷器在颜色上的不断探索，并且绘制出来的图案也更加绚丽多彩，加之巧妙的构图，使得洋彩瓷器的总体装饰虽绚烂繁缛，却能和谐统一于画面之上。

●清代乾隆时期　洋彩锦上添花山水诗意图方瓶

（三）洋彩瓷器的意义

清代的洋彩瓷器是中国传统釉上彩瓷与西方文化、艺术的交流与融合，在体现了中国传统文化与技艺的基础之上，洋彩瓷器也以其绚烂明快的色彩、繁缛的构图以及充满异域风情的图案展现了独特的地域性特点。

洋彩瓷器图案构图严整，繁复却不凌乱，以奔放热烈的色调和有序的构图体现出动感与韵律的和谐。作为这一时期中西方文化融合的产物，随着洋彩瓷器大量外销，我国的传统制瓷工艺传播到世界各地，使得中国瓷器真正世界化。中国传统制瓷工艺的传播，对于欧洲以及其他地区的制瓷工艺也起到了重要的推动作用。洋彩瓷器作为中西文化交流的重要载体，以对外贸易的方式讲述了中国文化、中国艺术精神，体现出了中华民族优秀的历史文化内涵，更对世界陶瓷艺术的发展与进步做出了重要的贡献。

●清代乾隆时期　洋彩开光花鸟纹双连瓶

五、清代瓷器外销中的“广彩瓷器”

（一）广彩瓷器的产生

康熙二十三年（1684），海禁解除，广州成为当时唯一的通商口岸。广州处于珠江三角洲北部的边缘地带，水道纵横，交通便利，历来居于中国对外贸易港口的领先地位。随后清政府在广州设立了允许官员经营的对外贸易商行，即十三行[1]，从此以后大量的外贸商船开始涌入广州。随着瓷器需求量的日益增大，而作为中国瓷都的景德镇存在着距离广州路途遥远、瓷器运输难度较大且费用相对来说较为高昂的弊端，加之对外贸易瓷器需求与产品之间的差距等问题，因此为解决这一系列难题，商人便在景德镇购买素色瓷胎，然后将景德镇制瓷工匠请到广州，并按照订单所要求图案进行绘制和教授，并且开炉烧制彩瓷。广彩瓷器便在这样的背景之下应运而生。

[1] 十三行是清朝前期垄断广州对外贸易的机构，是当时广州洋货行的总称，并不一定就是十三家商行。

广彩瓷器起源于清代康熙年间，经雍正时期逐渐发展，至乾隆时期已经十分成熟，距今已有三百多年的历史。

（二）广彩瓷器的发展与艺术特点

广彩瓷器的发展与艺术风格的形成离不开中国经济的发展、制瓷技艺的提高以及不断扩大的贸易需求，关于广彩瓷器的发展阶段以及艺术表现特点，我们主要从以下四个方面进行叙述。

1. 广彩瓷器的初创与形成阶段

从康熙二十三年（1684）创烧，到清代雍正朝

早期，是广彩瓷器的初创阶段。这一时期广彩瓷器的瓷胎、颜料以及瓷绘工匠均来自景德镇，根据景德镇瓷器的彩绘纹样以及订制来样进行绘制与加工，因此初创时期广彩瓷器的独特性并不明显。虽然早期广彩瓷器的风格受到西洋图案的影响，但在色彩和形式方面还较为单纯，中国传统彩绘瓷风格特征仍较为明显，还未形成明显的艺术风格。

至清代乾隆、嘉庆时期，广彩瓷器已逐渐显露出独特的艺术风格，在色彩上采用西洋红、粉绿、茄色等颜色，已经具备了“广窑仿洋瓷烧者，甚绚彩华丽”[1]的基本特征。值得注意的是，在广彩瓷器的用色方面，受到欧洲古典画派的影响，出现了更能表现事物层次感的复色。例如在广彩瓷器中出现较为频繁的麻色，或单独使用，或与其他颜色混合使用，呈现出与中国古典青花瓷器、粉彩瓷器不同的审美韵味。这一时期，广彩瓷器的纹饰内容除了中国传统题材的纹饰之外，也有根据来样以及外商要求所定制的内容图案。构图多以“满地式”风格及不对称画法呈现，图案繁缛，但主次分明，大多以平涂晕染的方式以彩绘布满器身，给人以满密繁盛的视觉感受。在绘制方法上，瓷绘工匠们还要同时掌握传统的中国画技法与西洋画技法，以满足不同瓷器绘制的需求。

2. 广彩瓷器的繁盛阶段

中国瓷器的发展状况自清代嘉庆、道光时期开始便每况愈下，但对于广彩瓷器而言，由于对外贸易的不断扩大，尤其是19世纪美洲市场的加入，反而让广彩瓷器焕发新生，工艺以及技法也达到炉火纯青的

[1] 中国古陶瓷学会：《中国古陶瓷研究辑丛：釉上彩瓷器研究》，故宫出版社，2014，第4页。

地步。这一时期广彩瓷器的色料也由最初的几种颜色增加到了几十种，并且多以绚丽浓烈的大红色、绿色以及金色等色彩作为装饰，所绘制画面呈现出金碧辉煌、炫彩华丽的视觉效果与感受。在装饰内容以及图稿设计方面，也改变了最初“式多奇巧，岁无定样”的形式而追求统一的笔法与固定的形式。

3. 广彩瓷器的衰败阶段与岭南画派的影响

清朝末年，伴随着清政府腐败无能以及战争的影响，广彩瓷器的外销数量逐渐减少以至于衰落。到民国初年，岭南画派[1]的一些画家逐渐加入广彩瓷器的创作中来。例如当时岭南画派的创始人高剑父等一批艺术家，在进行广彩瓷器研究以及创作的过程中，还积极投身到战斗中去，以绘制广彩瓷器为掩护，积极从事革命活动。这一时期岭南画派画家们的创作，为广彩瓷器艺术注入了新的活力与力量。高剑父等中国近代艺术家们将岭南画派的艺术风格融入广彩瓷器之中，其新彩以及浅绛彩艺术风格使得广彩瓷器体现出积极向上的热情和精神。不仅如此，他们在极端艰苦的条件之下始终抱有救国的深厚情感。

4. 新中国成立以后广彩瓷器的发展

由于战争的影响，不少制瓷艺人四处流落，广彩瓷器的发展几乎处于停滞状态。新中国成立以后，国家对广彩瓷器产业积极扶持，并在广州成立了广彩瓷器加工厂。20 世纪 70 年代以后，随着广彩瓷器制作规模以及生产技术的不断提高，瓷器种类也得到了不断丰富。之后更多的广彩瓷器制作工厂相继出现。如今，科学技术的进步、原料的丰富也使得广彩瓷器有

[1] 岭南画派是由广东籍画家所组成的一个绘画派别，在 20 世纪初由高剑父、高奇峰、陈树人等人所创办，致力于写生，反对摹古，强调师法自然，在技法表现上将西方绘画与中国传统绘画相结合。

了更进一步的发展提高，出现了不同风格与题材的作品，实现了新时代广彩瓷器的新发展，谱写了广彩瓷器的新篇章。

六、中外文化交融背景下的清代瓷器外销

清代时期瓷器贸易作为中外文化交流与融合的一种重要媒介，不仅让中国瓷器声名远播，让世界领略到中国陶瓷艺术的魅力，同样也使得中国瓷器能够融入世界各个地区的文化艺术，进而促进中外文化的交融，丰富了中国的瓷器文化。清代外销瓷器正是在保持中国传统瓷器特征的基础上，吸取了外来文化中的养分，在器物造型、装饰、用途上发生改变，以适应瓷器的对外贸易。

（一）中外文化交融背景下清代外销瓷器的器型

在清代以前至清代初期，外销瓷器的种类主要包括青花瓷器、五彩瓷器等，器型多为中国传统的碗、瓶、盆、钵、盘等。后来随着我国对外贸易的不断发展，开始出现与西方生活方式密切相关的双耳碗、啤酒杯等模仿欧洲器具样式而制的瓷器器型。中国工匠们将中国瓷器的传统技法与欧洲的器具样式融合，打破了中西文化间的界限。以茶壶为例，17 世纪以后欧洲的咖啡与茶文化逐渐盛行，为适应市场需求，中国的制瓷工匠对壶的把手以及高度进行调整，并且以茶具和盘碟配合使用，这种全新的设计理念使得清代的外销瓷器渗透于西方日常生活的方方面面，达到了真正的文化融合。

（二）中外文化交融背景下清代外销瓷器的装饰内容

在装饰内容上，清代外销瓷器在保留中国传统瓷器纹饰内容的基础之上，融合了西方人喜爱的内容与题材，在中国传统瓷器绘画的基础之上加入异国风情，装饰内容更加丰富，装饰纹样也更加多样化，诠释了中西文化的相互容纳与吸收，发展更趋于多元化。

这一时期的外销瓷纹饰内容丰富多样，主要包括人物纹饰、动物纹饰、花卉纹饰以及徽章纹饰等。具体而言，在人物纹饰表现上，既有中国审美风格的传统家庭生活、仕女图、婴戏图以及宴乐场景等，也有表现西方宗教文化和生活习惯的神话英雄题材、宗教题材以及家庭生活场景等内容。动物纹饰表现上，既有中国传统的鱼藻纹、麒麟纹以及各种动物纹样等题材，也有取自于西方铜版画[1]中的动物纹饰以及纹样，使得动物纹饰题材表现更为多样。花卉纹饰除了中国传统瓷器常见的莲花、梅花等图案，也包括充满异域风格的郁金香纹饰，制瓷工匠们常将郁金香纹饰与中国传统人物纹饰相结合，创造出兼具西洋与中国元素的新风格。徽章纹饰题材是这一时期外销瓷器中最具代表性的一种纹饰，徽章纹饰大都为外商特别定制，是当时欧洲王室贵族、军队领袖、机构等地位与权力的象征，徽章纹饰在瓷器中通常居于主体地位，并辅以花卉纹等其他纹饰作为装饰，体现出清代外销瓷器的包容性与多元化。

[1] 铜版画属于凹版版画类，印刷材料主要为铜板或者其他金属板。

●清代乾隆时期　磁胎洋彩翠地山水诗意双喜罇

（三）中外文化交融背景下清代外销瓷器的用途

中外文化交融背景下的清代外销瓷器不仅仅具有作为日常用具的实用性特点，同时还起到装饰以及观赏的作用。例如外销瓷器中的纹章瓷便是重要的观赏用瓷。总体而言，清代的外销瓷器渗透于西方以及其他地区人们日常生活的各个方面，它们不仅能够让世界各地的人们更全面、更广泛地深入了解中国文化与艺术，同时也成为中外文化交流过程中重要的纽带，促进世界文化的交融。相应地，中外文化的交流与融合，也为我国清代的制瓷业带来新的活力与元素，使得这一时期制瓷业在多元化发展的同时，也能够不断创新，实现了中国瓷器的全球化传播。

第八章

中国瓷器与中国文化

在英语的表述中，“瓷器”写作china，与“中国”（China）一词仅有细微的差别，体现出中国瓷器在中国文化中的代表性与标志性。中国瓷器也被誉为与中国古代“四大发明”[1]并称的“第五大发明”。李政道先生曾经说过，“一部中国陶瓷史，几乎就是一部中华民族的文明史”，更是道出了中国瓷器本身所蕴含的文化意味。瓷器作为中国文化的代表，在历史长河中历经时间的洗礼与文化的积淀，集文化、审美于一体，体现了中华民族优秀的文化内涵与审美取向。中国瓷器不仅是中国历史的见证者，也体现了几千年以来中国的灿烂文化与悠久历史。

[1] 即中国古代造纸术的发明、印刷术的发明、指南针的发明和火药的发明。中国古代四大发明在人类文明史上占据重要地位，表明了我国古代科技的发展走在世界的前列。

第一节　中国瓷器的民族文化内涵

中国瓷器作为中国优秀传统文化的重要代表，延续了中国几千年以来的文明，从“瓷源于陶，而精于陶”的产生，到东汉时期出现真正意义上的瓷器，历经魏晋南北朝的积淀，到唐代“南青北白”的大发展、宋代瓷器的大繁荣、元代瓷器发展的突破性进展以及

明清制瓷技术与工艺的完备，中国每一个时代的民风民俗、思想情感以及审美取向都在中国瓷器的历史发展进程中得到体现，深刻反映出中华民族的文化内涵与特征。

一、对美好生活的热爱与向往

瓷器中的吉祥图案表现了中国人民对于美好生活的期望。千百年来，随着瓷器艺术的不断发展，瓷器艺术中的吉祥图案也逐渐得以完善和丰富，它们以其各自的样式以及特定的含义，代表了中华民族对于美好生活的热爱与向往，成为民族文化内涵的重要组成部分。

在中国瓷器的内容装饰上，“五福”[1]题材作为民间文化传统的吉祥题材，表达了老百姓对于美好生活的期盼与希望，既是中国古代劳动人民的内心向往，也是中华民族追求和谐生活的最终目标。以“福、禄、寿、喜、财”为核心的“五福”文化构成了中国传统文化背景下中国瓷器的民族文化内涵。

（一）“福”是中华民族对于美好生活的基本表达

早在汉代时期的《礼记》中便有“福者，备也；备者，百顺之名也”[2]的记载，即有福便可以诸事顺利。中国瓷器中大量出现的福纹饰以及百福图等题材与内容正体现了中国人民对于美好生活的憧憬。虽然瓷器生产有官民、粗细之分，所面向的使用对象更是千差万别，但瓷器装饰中的“福”文化对于不同的社

[1] 即福、禄、寿、喜、财。

[2] 蒋伯潜：《传统文化修养丛书 十三经概论》，上海科学技术文献出版社，2019，第306页。

会阶层以及对象而言都各有含义。对于一般的老百姓而言象征风调雨顺、家庭和美；对于孩童而言是希望其平安顺利、健康成长；对于官宦大夫而言是仕途顺意、一帆风顺；对于老人而言则是健康长寿、子孙满堂。总之，“福”是一切美好愿望的出发点。

●清代乾隆时期　洋彩镂空万福万寿纹双耳套瓶

（二）“禄”是莘莘学子持之以恒的理想与目标

《说文解字》中对禄的解释是“禄，福也”，体现了莘莘学子的价值目标以及社会各阶层以学识报效国家的理想追求。对于古代文人而言，科举是他们入仕的必经之路，因此“禄”文化中所反映出来的对科举与仕途的美好追求的题材也常常被用来装饰在瓷器上，例如常见的“五子登科”“辈辈封侯”“春风及第”“鲤鱼跃龙门”“连中三元”“五子夺魁”[1]等题材。

[1]“夺魁”源于我国明代时期的科举考试，我国明代时期以《诗》《书》《礼》《易》《春秋》等五经取士，每科考试的第一名为“魁”，因此“五魁”又被称作“五魁首”，是人们对子孙能够考中状元、仕途通达的期盼。

（三）“寿”是中华民族尊老爱幼优良传统的重要内容

尊老爱幼是中华民族的优良传统。寿即长寿，祈寿观念一直是中华民族文化的重要组成部分。因此在瓷器装饰内容中，代表中国“寿”文化的柏树、松树、寿带鸟、仙鹤、寿星、忍冬等纹饰题材与内容被大量生动鲜明地运用。除此之外，由于中国传统文化中“寿”与“福”相辅相成，我们也经常会在瓷器款识中见到诸如“万寿如意”“多福多寿”“福寿绵长”等内容，这类瓷器常常用以表达对长辈多福多寿的美好祝愿。

●清代乾隆时期　青花百寿如意双耳尊

（四）“喜”是中华民族对于美好生活的精神期盼

“喜”体现了中华民族对美好生活的精神追求，

在瓷器内容的表现上常常以与“喜”紧密相关的喜鹊图案、喜上眉梢、喜庆有余等纹饰作为吉祥、美好的象征。除此之外常见的还有龙凤图案，自古以来龙的形象一直被赋予勇猛、神秘、喜庆、吉祥的品质，凤寓意美好、幸福等含义，龙凤图案也成为人们对于幸福美满的期望。不过在古代，龙凤图案被视为皇权的象征。

（五）“财”是美好生活的物质保证

“财”表现了中国人民对于美好生活的物质追求，富贵吉祥即“财”的象征。在中国瓷器装饰内容中，与富贵吉祥有关的纹饰大量出现，以寄托中国古代人民对于富贵吉祥的愿望与追求。与富贵吉祥有关的纹饰包括鱼藻纹、牡丹纹、桂花纹、海棠纹、灵芝纹等等，其中“鱼”与“余”谐音，象征富贵有余，“桂”同“贵”，“棠”同“堂”，象征玉堂富贵，反映出人们对美好生活的期许与愿望。

●明代嘉靖时期　青花五彩莲塘鱼藻纹盘

二、对高洁品质的理想与追求

“比物以德”[1]的审美观念在中国文化中由来已久，中国古代的文人也经常以植物、动物等的自然属性象征人的精神追求与价值观，以瓷器纹饰的象征意义言人喻事，借以表达或者延伸成为一种人文意蕴、社会风俗以及人性品格。

莲花纹又被称为荷花纹，在佛教盛行的魏晋南北朝时期常常被视为圣洁纯净的象征，这一时期的莲花尊便是较为典型的代表。后来随着佛教文化的世俗化，莲花纹图案大量出现在瓷器的装饰上，在瓷器的绘画纹饰中常见荷莲图等内容，莲花纹饰也被用来代表“出淤泥而不染”的高尚品格与情操。

松、梅、竹、兰等植物也是瓷器装饰内容中较为常见的题材。松常用以象征万古长青，梅用以象征傲然坚韧，竹用以象征虚怀若谷、高风亮节，兰用以象征坚贞贤良、超凡脱俗。松、竹、梅有“岁寒三友”之称，梅、兰、竹、菊也有“四君子”之美誉。另外，在瓷器的装饰内容中我们也会利用某些动物的特性来赞扬人的品行，表达人的心境，例如“松鹤延年”常用来称赞某人如仙鹤般高洁、长寿。

清代时期　景德镇青花岁寒三友六方盆

[1] 即将自然物的天然属性与人的精神、道德联系起来，为作品中的意象创造打下基础。“比物以德”早在先秦时代就已得到运用，例如《论语·子罕》中就曾经提到“岁寒，然后知松柏之后凋也”。

三、对“贵和尚中”精神文化的坚守

在中国传统文化中，我们以善为本，以和为贵，崇尚中庸之道，体现出了中华民族积极向上、乐观豁达的精神，这也是中国传统的“外儒内道”思想精神的体现。以元代至正十一年（1351）青花象耳瓶瓷器为例，在其色彩表达上，白地蓝花体现出一种典雅、素朴的美感。青花瓷器没有丰富绚烂的色彩，青花纹饰自上而下依次呈现出缠枝菊叶纹、蕉叶纹、凤纹、缠枝莲纹、海水云龙纹、水波纹、缠枝牡丹纹以及莲纹共八层纹饰，纹饰内容在白地蓝花以及蓝地白花间交替转换，虽然纹饰繁多却依然整齐和谐，更多体现出一种隽永、含蓄的美感，这也正是中国民族文化中所追求的“以和为贵”的理念思想。

四、对“简单素朴”自然美的崇尚

东西方不同的生活方式以及文化背景造就了两种截然不同的审美思想，这种审美思想又孕育了东西方艺术创作的不同理念。相对于西方艺术形式中对自然的再现与改造，中国艺术更多的是顺应和承袭自然，当然中国瓷器艺术也不例外。以唐代为例，简约、淡雅、素朴的审美趋向受到民众的普遍推崇，唐代诗人陆龟蒙以“九秋风露越窑开，夺得千峰翠色来。好向中宵盛沆瀣，共嵇中散斗遗杯”中的“千峰翠色”形容唐代青瓷的天然釉色之美。到了宋代，人们受道家崇尚自然的哲学思想影响，认为“朴素而天下莫能与之争美”“五色使人目盲”，因此宋代的瓷器追求简单质朴而无过多的修饰。以宋代广泛流行的玉壶春瓶

器型为例，其口沿部分微微向外展开，颈部修长典雅，腹部微微隆起，线条简洁流畅，整体造型浑然天成，体现了自然中泥土与火的完美融合，人们对自然万物的敬畏，崇敬自然造化，追求物我合一，完美地表现出古人对返璞归真与淡泊宁静的精神追求，以及对简单素朴的自然美的崇尚。

●北宋时期　定窑白瓷划花莲纹长颈瓶

五、对“刚健自强”价值观念的弘扬

中国瓷器作为中国传统文化的重要载体之一，包含多元的文化要素与价值追求，不仅是蕴含着艺术美的精神产品，还自然地反映着人们的价值取向。在中国瓷器艺术的发展过程中，自古以来便有“器以载道”[1] 的说法，这一点在宋瓷审美理念中尤其得到了展现。中国历代的制瓷工匠们将儒家思想的核心内容与现实社会发展相结合，创造出瓷器艺术作品，并且

[1] 即以有形的器物来表现无形的精神境界，是我国传统造物的主要思想。

不断赋予这些作品新的内涵。总体而言，中国历代瓷器艺术作品的内容与题材无不体现着儒家思想中刚健自强的价值观念与理想追求。

刚健自强的价值观念在中国陶瓷艺术发展史上一直起着鼓舞激励其发展的作用，也对中国陶瓷艺术的发展与创新方面具有重要的精神引领与指导作用。中国瓷器文化艺术也在刚健自强价值观念的影响之下得到不断充实与发展，从而焕发出强有力的生命力。

第二节　中国瓷器与中国绘画

在中国几千年来的历史文化发展中，中国瓷器与中国绘画均为中华文明的重要文化遗产。中国绘画作为我国传统绘画艺术的代表，是在中国历史文化发展的背景之下经由无数画家的努力而逐渐形成和发展起来的，有着丰富的表现形式以及特点。在中国瓷器装饰艺术的发展过程中，瓷器与传统绘画有着密切的关联，从某一方面来说，瓷器绘画作为中国画在瓷器艺术中的进一步延伸和传承，二者相互借鉴、渗透，在促进我国瓷器艺术创新发展的同时，也实现了二者的共同发展与进步。中国瓷器装饰绘画中相得益彰的笔墨韵味，是在广泛吸收了中国画表现形式的基础之上对于瓷器装饰内容的新探索，而中国画中所包含的技巧与风格也可以在瓷器艺术中得以展现。

一、中国瓷器装饰艺术中的绘画与中国画的差别

从表面来看，中国瓷器装饰艺术中的绘画属于中

国画的另一种表现形式，与中国画在绘画技法、笔墨以及意境韵味的表现上都有很大程度的相似，但仔细分析，二者之间仍有较明显的差别，主要表现在以下两个方面。

首先，从制作工艺上来看。中国瓷器装饰艺术中的绘画主要是在瓷胎上进行绘制，是“泥与火的艺术”[1]，最终的效果除绘制技法之外还受到温度的影响，因此会存在一定的不确定性。而对于中国画而言，由于是在纸面以及绢帛上进行绘制，画家只需完成在纸面或绢帛上的创作即可，不需要受其他因素的影响。

第二，从二者的绘制方法来看。在瓷胎上作画，由于瓷器形状的立体化特征，在绘画创作的过程中必须要充分考虑最终画面和整个瓷器表面的关系，以及在瓷器颈部、腹部和其他部分的画面结构安排以及立体对接。而中国画的绘制就是单纯地以墨汁和颜料在纸面等材料上进行创作，只需按照自己的构思完成即可。由此可见，瓷上绘画与中国画在制作工艺以及绘制方法上有着明显的不同。

二、中国瓷器绘画的发展

陶瓷绘画作为陶瓷装饰艺术，与中国绘画的发展一脉相承。在中国早期的制陶工艺中便开始以直观的线条对陶器表面进行装饰，这些在仰韶文化彩陶以及马家窑文化彩陶中均有直观的体现。例如在仰韶文化半坡类型彩陶中，主要就是围绕线条以及基本图形的变化展开，具有极强的抽象化表现；马家窑文化彩陶主要就是直线和曲线的组合变化，可以说中国陶瓷绘

[1] 朱琰在《陶说》中指出：“画器调色，与画家不同，器上诸色，必出火而后定。”

画的历史可以追溯至石器时代。而瓷器绘画中真正融入中国画技法的时间大约源于唐代，湖南地区的长沙窑在唐代首创釉下彩绘工艺，开始以毛笔绘制各种纹样和图案，突破了瓷器釉面装饰的单一色彩表达，丰富了瓷器装饰的内容，为后来我国釉下彩绘瓷器的进一步发展奠定了重要的基础。从宋代开始，瓷器绘画开始发展和普及，并且与中国画的内容与技法有了更进一步的融合，当时磁州窑的彩绘工艺与风格已经十分接近中国画的技法与构图。进入元代以后，景德镇青花瓷器彩绘得到极大发展，这一时期的中国瓷器绘画已经与中国画完美融合，从绘制技法到构图的呈现、意境的展现已经十分成熟。到了明代，瓷器绘画的线条更加流畅与成熟，这个时期景德镇青花瓷器的绘画风格与中国画更为贴近，瓷器绘画内容中水墨画构图也占据了重要的地位，在明代景德镇青花瓷器绘画中可以明显感受到中国画般的笔墨与韵味，中国画构图也在这一时期的瓷器绘画中发展至巅峰。到近现代以后，中国瓷器绘画与中国画的结合进入一个新的历史时期，这一时期的瓷器绘画也以创新的形象、鲜明的色彩以及丰富的线条变化不断发展。

可以说中国瓷器绘画伴随着中国画的发展而不断进步，也是中国画艺术发展延续的新的形式，它从中国画的历代发展中不断汲取养分，展现出一种新的艺术领域的成长过程。对于中国瓷器艺术而言，瓷器绘画也成为其不断发展与创新的重要元素，而中国画也为中国瓷器提供着源源不断的发展动力。

三、中国画对于中国瓷器绘画的影响

中国画作为中国传统艺术的表现形式之一，其悠久的历史与鲜明的民族特色延续了中国历代社会发展的文明与内涵。中国画与中国陶瓷艺术相互借鉴、共同发展，在审美趣味以及精神意蕴上相互融通，高度一致，具有相同的美学思想。二者所具备的独特的艺术形式均来自现实生活，它们的表现内容也都是围绕民族习俗以及生活习惯而展开，将内在的精神以及情感外化于具体的艺术形象创作之中，继而作为艺术作品流传于世。中国瓷器与中国画关系密切，在相互影响促进的基础之上又各自不断发展与进步。在艺术表现上，中国画独特的构图、变化的线条以及多样化的表现形式不断影响着中国瓷器绘画，因此中国瓷器绘画中也有着明显的中国画特征。

（一）表现内容上的影响

中国画的艺术表现与种类丰富多样，按照题材可划分为山水、花鸟、人物等形式，按照不同的表现方法可划分为工笔、白描、写意等种类，按照使用材料的不同又可分为重彩、水墨等类别，这些形式与类别均在中国瓷器的绘画中得到体现。

通过对中国画以及瓷器绘画的对比分析，我们能够发现二者在内在意蕴以及美学思想上具有很大的关联。以青花瓷为例，青花瓷的绘画内容中，中国画的人物、山水以及花鸟题材占据了很大比重，其中的写意花鸟就借鉴了中国画中写意[1]花鸟的表现方法，在对自然物象简练描绘的基础之上通过“以形写神”

❶ 写意是不以墨线勾勒为骨干而直接以水墨或颜色来创作物体形象的画法，笔墨放纵而有变化，富有情趣。

表达作者的心境以及内在情感，留给观者丰富的想象空间。

（二）创作技法上的影响

第一，从线条表现来看。在中国画艺术中，线条是绘画造型的基础，用来刻画外形和勾勒轮廓。除此之外，线条本身所具备的审美特点以及多元化的艺术表现力也对绘画艺术的整体风格以及韵味发挥着至关重要的作用。中国传统绘画的线条对中国瓷器绘画影响巨大，推动着中国瓷器绘画发展的进步。中国瓷器绘画的线条，其实就是对中国画线描形式的引用。例如，以中国画线条中的高古游丝描[1]在瓷器瓶身上进行细致的描画凸显青花瓷器雅致娴静的艺术气韵，以富有节奏变化的兰叶描使得青花瓷器中的芦叶形象挥洒自如，让人叹为观止。

第二，从色彩表现来看。中国画又被称为“水墨画”，以水和墨色所调和出来的深浅变化来表现，体现出焦、浓、重、淡、清的色彩层次。青花瓷器正是吸收了中国水墨画中不同浓淡墨色变化的“墨韵”效果，在采用中国水墨画用笔的前提下不断创新突破，融入了大量的中国传统水墨画特点，发展出一种色彩分明、层次清晰的青花瓷器绘画色彩的表现形式，极富艺术美感。

第三，从笔法技巧来看。作为中国画基本的艺术语言，笔法在中国瓷器绘画中主要是指对釉料上用笔技法的熟练掌握，例如基本的勾、勒、皴、点、擦、染等技法在瓷器绘画笔法上的运用。

[1] 高古游丝描是一种古老的偏工笔线描形式，线条细长而均匀，如“春蚕吐丝”，常用来表现衣纹飞舞，代表作有东晋顾恺之的《洛神赋图》《女史箴图》等。《绘事雕虫》：“游丝描者，笔尖遒劲，宛如曹衣，最高古也。”

第四，从构图上来看。中国画常常讲究“意在笔先”“胸有成竹”，即动笔之前先要在心中对内容和题材进行设想和酝酿，以便下笔时有所依据。在瓷器上绘画之前，也要根据器型以及整体效果进行构想，因此在构图上，瓷器绘画与中国画一脉相承。另外，中国瓷器绘画在构图上也借鉴了中国画经典的构图方式，即留白。留白在中国瓷器绘画中的有效运用，使得中国瓷器绘画在展现瓷器本身材质语言美的基础之上，更具有艺术观赏性以及审美价值，通过巧妙的留白构建出的空间和意境也给观赏者创造了无尽的遐想。

●明代宣德时期　青花转枝海棠花纹罐

第三节　中国瓷器与中国书法

中国瓷器与中国书法是中华民族传统文化的瑰

宝，都有着悠久而深厚的发展历史。中国书法作为中国汉字书写方式的一种艺术表现形式，与中国瓷器的结合由来已久。中国书法在中国瓷器装饰上的应用是在充分发挥中国瓷器与中国书法艺术特征的基础之上所创造的一种新的艺术形式，具有独特的审美感受。

一、中国瓷器与中国书法的关系

中国书法作为世界上最富有艺术性的文字表现形式，早在我国原始社会时期的彩陶艺术中便已有初步显现。例如，早在中国仰韶文化与大汶口文化时期陶器上常见的记事符号，中国著名的历史学家、考古学家郭沫若曾说："彩陶上的那些刻划记号，可以肯定地说就是中国文字的起源，或者中国原始文字的孑遗。"[1] 由此可见，中国陶瓷与中国书法的结合历史悠久。中国瓷器与书法艺术在不断发展的过程中相互影响、相互融合，使得中国瓷器中的书法艺术在呈现中国传统文化与民族特色的同时，也具有强烈的时代特色。

[1] 钱汉东：《钱汉东考古文选》，上海辞书出版社，2012，第 81 页。

（一）中国瓷器与中国书法的结合

中国瓷器与中国书法的关系主要体现在瓷器书法上，所谓瓷器书法主要是指在瓷器上所展现出来的书法艺术形式以及内容。中国瓷器与中国书法的结合不是简单的叠加，而是有机的融合。书法艺术是一种平面空间的艺术形式，瓷器艺术是一种立体空间的艺术形式，因此书法艺术与瓷器的融合并不是简单的复刻，而是在相互转化、融合的过程中不断优化制瓷工艺，

发展技术与形式、内容的创新。在中国瓷器发展的过程中，无论是青花瓷，还是粉彩、新彩等瓷器，都离不开书法艺术。瓷器书法既是中国传统书法艺术的延伸，又成为中国瓷器领域的一种新的艺术审美形式。中国瓷器装饰中的书法艺术，一方面源于中国书法与瓷器艺术发展的必然结果，另一方面也体现了书法艺术在内容与形式上与瓷器装饰相适应的时代要求。

（二）中国瓷器与中国书法的共有特征

作为中国传统文化艺术的两大类别，中国瓷器与中国书法都深受人们的喜爱和推崇，二者作为中国文化发展的见证者，从本质上来讲，具有共同的艺术本质、审美风格与表现特征。

1. 中国瓷器与中国书法均为实用性与审美性相结合的线条的艺术

中国书法艺术被誉为“无言的诗、无形的舞、无图的画、无声的乐”，主要通过中国汉字的用笔用墨、章法结构等来表现书写者的品格、气质以及情操，是追求线条美的一种造型形式，以实用为最初目的。中国瓷器艺术主要通过各式的形体与线条的结合来展现造型美，以生活领域中的实用性为前提，是以物质生产手段对其进行审美加工的一种创造形式。由此可见，从构成上来讲，中国书法艺术以汉字为构成单位，而汉字构成的根本则是线条，通过汉字流动的线条可以表现作者的情感与思想。同样，轮廓线在陶瓷艺术的造型表现中也起到了关键作用，因为中国瓷器造型的构成根本也是线条，然后由线至面、由面至体，通过线、面、体相互的组合与变化构成瓷器的基本造型。因此，中国瓷器与中国书法均为线条的艺术。从本质上来讲，中国瓷器与中国书法都体现了艺术作品中实用性与审美性的完美统一。

2. 中国瓷器与中国书法具有相同的审美风格

无论是中国瓷器还是中国书法，在基本的内容、形式之外都追求客观与主观相统一，注重状物与抒情的统一。书法与瓷器作为中国传统艺术，除了基本的实用意义与装饰意义之外，还具有高雅的审美情趣。在欣赏一件集书法与瓷器艺术于一身的艺术作品时，我们不仅可以感受到瓷器艺术家巧夺天工的技艺，也可以透过作品所传达的内在情感去感知、探索艺术家们潜在的内心世界和精神力量。

3. 中国瓷器与中国书法具有相同的表现特征

中国书法与中国瓷器艺术具有相同的表现特征，虽然二者的表现内容都是静态、单一的画面形式，但它们都能生动且细致地表现某一场景，或传达某种情感，并且在此基础上创造出富有生命力和表现力的艺术形象与审美对象。

二、中国瓷器书法的内容与形式

中国书法作为中华文化的重要代表，其表达性、寓意性以及装饰性极其鲜明。中国书法元素在中国瓷器中的应用主要体现在对文字本身的设计，文字的寓意，以及文字的字体搭配中。文字的多字体搭配主要指篆书、隶书、行书、草书等书法字体的变化。中国书法在瓷器中的应用灵活多样，字数方面更是没有限制，少则一个字，多则长篇叙述，内容上有散文、旧赋或古诗词等，表现形式或细笔小心刻画，或大笔肆意挥洒，总体而言，中国书法在中国瓷器中表现内容丰富，形式变化多端。

（一）中国瓷器书法的内容

中国瓷器书法的内容主要体现在书法文字的寓意、抒情、装饰和记事等方面。第一，中国瓷器书法中的寓意内容主要是指在瓷器创作过程中利用书法文字形式表达对于生活的美好期盼以及祝愿等，或祈祷福寿绵长，或祝愿风调雨顺，或期盼官运亨通，或渴求子孙繁盛，主要凸显出人们的精神需求。例如单字的“福”“寿”“喜”“禄”等内容，以及双字的“万寿”“福寿”“大吉”等内容，以及多字的“花开富贵”“万寿无疆”“金玉满堂”“松鹤延年”“百子呈祥”“状元及第”等内容。第二，中国瓷器书法中的抒情主要指借用经典诗词以及语句以寓情于景的方式表达作者的思想与情感。例如在江西高安出土的一件元青花高足杯上出现的“人生百年常在醉，算来三万六千场”[1]等诗句款识。第三，中国瓷器书法中的装饰内容主要是指为提高瓷器作品本身的艺术价值与内涵而将文字以及历代名篇佳作等内容书写于瓷器之上，例如唐代长沙铜官窑瓷器上的“一别行千里，来时未有期。月中三十日，无夜不相思”诗句[2]，另外还会题写警句、谚语等内容作为装饰，以突出瓷器的文化内涵。第四，中国瓷器书法中的记事内容主要指记述事件、人物以及时间的落款及印章等，用以增加收藏瓷器的趣味性

[1] 中国古陶瓷学会：《中国古陶瓷研究：龙泉窑研究》，故宫出版社，2011，第 302 页。

[2] 上海人民美术出版社：《中国陶瓷大系 6 唐 五代》，上海人民美术出版社，2019，第 44 页。

与标志性等，常见的记事内容主要有落款和印章中常见的“大明嘉靖年制”“程式自造”“景德镇制”等款识内容。

●北宋时期　定窑白瓷划花牡丹纹碟

（二）中国瓷器书法的形式

瓷器艺术中中国书法艺术的表现形式多样，从创作内容上可划分为两种类别。

一是书法与绘画结合的表现形式。通常会根据画面本身的构图以及整体布局进行书法构思，在形式上讲究绘画与书法构图的呼应，一般情况下是在瓷器表面绘画完成以后进行书法创作。因此书写形式既有纵向形式，也有横向形式；既有长篇形式，也有短篇形式；既有题写于画面右侧部分的形式，也有题写于画面左侧部分的形式等。总之，在布局安排上具有极大的灵活性。另外，书法布局也通常会借鉴中国画中的“题跋”概念，主要有“穷款”[1]“长款”等形式。

二是纯书法装饰类型。纯书法装饰类型是一种独立的瓷器书法装饰形式。这一类型要尤其关注书法作

[1] 主要指较短的题款，仅有姓名或者名号的称为“穷款”。

品视觉效果的稳定性、文字大小和位置等与瓷器本身的协调、文字的风格与器物表面装饰的和谐以及汉字排列的秩序感等方面。总体而言，纯书法装饰的样式主要包括：以相应的规则秩序布满瓷器周身的满幅式、以狭长的带状布局书法文字装饰的管带条状式、以局部独立的面和块排布书法文字的面块式、书法文字分布呈现图案化的图案式四种。

从制陶工艺的出现开始，将中国陶瓷书法以工艺形式进行划分的话，主要包括刻陶、刻瓷、釉下书写、釉上书写四种类别。第一是刻陶工艺，刻陶工艺主要是指以竹片、骨片或者金属刻刀等工具在陶器上刻划出早期的文字符号以及文字等，陶器中的刻字工艺集古代刻石、金文、封泥[1]以及瓦当等艺术特点于一身，表现形式多样，受到人们的普遍喜爱。第二是刻瓷工艺，刻瓷工艺分为釉下刻瓷以及釉上刻瓷两种类别。釉下刻瓷主要在没有经过烧制的素胎上进行刻划，而后再施釉进行烧制；釉上刻瓷主要在施釉烧制完成后的白胎上以金刚刀慢慢进行刻划，其刻划难度较大，需要精雕细刻。第三为釉下书写，釉下书写主要是指以釉料在瓷坯之上进行书写，书写完成之后施以透明釉然后再以 1300℃左右的高温烧制。第四为釉上书写，釉上书写主要是指在高温烧制完成以后的白瓷胎上直接进行书写，由于在完成烧制后的白胎上书写更为流利，因此在这种类别中书写者的书法水平可发挥至最佳状态。

[1] 又被称为泥封、芝泥，是中国古代封缄简牍并加盖印章的泥块，在商代出现了玺印之后，封泥也随之产生，主要流行于秦汉魏晋时代。

三、中国瓷器书法的价值与意义

中国瓷器书法伴随着陶文的产生而出现，但真正意义上的瓷器书法直至唐代才正式形成。当然这也和唐代书法发展的成熟以及制瓷工艺的改进有着密切的联系，可以说唐代书法艺术的盛行与繁荣，以及欧阳询、虞世南、褚遂良、颜真卿、张旭、怀素、柳公权等一大批书法名家的推动都极大地影响和促进了中国瓷器书法艺术的发展。中国瓷器书法作为中国瓷器文化的重要组成部分，在中国瓷器艺术的发展历史中具有重要地位。

（一）中国瓷器书法对中国瓷器发展史具有积极作用

中国瓷器书法史是中国瓷器发展史中不可或缺的重要组成部分，自陶瓷产生以来，陶瓷上的图案以及文字符号等陶瓷书法内容就具有重要的纪年作用，通过对陶瓷书法的了解，我们可以进一步掌握中国陶瓷发展史。另外在中国瓷器的发展过程中，不同时代的款识文字审美特征与表现也有助于我们鉴定及甄别这一时期的瓷器作品。尤其从宋代开始，正如《饮流斋说瓷》中所提及的“瓷皿有款，肇始于宋”[1]，款识以及瓷器文字的盛行，对于我们更好地认识中国瓷器发展史具有积极的作用和影响。

（二）中国瓷器书法丰富了我国瓷器装饰的内容与形式

中国的瓷器书法在一定意义上拓展了我国瓷器装饰的形式，丰富了我国瓷器装饰的内容，也开创了

[1] 许之衡著，杜斌：《饮流斋说瓷》，中华书局，2012，第 161 页。

中国瓷器书法与中国瓷器图案纹饰装饰共同发展的新局面。中国瓷器书法内容以及形式，受到瓷器本身器型以及装饰的影响而有所变化，因此中国瓷器书法要考虑整体艺术布局中的平衡美，而形成别具一格、具有独特造型的装饰艺术美感。加之中国瓷器书法所蕴含的民族文化内涵与审美心理，使得中国瓷器书法也代表了中国文化的深刻内涵。

●清代晚期　青花唐诗杯托

（三）中国瓷器书法体现了中国瓷器艺术的审美追求

中国瓷器书法的创造也进一步开拓了中国瓷器艺术领域的创作空间，中国瓷器中的书法艺术形式除了在其自身艺术领域的表现之外，还和中国瓷器绘画以及中国瓷器图案等进行多角度、多形式的结合，进一步提升了中国瓷器的审美价值。总之中国瓷器作为中华民族传统文化的重要见证，横跨了中国瓷器与中国书法两大艺术领域，丰富了中华民族的审美情趣，深化了中国瓷器艺术的审美表现。

第四节 中国瓷器与中国饮食

饮食关系着中华民族生产生活的延续，伴随着生产力与文化的发展，中国饮食不断实现与政治、经济、艺术、宗教等不同领域的融合与交流，这种变化也体现在中国饮食器具的产生、发展与演变过程中，其中就以中国陶瓷最具代表性。中国饮食文化随着社会的发展日益丰富，而瓷器文化随着饮食文化的发展也日益丰富多彩，可以说中国农业以及生产技术的不断发展为中国的饮食文化奠定了重要的物质基础，而快速发展的瓷器生产技术也为中国饮食文化的发展注入了源源不断的动力和新鲜血液。

一、中国饮食方式的发展

远古时代，先民们处在“茹毛饮血”的生活状态。自新石器时代开始，陶制炊煮器具以及部分饮食器具逐渐产生，使得先民们的饮食方式发生了重要变革，并为后来中国饮食器具的发展奠定了重要基础。西汉大文学家刘向曾在《说苑》中引《墨子》佚文“食必常饱，然后求美”[1]，表明了饮食文化与社会生产力之间的关系。奴隶制时代相对稳定的国家制度出现，阶级分化逐渐显现，人们开始使用矮足食案，炊煮器和饮食器具也日益精美，并逐渐发展成为身份的象征。到了春秋战国时期，“美食刍豢，蒸炙鱼鳖，大国累百器，小国累十器，前方丈，目不能遍视，手不能遍操，口不能遍味”[2]。这一时期的饮食器具逐渐从礼器转向实用性与艺术性的统一。发展至东汉时期，人

[1] 孙中原：《墨子鉴赏辞典：文通版》，上海辞书出版社，2017，第280页。

[2] 孙中原：《墨学与中国逻辑学趣谈》，商务印书馆，2017，第139页。

们逐渐改变“席地而坐”的习惯，开始出现汤匙、筷子等餐具，在用餐方式上采用分餐制，并一直延续至隋代时期。从唐代时期开始，人们的坐具逐渐由低矮型向高型发展，出现了方凳、圆凳、高椅等高足坐具，饮食用的食案与坐席也逐渐被高足桌椅所取代。至宋代时期，饮食方式在承袭前代的基础之上有所发展，会餐制成为中国饮食文化中一种主流的饮食方式，并且一直延续至今。

二、中国瓷器类饮食器具的演变

由于生产生活的需要和发展，中国的先民们自石器时代开始便已经掌握了黏土成型以及烧制陶器的技术，因而中国原始的饮食器具以陶器类饮食器具为代表。至奴隶制时代，青铜器的造型、装饰以及冶炼技术突飞猛进，成为中国奴隶制时代最富有代表性的产物，青铜器类饮食器具的产生也替代了一部分陶器类饮食器具的作用。到了春秋战国时期，青铜器类饮食器具更具有装饰性与世俗性，一方面，这个时期的青铜器类饮食器具更趋于精巧细致；另一方面，漆器类饮食器具开始产生并发展，青铜器类饮食器具逐渐被漆器类饮食器具所取代。而同时，中国的原始瓷器在商、周时期便已出现。发展至东汉晚期，制瓷技术取得了突飞猛进的成果，并相继生产出青瓷、黑瓷以及白瓷等种类。到了魏晋南北朝时期，我国的青瓷类饮食器具已十分成熟。至唐宋时期，随着我国食物种类的进一步丰富，烧制碗、盘、杯、壶等饮食器具的瓷窑遍布全国各地。例如唐代“千峰翠色”的越窑青瓷、

“类银类雪”的邢窑白瓷以及色彩绮丽的唐三彩等。另外由于中国唐代饮酒与饮茶之风盛行，对瓷器的发展也具有重要的影响，例如瓷质酒注[1]、杯子以及茶碗等的发展。到了宋代，政治、经济、文化以及生产技术飞速发展，这个时期的瓷器类饮食器具在生产技艺上更加精致，产品的种类也更加丰富多样，出现了哥窑、汝窑、定窑、钧窑、官窑等五大名窑，还有龙泉窑、吉州窑、耀州窑、磁州窑、景德镇窑也各具特点。这一时期的瓷器类饮食器具不仅在国内闻名，并且大量远销至世界各地。从元代时期开始，中国的制瓷中心逐渐转移至景德镇，元代以青花瓷器为代表，而明清两代，随着农业、商业、手工业以及对外贸易的不断发展，瓷器类饮食器具产生更多的种类，制瓷技术也有了更大的进步。

[1] 即注壶，又被称作“注子”，一侧有弧形把手，相对一侧有管状流口。

明代永乐时期　青花四季花卉纹碗

明代宣德时期　甜白莲瓣纹莲子碗

三、中国瓷器类饮食器具的继承与发展

随着社会的发展，中国的传统工艺与现代科技的关系日益紧密。现代瓷器类饮食器具是在符合中国传统工艺文化属性的基础之上对于材质本身以及技术手段的探索。相比于之前的瓷器类饮食器具，现代科技的加入大大减轻了手工业劳动的强度，缩短产品生产的周期，最终提高产品的生产效率以及精准度。

伴随着经济全球化的影响，中西文化的交流与融合日益频繁。在此背景之下，中国传统文化与现代设计元素的融合也将成为影响中国传统瓷器发展的重要因素。不论是之前中国瓷器走过的“丝绸之路”[1]，还是现在影响世界发展格局的“一带一路”，都向我们指明了中国瓷器类饮食器具与现代化发展融合的必要性。同时，中国瓷器类饮食器具也在逐渐关注用户情感体验的设计。中国瓷器类饮食器具的发展从实用性到艺术性，再到对精神内涵的关注也是中国社会发展进程的一个缩影。在中国饮食文化的不断发展过程中，中国瓷器起到了助推的作用，充分体现了中国古代物质文化与中华民族精神智慧的高度融合。

[1] 丝绸之路是指西汉时期由张骞出使西域所开辟的以长安（今陕西西安）为起点，经甘肃、新疆，至中亚地区、西亚地区，并连接地中海地区的陆上通道。

第五节　中国瓷器与中国音乐

中国自古以来便有“礼仪之邦”的称号，中国的传统音乐在世界音乐史中也占有重要地位。音乐作为传递与交流思想、情感的表达方式，能够反映出不同时代的文化背景。中国瓷器与中国音乐之间也有着深厚的渊源与联系。早在石器时代便出现了陶瓷乐

器——陶埙，而中国古代“八音”中的土类乐器主要指的就是陶瓷类乐器，可见中国陶瓷类乐器的出现由来已久。

一、中国瓷器与中国音乐的联系

根据史料记载，早在原始社会时期，音乐和舞蹈是丰富人们精神生活的重要组成部分，在当时便已出现了“陶埙”“陶哨”等乐器。中国瓷器源于陶器，中国陶瓷与中国音乐的联系，不仅仅反映在以陶瓷制作而成的各类乐器上，也反映在其他形式上，中国音乐与中国陶瓷之间的融合随着时代的发展而有所变化。

中国陶瓷与中国音乐之间的联系在中国陶俑上也得到了明显的体现。早在奴隶社会时期，奴隶主会将奴隶作为陪葬品，后来又以陶俑来替代。因此，在中国古代几千年的历史长河中遗留下来的陶俑数量很多，且大多与乐舞有关。在这些陶俑作品中，以弹琴、吹奏、击鼓、指挥等动作形式全面系统地展现了中国古代完整的音乐体系和场景，对于我们研究古代音乐的发展具有重要的意义与价值。以我们较为熟悉的东汉击鼓说唱陶俑[1]为例，俑高 56 厘米，以泥质灰陶制作而成，两肩高耸，左臂环抱一鼓，右手举一鼓槌，男俑击鼓而歌，动作夸张，憨态可掬，仿佛正在说唱，具有很强的感染力，被称为“汉代第一俑”。击鼓说唱陶俑不仅记录了当时的音乐发展形态与表现形式，也展现出汉代高超的陶俑制作技艺。

[1] 1957 年发现于四川成都天回山东汉崖墓，现藏于中国国家博物馆。

二、中国陶瓷乐器

中国陶瓷乐器就是以陶瓷为原料，结合一定的工艺和技术进行制作的乐器，早在中国的石器时代，人们就开始使用“陶埙”等乐器。到了殷商时期，陶哨已发展成为五音孔形式，且能够吹出七声音阶[1]。后汉时期的六音孔陶哨已经完全具备雅乐的演奏条件。可见，随着中国陶瓷工艺技术的发展与进步，陶瓷类乐器也在不断发展。中国陶瓷乐器以其独特的艺术魅力、特殊的表演形式在中国传统音乐表现中独树一帜，蕴含着深厚的文化底蕴。中国陶瓷乐器不仅富有“瓷苑奇葩”的独特性，更是对新的文化形式的诠释。

[1] 七声音阶即由七个声所构成的音阶，七声音阶除了用“宫、商、角、徵、羽”五个“正声”以外，还采用了“变徵”和“变宫”、“清角”和“清羽”四声，它们被统称为“变声”，“变”在中国传统乐理中是“低”的意思。

（一）中国陶瓷乐器的种类

中国陶瓷乐器的种类非常丰富，自远古时期的“陶埙”、商周时期的“磬”、魏晋南北朝时期的“陶鼓”、唐代的“瓷瓯”、明代的“瓷箫”“瓷笛”，至近现代出现的各类陶瓷乐器，有的主要流行于民间，有的则流传于宫廷，本书以以下几种陶瓷乐器为代表进行叙述。

1. 陶埙

陶埙为吹奏类乐器，是中国音乐史当中最早使用的除石哨、骨笛之外的陶瓷乐器之一。中国最早的陶埙出土于河姆渡遗址，属于我国新石器时代河姆渡文化的重要代表之一，距今已有七千多年的历史。在我国新石器时代晚期文化遗址中，相继出土了管状陶埙、鱼形陶埙以及其他形状的陶埙等。陶埙的主要发声构造包括吹孔与按音孔，最初的陶埙仅有一音孔，后面逐渐出现了能吹出三声音阶的二音孔、能吹出七声音阶的五音孔以及六音孔陶埙等。陶埙音色浑厚幽深，充满远古意味。

2. 陶铃

陶铃的出现时间较早，大致为新石器时代。陶铃的整体造型与寺庙中的木鱼较为接近，只不过陶铃附有环柄，腹部扁圆且内有砂石，摇动其柄即会发出声响。陶铃大多以红土制成，有的会在表面加以彩绘。清人寂园叟在《陶雅》中记载："陶制为铃，其大如栗，含丸如豆，振之则响动九幽，数百年物也。"[1] 这形象地描述了陶铃的特征。

3. 陶鼓

陶鼓为打击类乐器，整体结构分为鼓口、鼓面、鼓身三部分。1986 年在甘肃省兰州市永登县河桥镇曾出土过七件彩陶鼓，鼓身以黑红彩锯齿漩涡纹进行装饰，具有鲜明的石器时代陶器特征。另外在青海省也曾出土过两件彩陶鼓乐器，整体形状上窄下宽，喇叭状，口沿部分呈罐状结构，两端相通，鼓身以锯齿纹进行装饰，鼓的腰部有拴绳痕迹，初步推测为系在身上的腰鼓。《吕氏春秋》中也曾记载，"尧命质以麋鞈置缶而鼓之"[2]，意为尧曾下令将鹿皮制作的鼓面蒙于陶缶之上，作为陶鼓使用。陶鼓发展至唐代，形制更加规范，装饰更加富丽，种类也日益丰富，到了宋代时期依然流行。

4. 陶铙

陶铙属于打击类乐器，主要出现于新石器时代晚期，整体形状上大下小。后来殷商时期的青铜铙就

[1] 周思中：《中国陶瓷名著校读》，武汉大学出版社，2016，第 327 页。

[2] 熊寥：《中国陶瓷古籍集成：注释本》，江西科学技术出版社，2000，第 293 页。

是从这一时期的陶质铙演变过来的，造型和陶铙基本一致，在陕西省西安市新石器时代晚期文化遗址中有出土。

5. 瓷质錞于

瓷质錞于最早出现于春秋战国时期，流行于汉代，由青铜乐器转化而来，其形状也和青铜錞于相似，整体造型如圆筒，顶部有钮便于穿绳悬挂，以锤击之，声音清脆犹如金石之声。瓷质錞于大多出土于墓葬，其中就有一件青翠釉色的瓷质錞于现藏于我国北京故宫博物院。

6. 陶缶

陶缶属于打击类乐器，在中国的陶瓷类打击乐器中出现时间最早。陶缶口小腹大，主要为盛酒的陶器，古文献中有“坎其击缶，见于陈风”[1]的记载，敲击时空洞有声，因陶罐大小相异、厚薄有别，因此所发出的声音也往往会存在差异。陶缶主要盛行于春秋战国时期，《诗经·陈风》中就有“坎其击缶，宛丘之道”[2]的记载。

●陶缶

[1] 熊寥：《中国陶瓷古籍集成：注释本》，江西科学技术出版社，2000，第 293 页。

[2] 祝秀权：《诗经正义》，上海三联书店，2020，第 1002 页。

7. 瓷瓯

瓯为古代盛酒的器皿，即碗。其演奏方式以筷子进行击打，并伴以歌唱，因此有“击瓯而歌”的说法。瓯在唐代较为盛行，在唐代时期流行的击瓯主要是以十二个大小相同的碗，分别盛以不同体积的水，然后以筷子进行敲击，发出音响不同的节奏和韵律。唐时期《乐府杂录·击瓯》中曾记载：“武宗朝，郭道源……充太常寺调音律官，善击瓯，率以邢瓯、越瓯共十二只，旋加减水于其中，以箸击之，其音妙于方响也。”[1]当中提到的“邢瓯”即邢窑的白瓷碗，“越瓯”即越窑的青瓷碗。

8. 瓷箫

瓷箫主要盛行于明代，瓷箫在制作过程中需要对其造型以及音质等有高度的认知和把握，清人陆廷灿在《南村随笔》中记载，明代德化瓷箫“百枝中无一二合调者。合则其声凄朗，远出竹上”[2]。瓷箫音色宛转悠扬，展现了中国传统民间瓷乐的独特性。北京故宫博物院中收藏了一支明代德化窑白釉瓷箫，通体长56厘米，造型精巧美观，以竹节式造型呈现，瓷箫上端部分有一吹口，瓷箫箫身部位五个音孔朝上，一个音孔朝下，整体施白釉，以镂空钱纹进行装饰，釉质洁白莹润，可见其在明代时期属于较名贵的乐器种类。

（二）中国陶瓷乐器的继承与发展

随着生产技术的进步，我国的陶瓷乐器也在不断创新。1985年江西景德镇市歌舞团成功研制了以瓷

[1] 童书业：《童书业说瓷》，上海古籍出版社，1998，第32页。

[2] 熊寥：《中国陶瓷古籍集成：注释本》，江西科学技术出版社，2000，第322页。

盘为主要材料的新型的具有中国传统音乐文化特点的瓷瓯，音色明亮清脆，充满金石之音，不仅适合独奏、合奏，更能与中西方乐器进行配合演奏，音域宽广，整体音位规范、稳定，在音域和音色方面皆有明显优势。在此基础上，后来又陆续研制出瓷笛、瓷埙、瓷箫、瓷唢呐等一系列中国陶瓷乐器，使得古朴的中国传统陶瓷音乐逐步走向世界。

（三）中国陶瓷乐器的美学特征

中国的陶瓷乐器是中华民族最具标志性的文明符号之一，早在石器时代便已出现。随着中国陶瓷制作技术的发展与进步，越来越多的现代工艺与陶瓷技术相融合，进而产生了具有时代风格与工艺特点的陶瓷乐器，具有浓郁的中国文化特色。中国音乐与陶瓷工艺的完美结合带给人们集视觉、听觉于一身的双重感官体验，演奏内容多为中国传统的民族音乐和古典音乐，成为现代中国音乐的重要代表。

中国陶瓷乐器还具有鲜明的民族特色与地方特色，是源于生活却又高于生活的一种艺术形式。例如自中国远古时期就出现的并被誉为中国陶瓷乐器鼻祖的“陶埙”、商周时期的“磬”[1]、魏晋南北朝时期的“陶鼓”以及明代盛行的“瓷箫”等乐器。另外陶瓷乐器中一部分其实最早源于生活类陶瓷用具，像瓷类乐器中较为常见的瓷瓯，其实就源于生活中常见的碗、碟等物；编磬源于中国古代建筑中常用的瓦片；钟则最早源于“盅”，是一种金属类的盛酒器具，后面则逐渐产生了瓷编钟等打击类乐器。中国瓷类乐器

[1] 我国古代重要的打击乐器和礼器，传说磬是由尧舜时期的无句所造，也有人说是由叔所造，于商代广泛流传，主要为王室宫廷乐队所用。

制作工艺要求极为严格，专业化程度较高，制作工艺复杂，从选料、拉坯、画坯、施釉到最终的烧制，均需要极为详细的分工和精湛的工艺，最终的效果不仅要从瓷器本身的厚度、重量以及制作工艺等方面考量，同时还要关注乐器在音色、声学等方面的表现。

中国的陶瓷乐器伴随着中国陶瓷的发展经历了漫长的演变，并在中国的陶瓷领域占有重要的地位。与中国陶瓷一样，中国陶瓷乐器在其制作过程中融合自然，将天然意趣融入其中，在展现中国陶瓷本身魅力的同时，也将中国陶瓷工艺与传统音乐艺术完美融合，成为我国陶瓷和音乐发展史上的伟大创举。

中国瓷器发展轴线

中国瓷器

- 起源与发展

  - 新石器时代：陶器产生
  - 商周：原始瓷器产生
  - 秦汉：原始瓷器得以真正成熟
  - 三国两晋南北朝：瓷器发展的第一个高潮阶段

- 初具规模

  - 隋：制瓷工艺水平较大提高
  - 唐：中国瓷器史上第一个高峰时期，茶文化对瓷器影响巨大

成熟与革新

宋

出现五大名窑：哥窑、汝窑、钧窑、定窑、官窑

辽、西夏、金

呈现出独特的时代风格和民族特色

元

景德镇制瓷业兴起，元青花与釉里红瓷器为代表品种

复兴

明

形成了以景德镇为中心『一枝独秀』的局面，青花瓷发展至顶峰

由盛转衰

清

以青花瓷器、斗彩瓷器、粉彩瓷器、珐琅彩瓷器、五彩瓷器以及单色釉瓷器最具代表性，是中国瓷器历史发展长河中的最后绝唱

中國符號